黃永武撰

許慎之經學（下）

中華書局印行

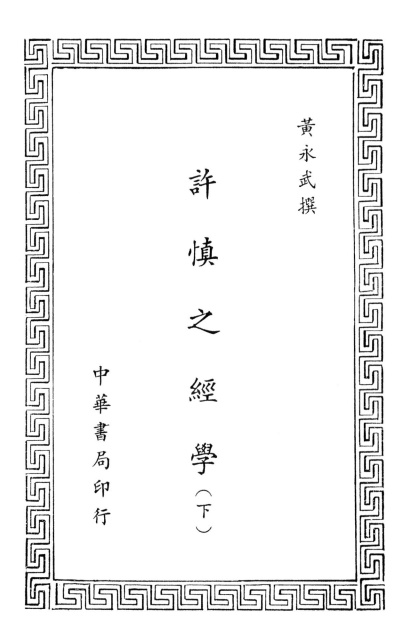

許愼之經學

黃永武學

許氏禮學第四

許君異義旣匯萃漢師之遺說，鄭君駁議又廣備通儒之高論，是以許書鄭駁，實兼綜古今之殊旨者也。而兩京墜緒，肯綮在玆，學者稱漢學，乃推許鄭之學焉。許君於禮，多主古文，鄭君則合三禮成一家之學，乃起難端，然許鄭商略經旨，不滕口說，每舉一隅，各具家法，故爾書中諸家競說，反使全美見焉。

案程氏瑤田有云：「說經者舍康成叔重二氏，欲望見古人門仭，蓋亦難矣。」（說文引經異同叙）而張星鑑氏亦云：「阮氏建詁經精舍於西湖之上，設祭酒栗主，與鄭君並祀其中。」（許祭酒墓徵文）是清儒號稱復興漢學，每許鄭並稱，以爲從入之門涂，於許鄭二君蓋傾心焉。許君五經異義一書，集古今之師說，示六籍之折衷，然於禮學，或從周官，或取戴記，尠及儀禮今文之說者，所著說文亦然。而鄭君則淹貫三禮，陳蘭甫氏所謂「鄭君盡註三禮，發揮旁通，遂使三禮之書合爲一家之學」者是也（見東塾讀書記鄭學篇），故或操戈相攻，亦或所見殆同，考彼依據，淵原具在，乃知鄭君非故爲棼亂師法，實乃各尊所聞，各行其說耳。且康成注禮，每引說文，必稱許叔重字以尊之，通儒服善之美，蓋可覩焉。

許君異義從古周禮說者凡十三，兼採周禮禮戴之說者一，其釋禮記之條凡五，以無明文而闕疑者一，今分別考之：其論田稅，則以漢制證周禮，謂漢制租田上中下，即周禮之輕近而重遠，鄭君駁之。

案許論田稅之條，見於周禮地官司徒下載師賈疏所引，彼疏於「凡任地：國宅無征，園廛二十而一，近郊十一，遠郊二十而三，甸稍縣都，皆無過十二，唯其漆林之征，二十而五。」下云：「異義第五田稅：今春秋公羊說，十一而稅，過於十一，大桀小桀；減於十一，大貉小貉。十一稅，天子之正陳壽祺曰：當作天下之中正，文見公羊宣十五年傳。十一行而頌聲作，故周禮說孔廣林曰：似脫說字。今據全書通例補。陳壽祺云：故爲古字誤。袁堯年云：其實故字不誤也，古故本可通假，是也。國中園廛之賦，二十而稅一，近郊十而稅一注疏而本作二，阮元云惠棟校本二作而，此誤。今據改。遠郊二十而稅三，有軍旅之歲，一井九夫，百畮之賦，出禾二百四十斛，芻秉二百四十六觔觔字據陳壽祺孫詒讓本補。，釜米十六斗。謹案孔廣林補此謹字，今從之。公羊：十一稅，遠近無差，漢制：收租田有上中下，與周禮同義。」周禮疏卷十三袁堯年曰：「繹許君案語，引漢制以證周禮，是釋周禮也，入周禮類。」袁說是也，許君蓋謂漢制田稅有上中下，與周禮輕近重遠之義相類，未嘗尊周禮而貶公羊，鄭玄駁之云：「玄之聞也，周禮制稅法，輕近而重遠者，爲民城道溝渠之役，近者勞、遠者逸故也。其授民田，家所養者多，與之美田；所養者少，則與之薄田，其調均之而足阮元云：閩監毛本是作足，非。袁堯年從之，則當至而下斷句，以而爲語尾助詞，陳壽祺、孔廣林、黃奭、孫詒讓並作足，則至足斷句。故可以爲常法，漢無授田之法，富者貴美且多，貧者賤薄者少下者字當作且，美薄之收不通相倍蓰蓰本作從，惠棟校本改作蓰，而云上中下而下本無云字，下下本有也字，據阮元改與周禮同義，未之思也。又周禮六篇，無云軍旅之歲，一井九夫百晦之稅，出禾芻秉釜米之事，何以得此言乎？」（周禮疏卷十三）考鄭君所駁，蓋謂漢制不如周禮，且駁軍旅之歲云云，不見於周禮六篇。亦非商衡公羊周禮二說之是非也。考鄭君注周禮載師云：「周稅輕近而重遠，近者多役也。」與異義，駁異義所言周禮說相應，又考鄭志答張逸云：「稅法有常，不得薄，今魏君不取於民，惟食園桃而已，非徒薄於十一，故刺之。」（詩魏風園有桃孔疏引）是鄭亦信公稅不得薄於十一之說，與公羊說相應，公羊傳宣十五年，譏始履畝而稅。潛夫論載班祿云：「履畝稅而碩鼠作」，陳立云：「傳云：什一行而頌聲作，與履畝稅而碩鼠作相對，履畝碩鼠爲一事，當出三家詩序，公羊與三家皆今文，故說相近。」（公羊義疏卷四十八）乃知田稅過於十一而作碩鼠，減於十一而作園有桃，什一行而頌聲作者，皆今文家詩說，故與公羊合，鄭君注周禮從古文家說，答張逸又從今文家說者，蓋二說非必鉏鋙，陳立曰：「周禮與春秋不必強合，公羊舉其稅之正者言，明爲後世立法故也。」陳說猶不如賈疏調合之允當，賈公彥曰：「周禮稅法，據王畿，公羊稅法，據諸侯邦國，諸侯邦國無遠近之差者，以其國地狹少，役賦事暇，故無遠近之差也。」（周禮疏卷十三）賈說調停允協，許鄭二君與古今兩說皆不爭議者，實知王畿與諸侯邦國有異耳。許君謂漢制收租田有上中下，與周禮同義者，文獻通考漢章帝建初三年，詔度田爲三品，陳壽祺謂此即許君所云田有上中下，鄭駁之者，蓋漢末豪富兼并，貧賤無一壠一瓦以庇而爲生者，比比皆是，鄭君就漢末實況而言，許君啻推本創制時立意而言，鄭君就授田而言，許君啻就度田定稅有差而言，故有異也。至於許云有軍旅之歲，則視正稅有加云云，鄭駁之者，蓋謂其說不見周禮六篇，陳壽祺曰：「（國語）魯語：仲尼言先王制土，其歲收田一井，出稯禾秉芻缶米，不是過也。許叔重偁周禮，蓋出此。說文禾部秅引周禮曰：二百四十斛爲秉，四秉曰筥，十筥曰稯曰秅，四百秉爲一秅。案此聘禮記文，惟彼斛字作斗，疑許君所見本異，又疑此出周禮說，故異義據之。說文偁周禮曰：三歲一祫，五歲一禘。又偁周禮有郊宗石室，皆屬周禮說，非謂周禮六篇有其文也。」（五經異義疏證）據陳說，則許偁周禮說，莫須周禮六篇所有，故孫詒讓曰：「案陳說是也，異義云故周禮，當作古周禮說，此經爲古文家說也。有軍旅以下，自是舊師參合魯語及聘記，補此經之義。鄭駁蓋偶失攷。依舊師說，則此職爲任地正稅之法；魯語所云，別爲軍賦之法，故韋注及家語正論篇王注，並謂其歲收爲有軍旅之歲，明其非正稅，無軍旅則不征也。唯魯語本云稯禾秉芻缶米，而周禮說則據聘記釋其義，今攷彼記，說秉米車米秉禾三文雖相屬，而各自計數，義實不相蒙，既與魯語文數不同，而周禮說及韋注，又幷記文之不相蒙者爲一，以傅合魯語之義，實不可通，然則舊師之說，實未足馮，宜鄭之不從也。」（周禮正義卷二十四）孫說是也，許說雖有所本，而實未足憑，故鄭君駁之。

其論朝名，從古周禮說，謂春曰朝、夏曰宗、秋曰覲，冬曰遇。鄭玄以朝爲通名，故駁之。

案許論鄭駁朝名之條，見於禮記王制孔疏，及詩大雅韓奕孔疏所引，禮記王制：「天子五年一巡守」句下孔疏云：「異義『朝名：公羊說：諸侯四時見天子及相聘，皆曰朝。以朝時行禮，卒而相逢於路曰遇。古周禮說：春曰朝、夏曰宗、秋曰覲，冬曰遇。』許愼按：『禮有覲經（孔廣林曰：經當作禮，或經禮二字互異），詩曰：韓侯入覲。書曰：江漢朝宗于海。知有朝覲宗遇之禮，從周禮說。』鄭駁之云：『此皆有似不爲古昔（孔廣林曰：句，疑），按覲禮曰：諸侯前朝，皆受舍于朝，朝，通名。』如鄭此言，公羊言其揔號，周禮指其別名。」（禮記疏卷十一）又詩疏引有鄭駁三句，詩韓奕云：「韓侯入覲」，鄭箋曰：「諸侯秋見天子曰覲，韓侯乘長大之四牡奕奕然，以時覲於宣王。」孔疏引鄭駁異義並申其意云：「諸侯秋見天子曰覲，大宗伯有其事，以朝者四時通名，覲則唯是秋禮，以非通名，故特解之。駁異義云：『朝、通名也，秋之言覲，據時所用禮。』是鄭意以韓侯秋來見王時行覲禮也。下云：『奄受北國』，則韓侯是北方諸侯，而得秋覲王者，諸侯之朝天子，四方時節，其文不明，說周禮者，賈逵以爲一方四分之，或朝春，或覲秋，或宗夏，或遇冬。藩屏之臣，不可虛方俱行，故分趣四時助祭也。馬融以爲在東方者朝春，在南方者宗夏，在西方者覲秋，在北方者遇冬，是由經無正文，故先儒爲此二說，鄭於大宗伯注云：六服之內，四方以時分來，或朝春、或宗夏、或覲秋、或遇冬。名殊禮異，更遞而徧。秋官大行人注云

：六服以其朝，歲四時分來，更遞而徧。二注並言分來，則是從賈之說，一方而分爲四時也。韓侯雖是北方諸侯，其在北方爲西偏，蓋於時分之，使當秋覲也。」（詩疏十八之四）詩疏所引駁異義，孔廣林、袁堯年並以爲卽是禮疏所引鄭駁下之文，是也。鄭意謂朝爲四時通名，覲則唯是秋禮，孫詒讓曰：「鄭意散文則朝覲亦可通偁，禮說與春秋說，義不相違也。」（周禮正義卷三十四）恐非鄭駁之恉。唯鄭注周禮大宗伯「以賓禮親邦國，春見曰朝，夏見曰宗，秋見曰覲，冬見曰遇。」則用賈逵分方分時之說，與許君所本實同。詩疏引馬融說謂四時分來，無四方之事，似與賈逵不同，唯周禮大行人賈疏，謂馬季長亦主四方各四分、趨四時而來之說，是賈馬許鄭之說，義本不異，顧鄭君於此駁許君者，疑鄭駁異義成書於注禮之前，故從公羊而駁周禮，鄭注禮於坐黨錮之時（高師仲華鄭玄學案考定鄭君於建寧二年至中平元年，坐黨禁錮十四年），時何休好公羊學，著公羊墨守，鄭君以注禮之餘力著發墨守，後漢書本傳稱其「義據通深，由是古學遂明」，疑其時已從賈逵禮說，同於許君矣。許馬鄭並有一說二主之例，使後儒未知孰得其實者，此東漢通學之風如此耳。鄭駁異義所以從公羊者，彼時白虎通論朝聘卽用公羊說，彼云：「謂之朝何？朝者見也。五年一朝，備文德而明禮義也，因用朝時見，故謂之朝，言諸侯當時朝于天子。」何休注公羊桓元年傳「諸侯時朝于天子」曰：「時朝者、順四時而朝也。」陳立白虎通疏證謂「此及鄭氏皆宗公羊說」者是也（見白虎通疏證卷十二）。公羊之說，以春秋爲本，說爲有據，故皮錫瑞曰：「鄭云『朝、通名』之義，公羊說釋春秋經者也。春秋僖二十八年，公朝于王所，隱十有一年春，滕侯薛侯來朝，故公羊說諸侯四時見天子及相聘，皆曰朝。春秋隱四年夏，公及宋公遇于清。八年春，宋公衞侯遇于垂。故公羊說卒而相逢於路曰遇，其云卒而相逢者，蒙上諸侯而言，謂諸侯與諸侯相逢，不關天子。公及宋公遇于清，傳曰：遇者何？不期也。一君出，一君要之也。解詁曰：古者有遇禮，爲朝天子，若朝罷朝，卒相遇於塗，近者爲主，遠者爲賓，稱先君以相接，所以崇禮讓、絕慢易也。此遇屬諸侯之明證。今春秋公羊說，據春秋經，諸侯四時見天子皆曰朝。……若古周禮說分四時爲朝覲宗遇，於古無徵，許所引惟禮覲經，詩入覲，足明覲義；引江漢朝宗證宗禮，已不甚塙，而遇禮則無以言之。鄭引周禮注曲禮、引春秋時齊侯唁魯昭公以遇禮相見，此亦諸侯與諸侯相遇，不關天子，不得爲周禮冬遇之證。按諸侯與天子尊卑分隔，不當稱遇，此當以今文公羊說爲正，許鄭爲古文所壓，不敢駁周禮耳。」駁五經異義疏證 據皮說，則是鄭君注禮之時，已同許說，唯公羊據春秋經僖二十八年，公朝于王所，時爲五月，猶稱曰朝，故以朝爲通名。又據隱公四年夏，公及宋公遇於清，則天子之遇，於經無據，諸侯之遇，又不限於冬，似公羊說爲長矣。且金鶚亦云：「諸侯朝覲，經典並無分方分時之說，蓋朝覲之年有定，若東方諸侯，春時或有故，則至夏秋皆可朝，茍必拘其時，將廢朝乎？」求古錄禮說 細審皮金二說，則公羊家說爲閎通也。

其論天子聘諸侯，亦從周禮說，謂天子有下聘之義。

案許論天子聘諸侯之條，見於禮記王制孔疏及穀梁范注所引，禮記王制「天子五年一巡守」句下孔疏云：「異義：『天子聘諸侯，公羊說：天子無下聘義，周禮說：間問以諭諸侯之志。』許愼『謹按：禮：臣疾，君親問之，天子有下聘之義，從周禮說。』鄭無駁，與許愼同也。」禮記疏卷十一又穀梁傳隱公九年春：「天王使南季來聘，南氏，姓也，季、字也。聘、問也。聘諸侯、非正也。」晉范寗集解云：「周禮天子時聘以結諸侯之好，殷頫以除邦國之慝，間問以諭諸侯之志，歸脤以交諸侯之福，賀慶以贊諸侯之喜，致禬以補諸侯之災。許愼曰：『禮：臣病，君親問之，天子有下聘之義。』傳曰聘諸侯非正，寗所未詳。」據此知公羊與穀梁所主相合參見侯康穀梁禮證，故柳興恩亦云：「公羊古說，以聘諸侯爲非正，不獨穀梁爲然矣。」穀梁大義述四公穀今文家說謂天子無下聘義，而周禮古文家說有間問下聘之義，故范氏注公羊而又引周禮及許說，其說礙難而不能申明其義矣。然唐楊士勛疏穀梁集解云：「范所引者，周禮大行人文也。鄭玄云：時聘者，亦無常期，天子有事諸侯，使大夫來聘，親以禮見之，禮而遣之，所以結其恩好也。……然時聘殷頫二者，是諸侯臣使於王也，其間問、歸脤、賀慶、致禬四者，王使臣使於諸侯也，范此注引周禮者，證有下聘之義也，而傳云非正也，故云寗所未詳。」穀梁疏卷二楊疏之意，謂周禮時聘之義，乃諸侯臣使於王，非王臣使於諸侯，范氏引之以證天子有下聘之義，蓋以時聘殷頫及下文四者，同爲天子施於諸侯之事（參見孫詒讓周禮正義卷七一），且集解引周禮大行人文，又增「天子」二字，宜其眯昧不解。且大行人鄭注「親以禮見之」云云，蜀石經及宋大字本親上並有王字，阮元云：「上注云：上六事者，以王見諸侯爲文，又此二事者，亦以王見諸侯之臣使來者爲文，故此云親以禮見之，此王字當有。」（周禮校勘記）據是則鄭君實已明言時聘爲天子有事，諸侯不敢自安，故遣使來聘者。若王臣使於諸侯，但可曰問，不得言聘。許君據天子間問之事，以爲卽天子下聘之義者，蓋以聘問爲一事耳。穀梁傳既釋聘爲問，又謂聘諸侯非正，則今文家於聘問二字實主同中有異，古文家則謂間問諸侯卽天子下聘，問聘可通，此今古文家駁異之一端也。萬斯大乃調合之，謂聘問本有尊卑之別，迨王室既卑，聘問遂不分，其言曰：「大行人云：時聘以結諸侯之好，先儒據之，以爲天子聘諸侯之禮，今考大宗伯及行人此文，皆上連朝宗覲遇會同，下承殷頫，實指王見諸侯，與見諸侯使爲文，則時聘謂諸侯聘天子，非天子聘諸侯也。穀梁傳云聘諸侯非正，其言良是。然而天子使諸侯亦有之矣。大行人又云：間問以諭諸侯之志是也。不曰聘，而曰問，尊卑之別也。儀禮所載聘禮，邦交之聘也，王使下問，其儀無考，然觀襄王賜齊桓胙，雖有後命，猶下拜，登受，推此于王問當略如之。何休云：北面稱臣，受之于太廟，所以尊王命是也。東遷王室既卑，害禮傷尊，聘問下同列國，春秋因事書之，以著其衰。」（學春秋隨筆）嘉善鍾文烝氏稽合衆說，獨尊萬氏爲卓識，因謂：「上之於下，有問無聘，分異而禮殊，禮殊而名別，王室旣卑，諸侯逐進，於是變問爲聘，蓋自夷王以降，東遷以來然矣。」（穀梁補注二）皮錫瑞氏亦特崇萬鍾之論，此皆宣揚今文家說者也。然秦蕙田氏則不然，謂聘問散言則不分，不從萬氏尊卑有別之說，秦氏曰：「按（穀梁）傳先釋聘爲問，而後言其非正，則非無聘有問可知，萬說亦非也。」又曰：「穀梁問諸侯非正之說於禮無據，范氏據周禮大行人及許愼五經異義以證其非，可謂不易之論矣。特以時聘殷頫爲天子下聘於諸侯，則非，蓋周官之間問，卽天子下聘之事，對文則大曰聘，小曰問，散文言之，則問卽聘也。時聘殷頫，自是諸侯聘于天子，不容混而一之也。」（五禮通考卷三百二十七）秦氏謂天子於諸侯，非無聘有問而已，謂間問與下聘同義，侯康氏稱贊秦氏疏剔極細，而信從之（參見穀梁禮徵一），黃以周更擧公羊隱七年天王使凡伯來聘，謂古者諸侯有較德殊風異行，則天子聘問之。此下聘之禮，固有異於凡聘，公穀家言，未可爲據，卽萬氏所分說聘問之義，與大宗伯時聘曰問亦違。（見禮書通故第二十八）。孫詒讓以黃說爲是，且謂「通言之，間問亦得爲聘，析言之，則天子於諸侯，止有小聘，無大聘，公穀家說，據大聘而言，與此經義不相妨也。」（周禮正義卷七十一）孫氏旣謂問聘義通，又調協古今二說，究其意緒，實皆宣揚古文家說，亦卽宣揚許鄭所主之說也。謂許鄭所主相同者，蓋王制疏已明言鄭君無駁，同於許氏，孔廣林又證之曰：「廣林謹案：春秋王使宰周公來聘，經無貶詞，知下聘固成周制也。古者王於諸侯不純臣，故有頫聘之禮，相接亦曰賓，來朝則車逆車送，與後代異法。

且存問、頫省，諭志、除慝，亦所以察邦國侯度焉。鄭君注聞問云：王使臣於諸侯之禮。是從周禮說，與許君同。」通德遺書所見錄卷五九 孔說近是，唯鄭君注聞問，但謂王使臣於諸侯之禮，未云聞問即下聘也。

其論竈神，從古周禮說，以爲是祝融，非老婦。鄭君駁之。

案許論竈神及鄭駁之條，散見各書，禮記禮器篇引述較詳，禮器篇云：「孔子曰：臧文仲安知禮，夏父弗綦逆祀而弗止也。燔柴於奧，夫奧者，老婦之祭也，盛於盆，尊於瓶。」鄭玄注曰：「奧當爲爨字之誤也，或作竈。」孔疏乃引許鄭之說云：「按異義竈神，今禮戴說引此燔柴盆瓶之事 陳壽祺曰：禮記疏不列禮器之文，從省，當補。袁堯年本補燔柴以下一十八字 古周禮說：顓頊氏有子曰黎。爲祝融，祀以爲竈神。許君謹按：同周禮。鄭駁之云：祝融乃古火官之長，猶后稷爲堯司馬，其尊如是，王者祭之，但就竈陘，一何陋也。祝融乃是五祀之神，祀於四郊，而祭火神於竈陘，於禮乖也。」禮記疏卷二十三，陳壽祺云荊楚歲時記注亦引古周禮說十九字。王謨漢魏遺書鈔云荊楚歲時記引古周禮說，於祝融下多火正也三字。 又太平御覽禮儀部八引：「五經異義曰：大戴說禮器云：竈者老婦之祭，許君按：月令孟夏之月，其祀竈，五祀之神，王者所祭，非老婦也。鄭玄曰：竈神祝融是老婦 孔廣林陳壽祺袁堯年黃奭等並於竈神下補非字，是也。王謨則不補，王復則刪此句。 又曰：王爲羣姓立七祀，一曰司命，主督察人命也。二曰中霤，王宮室居處也。三曰門，四曰戶，主出入，五曰國行，主道路也，六曰大厲，主殺也。七曰竈，主飲食也。」卷五百二十八五祀條 又曰二字，本分行而引，諸家並以爲是鄭駮之說。又通典禮十一吉十引：「許愼云：月令孟夏祀竈，王者所祭，古之有功德於人，非老婦也。鄭玄云：爲祭五祀，竈在廟門外之東，祀竈禮設主於竈陘，祀融乃古火官之長，猶后稷爲堯司馬上公也。今但就竈陘而祭之，屈上公之神，何其陋也。又月令云：其帝炎帝，其神祝融，文列在上，與祀竈絕遠，而推合之，文義不次，焉得爲義也。又左傳云：五官之神，生爲上公，死爲貴神，若祭之竈陘，豈得謂貴神乎？特牲饋食禮云：尸謖而祭饎爨，以謝先炊者之功，知竈神是祭老婦，報先炊之義也。臧文仲燔柴於竈（於字據禮器原文補），夫子譏之，云盛於盆，罇於瓶，若是祝融之神，豈可以盆瓶之器置於陘而祭之乎。」（卷五十一天子七祀條。）諸書所引，咸並錯出，首尾不完，袁堯年氏鉤稽參校，重爲整比，略還舊觀焉。今以所引並已攟拾如右，不另排比。考許鄭二家所論，許以竈神是祝融，故王者亦祭之，鄭君則從今禮戴說，以爲禮器奧乃竈字，而禮器云孔子已譏燔柴於奧，竈神實爲老婦，非祝融。鄭君之說，亦見於禮器注，彼云：「禮：尸卒事而祭饎爨饔爨也，時人以爲祭火神乃燔柴。老婦，先炊者也；盆瓶，炊器也。明此祭先炊，非祭火神，燔柴似失之。」此注與駁異義相應，且訂原文奧爲爨字之誤，又謂字或作竈，俞樾曰：「按風俗通祀典篇引此經曰：燔柴於竈，竈者老婦之祭也。字正作竈，即鄭所見或本也。」（禮記異文箋頁九。）陳喬樅曰：「許氏五經異義引大戴禮器正作竈，風俗通祀典篇引禮器記曰：燔柴於竈，竈者老婦之祭，徵之許應二家，知鄭亦本大戴禮也。儀禮特牲饋食禮鄭注引禮器曰：燔柴於爨，夫爨者老婦之祭，字徑作爨，與禮記注合，可知非鄭所改，蓋大戴記亦有禮器篇，其字作爨，一本或作竈，鄭據之而言耳。」（禮記鄭讀考二）鄭君改字之故，二氏攷之已詳，係別本如此，非鄭所改，陳壽祺謂鄭注破奧為爨為非者，可據喬樅說更正矣。至於鄭辨竈神非祝融，陳壽祺亦已從之，孫希旦氏又申其恉曰：「燔柴者，天神之祭，大宗伯以實柴祀日月星辰是也。爨，即竈也。左傳云：古之火正，或食於心，或食於味，故心為大火，味為鶉火，此火神為天神，當燔柴祭之者也。竈為五祀之一，其常祀在夏，乃地示之卑者，已非火神之比，若祭畢祭爨，則不過祭先炊老婦之神，其禮又降於五祀之竈矣。盆所以淅米，瓶所以汲水，祭爨之禮，用盆以盛食，用瓶以為尊，蓋因其所用之器以為禮，乃簡略之甚者，弗綦以天神之禮祭之，失禮甚矣。」（禮記集解卷二十四）鄭君疑祝融乃古火官之長，以五官貴神下配戶竈，實違禮意，故不從，孫氏申之，似有理矣，唯許君所云，亦必周禮舊說，有謂此五祀者，今考左傳昭公二十九年「火正曰祝融」句下，正義引賈逵云：「祝融祀於竈」（馬國翰輯為賈氏春秋左氏傳解詁佚文），許氏所說，蓋即本乎賈君，故史記孝武本紀索隱引說文，亦云周禮以竈祠祝融，而通典卷五十一吉禮十引馬融說曰：「以七祀中之五：門、戶、竈、行、中霤，即句芒等五官之神配食者。……祝融食於火……。」又引袁準正論云：「火正祀竈」，又呂氏春秋孟冬紀高誘注云：「火正祝融其祀竈」，又淮南子時則訓高誘注：「祝融吳回，為高辛氏火正，死為火神，託祀於竈，是月火王，故祀竈。

」凡此皆以五行之官，祭於門戶行竈中霤，此必古周禮之舊說，故許君篤守師說耳。然自來調停許鄭異同者，亦有多家，孔穎達以爲祝融、奧、爨三者其神不同，其禮亦異。故或祀祝融，或祀老婦。其疏云：「（鄭）云奧當爲爨字之誤也者，下文云：老婦之祭，盛於盆，尊於瓶，故知非奧也。奧者，夏祀竈神，其禮尊，以老婦配之耳，故中霤禮祭竈，先薦於奧，有主有尸，用特牲迎尸，以下略如祭宗廟之禮，是其事大也；爨者，宗廟祭祀尸卒食之後，特祭老婦盛於盆，尊於瓶，是其事小也。…如鄭駁云云，則祝融是五祀之神，祀於郊。奧者，正是竈之神，常祀在夏，以老婦配之，有俎及籩豆，設於竈陘，又延尸入奧。爨者，宗廟祭後，直祭先炊老婦之神，在於爨竈，此祝融并奧及爨三者所以不同也。」（禮記疏卷廿三）此一說也；皮錫瑞以爲天子與庶人祀竈之禮有等差，天子諸侯祀祝融，士庶人則祀老婦。其言曰：「祭法天子至庶人同祀竈，其禮當有等差，天子諸侯其禮尊，或可如古文說祀祝融；若士庶人亦得祀上公貴神於竈陘，必無此禮，當從鄭君之義。」此一說也；王仁溥則以爲祭竈之禮有二，竈之神亦有二，祝融之神，乃竈之特祭也；老婦之神，竈之常祭也，其言曰：「（許鄭）二君之說，各有所本，不妨並存，疑古者祭竈之禮有二，祭五祀之竈則有鼎俎，見月令注，非大夫以上不得祭也。常祭之竈，盛於盆，尊於瓶而已，如此經所云，人人得祭，庶人亦立竈也。即竈之神亦有二，五祀之竈，其神爲祝融，見於左傳賈逵注，史記孝武紀索隱，淮南時則訓高誘注，其說決非無徵。常祀之竈，其神爲老婦，此經夫子所言者是也。如必謂非祝融不足以當竈神，則祭法曰庶人立一祀，或立戶、或立竈，祝融之神甚尊，豈庶人所得祭，庶人所祭之竈，其所奉之神，或即老婦，溥故以爲二君之說，不妨並存之待參也。」（詁經精舍六集卷八）此則又一說也。孔疏之說，孫希旦氏已有駁義；皮氏之說，似可兩通，然文仲位爲大夫（見鄭注），夏父弗綦爲宗伯典禮（見孔疏），大事于大廟，則所祭者當是祝融，非老婦，而經何以言老婦？是皮說難以自圓也。至於王氏之說謂特祭祀祝融，常祭祀老婦，今行常祭於老婦，而尙燔柴，故夫子譏之者，說已可通，唯乏旁稽互證之資，以相覈實耳。

其說復讎，從古周禮說，謂復讎之義，不過五世，不復百世之讎。

案許說復讎之文，見於周禮地官調人賈疏及禮記曲禮孔疏所引，賈疏於「父之讎辟諸海外，兄弟之讎辟諸千里之外，從父兄弟之讎不同國」句下云：「復讎之法，依異義古周禮說：『復讎可盡五世，五世之內（諸家輯本並刪重出五世二字）。五世之外，施之於己，則無義；施之於彼，則無罪。所復者，惟謂殺者之身乃在（陳立公羊義疏改乃爲及），被殺者子孫可盡五世得復之。』鄭從之也。」（周禮疏卷十四，孔廣林以爲五世之外以下，皆賈疏申明古周禮說以見鄭從之之意，袁堯年謂皆異義文）又孔疏於「父之讎弗與共戴天，兄弟之讎不反兵，交遊之讎不同國」句下云：「異義：『公羊說：復百世之讎。古周禮說：復讎之義，不過五世。許愼謹案：魯桓公爲齊襄公所殺，其子莊公與齊桓公會，春秋不譏；又定公是魯桓公九世孫，孔子相定公，與齊會於夾谷，是不復百世之讎也，從周禮說。』鄭康成不駁，卽與許愼同。」禮記疏卷三　是許鄭之意，並從古周禮說，孫詒讓曰：「所稱古周禮說，蓋此經舊師佚義。復讎盡五世，卽謂高祖至玄孫。」周禮正義卷二十六，古周禮說必推之五世者，賈公彥所謂「據服爲斷」也。劉師培氏申述「據喪服爲斷」之義曰：「…後鄭之意，亦與許同。舊說之意，蓋以此經有兄弟之讎，喪服爲兄弟期，爲祖父母亦期，是祖父母之讎視兄弟，又經有從父兄弟之讎，喪服爲從父兄弟大功，爲曾祖父母齊衰三月，高祖之服，經雖不見，當與曾祖同。此上二服，別期月不同，然通其輕重，亦略相擬，是高曾父母之仇，亦得眡從父兄弟，故曰服讎可盡五世也，如其說，則殺人祖父曾祖高祖者，其孫及曾玄並得復仇，與子復父仇同。惟四者所復，均以殺者本身爲限，若非殺者本身，則不得復。春秋莊元年，單伯送王姬，左傳疏引先儒用穀梁說，謂仇外之人，非所以接昏姻。是對于襄公有復仇之義也。許君謂莊公會齊桓，春秋不譏，是對于襄公而外，無復仇之義也。由是而推，則避之海外，亦據殺者本身言。又據被殺者有子言，若子死及孫，得從避兄弟之仇例遞及，蓋此經舉兄弟以見世父叔父，舉從父兄弟以見從父也。曾玄之世，亦得從避從父兄弟之仇例也，經雖無說，其例可推。」周禮古注集疏卷十五　劉氏發揮古訓，詮釋已詳，厲鶚氏撰齊襄公復九世讎議曰：「復讎之義，見乎禮經者……據服爲斷也。夫據服爲斷，親盡則服盡，服盡則讎盡，故許愼異義古周禮說復讎之義，不過五世，魯桓爲齊襄所殺，定公是桓九世孫，孔子相定公，與齊侯會夾谷，是不復九世之讎也。」樊榭山房文集卷七厲氏所謂「服盡則讎盡」，實本古文家說，而治公羊者多不從此說，陳立氏既駁厲說矣見公羊義疏卷十八，而凌曙有復九世之讎一文亦駁古文家說曰：「襄公復九世之讎，說者譏其太迂，不知諸侯有會盟朝聘之禮，必稱先君以相接，一稱先君，則與讎人之子孫相揖讓，可乎？況春秋為撥亂反正之書，是年莊四年冬，公及齊人狩於郜，此言九世之讎可復，則及身而與讎狩者，其罪不上通於天乎？孟子曰：矯枉者過其正，傳故極言之雖百世可也。」公羊禮說凌氏所云「極言之」者，即何休解詁所云：「百世，大言之爾」，謂公羊家夸大其說，為脩辭之故，皮錫瑞取其意，乃謂「公羊與周禮說非不可通。春秋一經，多有文發於此，而義見於彼者，其褒齊襄公之復讎，正以譏魯莊公之不復讎，齊襄非賢君，其滅紀亦不過假復讎為名，非眞能復九世讎者，春秋假託齊襄以明復讎之義，此聖人借事明義之微旨也。許專治古文，不知春秋假託之義，亦不知公羊所云百世乃甚言之辭，而引古周禮說以難公羊，失之固矣。」駁五經異義疏證四皮氏之意謂許君言春秋不譏魯莊會齊桓者，實已於褒齊襄復讎時見其譏意，說頗深曲，據是以斥許說為非，恐難傳信。今謂公羊與周禮說可通者，在於周禮調人所言復讎，乃過失殺人，故據喪服為斷，不過五世，公羊所說復讎，則非過失殺人，故云百世可復，江永氏解調人之職云：「若是殺人而義者，不當報，報之則死。如殺人而不義者，王法當討，不當教之辟也。此辟讎者，皆是過失殺人，於法不當死，調人為之和難，而仇家必不可解者，乃使之辟也。」周禮疑義學要江說是也，周禮調人復讎之義本據過失殺人而言，舊師說經，始謂復讎通不得逾乎親盡之時矣。

其說周禮九賜卽九命，鄭君則謂九賜與九命不同，九命之外，別加九賜，鄭君實本禮緯之說以駁許者。

案許說九賜九命之條，原文已不可見，禮記曲禮孔疏，已將許論鄭駁揉成作疏，彼於「夫爲人子者，三賜不及車馬，故州閭鄉黨稱其孝也」句下疏云：「案周禮九儀：一命受職，再命受服，三命受位、四命受器、五命受則、六命賜官、七命賜國、八命作牧、九命作伯。案含文嘉：九賜：一曰車馬、二曰衣服、三曰樂則、四曰朱戶、五曰納陛、六曰虎賁、七曰斧鉞、八曰弓矢、九曰秬鬯。……鄭司農以周禮九命與九賜是一也。然則此三賜，鄭康成知非九錫之第三，而云三命之賜者，康成以九命與九賜不同，九賜謂八命作牧、九命作伯之後，始加九賜。知者，王制云：三公一命卷按鄭注曰：卷、俗讀也。其通則曰袞。若有加則賜二曰衣服之屬是也。又宗伯八命作牧，注云：侯伯有功德，加命得專征伐。王制云：賜弓矢然後征。詩云：瑟彼玉瓚，黃流在中。傳曰：九命然後賜以圭瓚。又尚書文侯仇受弓矢秬鬯，左傳晉文公受大路、戎路、弓矢、秬鬯、虎賁，此皆九命之外，始有衣服、弓矢、秬鬯等之賜，故知九賜不與九命同也。且此云：三賜不及車馬。其九賜一曰車馬，何由三賜不及車馬乎？故知此三賜，非九賜之三賜也。若是九賜之三賜，卽是身八命九命之尊，禮絕凡庶，何得下文云州閭鄉黨僚友交遊也。故康成以爲諸侯及卿大夫之子三命者，其公羊說，九賜之次，與含文嘉不同，一曰加服、二曰朱戶、三曰納陛、四曰輿馬、五曰樂則、六曰虎賁、七曰斧鉞、八曰弓矢、九曰秬鬯。異人之說，故文有參差，大略同也。異義許愼說九賜九命，鄭康成以爲不同，具如前說。」禮記疏卷一 右錄孔疏，許鄭之文，當大略具備，而詩大雅旱麓孔疏，亦引鄭駁異義，可供綴缺，彼疏於「瑟彼玉瓚，黃流在中」句下云：「鄭駁異義引王制云：三公一命衮，若有功，則加賜衮衣之謂與一曰衣服是也。鄭之意，以九命之外，別加九賜。案禮緯含文嘉上列九賜之差，下云四方所瞻，侯子所望。宋均注云：九賜者，乃四方所共見，公侯伯子男所希望。由此言之，七命皆得賜，不在九命者，彼謂隨命得賜，與九命外頓加九賜別。」詩疏十六之三 據是則許從古周禮舊說，以九命與九賜爲一，鄭從禮緯含文嘉說，以九命與九賜爲不同。許主九命卽九賜之說，孔疏未載其詳，今考毛詩江漢傳曰：「九命錫圭瓚秬鬯。」旱麓傳曰：「九命然後錫以秬鬯。」陳奐謂此九命，卽指文王九命作西伯，則毛傳之意，謂文王九命，故得此九賜，是九命九賜爲一，非僅周禮家說如此，卽古毛詩家說亦如此。鄭從含文嘉說者，鄭意謂含文嘉言九賜，乃公侯伯子男所希望者宋均所注，當本鄭君說。皮錫瑞謂：「均，鄭君弟子，故能守其師說。」，是不必九命方得九錫，卽七命亦得九賜，故與周禮說隨命得賜有別。然九賜之次，實有二說，含文嘉所言九賜一曰車馬，與禮記言「三賜不及車馬」不合，孔疏曲說支離，謂此三賜與九賜不同，恐非鄭意，鄭引含文嘉以證七命亦得九賜，非從含文嘉九賜之次第也。九賜之次第，今文家別有公羊先師說，即孔疏所載一曰加服、四曰輿馬之次，四曰輿馬，故三賜不及車馬。皮錫瑞曰：「異義不引緯書，多以公羊說與周禮說相提並論，此條異義亦當引公羊說周禮說云云。」駁五經異義疏證四 皮說是也，是異義本引公羊周禮兩說，唯皮氏謂禮緯與公羊說合，鄭君即據今文家說以駁許者，恐又不然。疑許君本擧公羊周禮兩說，證諸毛詩九命賜秬鬯，戴記三賜不及車馬皆合，蓋周禮說謂隨命得賜，公羊說列九賜之次四曰輿馬九曰秬鬯，正相印合。鄭君別引禮緯以相駁難者，恐非公羊家說耳。皮氏謂「緯書多同今文」者，乃「多同」耳，非「盡同」也，尤不得盡同公羊家說也，不得據禮緯之說強判古今說之不同矣。皮氏又曰：「孔疏公羊說，蓋公羊先師嚴顏舊說，與含文嘉次序少異，而以爲九賜在九命之外，當無不同。」孔疏所引公羊說，與何休解詁次第不合，當是公羊先師之說，則是也。然謂其亦主九賜在九命之外，則無確證，鄭君不引公羊家言以駁許說，卒引禮緯之說者，即其反證矣。今考公羊莊元年傳曰：「命者何？加我服也。」何休解詁曰：「增加其衣服，令有異於諸侯，禮有九錫，一曰車馬，二曰衣服，三曰樂則，四曰朱戶，五曰納陛，六曰虎賁，七曰弓矢，八曰鈇鉞，九曰秬鬯，皆所以勸善扶不能。言命不言服者，重命，不重財物，禮百里不過九命，七十里不過七命，五十里不過五命。」是何氏所引九賜次第，已從禮緯之說，而其意仍謂九錫即是九命，何氏蓋與許同也（參見陳立白虎通疏證及公羊義疏）。故陳壽祺曰：「正義所引公羊說，與何休解詁不同，以許氏異義考之，蓋公羊先師說。……何休引九錫之文，卽云禮百里不過九命，七十里不過七命，五十里不過五命，是以九錫卽九命也。曲禮正義言許慎說九賜九命，鄭康成以爲不同，是許從先鄭說，後鄭不從。」（五經異義疏證）陳說是也，故知異義本擧公羊周禮二家說，以爲公羊之次第卽合於周禮之說，以證周禮說爲長，鄭君乃引禮緯說以駁之，禮緯之說乃謂九賜在九命之外，公羊先師說非必謂九賜與九命不同也。許從鄭衆說者，蓋仲師與賈逵同受業於杜子春，許說每宗賈氏，故與先鄭說同符。

其論天子有爵否，則從古周禮說，以爲天子無爵，鄭君駁之。

案許論鄭駁天子有爵否之條，見於禮記曲禮下疏，彼疏於「君天下曰天子」句下云：「異義：『天子有爵不？易有周人五號（陳壽祺改周人爲君人，與易緯同，是也。）帝、天稱，一也。王、美稱，二也。天子、爵號，三也。大君者，興盛行異，四也（易緯乾鑿度興盛作與上，鄭玄注曰：臨之九二，有中和美異之行，應於五位，故百姓欲其與上爲大君也。按臨之六五爲大君之宜，九二有美異之行而應之，故作與上爲是。）大人者，聖人德備，五也（聖人，易緯作聖明是也）。是天子有爵。古周禮說：天子無爵，同號於天，何爵之有？許慎謹案：春秋左氏云：施於夷狄，稱天子；施於諸夏，稱天王；施於京師，稱王。知天子非爵稱，同古周禮義。』鄭駁云：『案士冠禮云：古者生無爵，死無諡。自周及漢，天子有諡，此有爵甚明，云無爵，失之矣。』」……其許慎服虔等依京師曰王，夷狄曰天子，與此不同，具有別說。」（禮記疏卷四）是許從周禮說謂天子無爵。又北堂書鈔設官部二引云：「許愼五經異義曰：古周禮說：天子無爵，三公無官，同號於天，何爵之名；參職於天子，何官之有？」（卷五十）是則天子有爵否之條，本或與三公有官屬否之條並論，許君於三公條用古尚書說（亦即古周禮說，證已見前），於此亦從古說。鄭君駁之者，鄭采今文說，信緯書之言，此異義所引孟京說，卽見易緯乾鑿度（易緯八種卷二，按此亦可證易孟氏爲今文說無疑。），且託名孔子曰矣。主天子有爵者，易孟京說而外，公羊說亦然。陳壽祺曰：「公羊成公七年秋七月（當作八年秋），天子使召公來錫公命。傳其稱天子何？何休解詁曰：『王者號也，德合元者稱皇。孔子曰……天子者，爵稱也。聖人受命，皆天所生，故謂之天子。』此公羊說，與易說同。」（五經異義疏證）此公羊說亦託名孔子曰，陳立謂何氏與易孟京說同本於易緯者是也。此外春秋繁露順命篇曰：「尊者取尊號，卑者取卑號，故德侔天地者皇，天右而子之，號稱天子。其次有五等之爵以尊之。」（第七十）凌曙氏卽引易緯之文互注之（見春秋繁露注卷十五），陳立謂繁露亦以天子爲爵稱者是也（見公羊義疏卷五二）。此外白虎通爵篇曰：「天子者，爵稱也。爵所以稱天子者何？王者父天母地，爲天之子也。故援神契（孝經緯名）曰：天覆地載，謂之天子，上法斗極。鉤命訣（孝經緯名）曰：天子爵稱也。帝王受之德有優劣，所以俱稱天子者何？以其俱受命於天（受字據劉師培定本補），而主（主字據程榮及何久中本改）治五千里內也。尚書曰：天子作民父母，以爲天下王。何以知帝亦稱天子也，以法天下也。中候（尚書緯名）曰：天子臣放勛。書亡逸篇（謂廿九篇以下逸文）曰：厥兆天子爵，何以言皇亦稱天子也。以其言天覆地載，俱王天下也，故易曰：伏羲氏之王天下也。」（據白虎通義定本卷一）劉師培氏曰：「右論天子爲爵，此節本今易今春秋說。古周禮、古左氏春秋說均云：天子非爵稱，與此迥殊。」（白虎通義定本卷一）是主天子有爵者皆今文說也，且其源出緯書。主天子無爵者，許慎引古周禮說，服虔解左氏說（陳壽祺謂依京師曰王乃服解左氏說）之外，左傳成公八年「天子使召伯來賜公命」句下，孔疏引賈逵說曰：「諸夏稱天王，畿內曰王，夷狄曰天子。王使榮成叔歸含且賵，以恩深加禮妾母，恩同畿內，故稱王；成公八年乃得賜命，與夷狄同，故稱天子。」（馬國翰輯爲春秋左氏傳解詁文）是則賈服左氏說，與許君所主古周禮說同。他如蔡邕獨斷曰：「王、圻內之所稱，王有天下，故稱王，天王者，夏之所稱，天下之所歸往，故稱天王。天子，夷狄之所稱，父天母地，故稱天子。」及梁崔靈恩三禮義宗曰：「夷狄不識王化，無有歸往之義，故不稱王臨之也。不云皇者，戎狄不識尊極之理，皇號尊大也，夷狄唯知畏天，故舉天子威之也。」（禮記曲禮下疏引）皆宣明古說者也。

其說祭主所用之木，從古周禮說，謂虞主用桑，練主以栗。

案許論主木之條，本與論卿大夫士有主否同條，異義引各家論主木者有今文論語，今春秋公羊，古周禮說，許君謹案從周禮說，今異義所引諸說已旁見散出，輯佚各家，本亦多異，今重爲裒集，猶釐分說祭主及論卿大夫有主否二條者，便於行文取證也。考太平御覽禮儀部十引：「五經異義曰：論語哀公問社於宰我袁鈞曰：社當作主。王復武億考校本引原注謂社當作主。孫星衍爲王復本作序，謂王復考校本不知何時人集錄，今就王本所引原注，與袁堯年補輯袁鈞本皆合，王本當即袁鈞之本。陳壽祺據經典釋文曰問社鄭本作主，亦改作主。宰我答夏后氏以松，夏人都河東，河東宜松也。殷人以栢，殷人都亳，宜栢也。周人以栗，周人都灃鎬，灃鎬宜栗也。」卷五百三十一此異義所引魯論說社主也社主周禮謂之田主，故經典釋文引鄭注云主，田主，謂社。又禮記祭法「設廟祧壇墠而祭之」節下孔疏云：「宗廟之主，所用之木，案異義：今春秋公羊說：祭有主者，孝子之主繫心陳壽祺曰之主，之當爲以，初學記引白虎通曰孝子以主繼心夏后氏以松，殷人以栢，周人以栗。又周禮說孔廣林陳壽祺並謂又當作古，虞主用桑，練主以栗。無可證。夏后氏以松爲主之事。許君謹案從周禮說。論語所云謂社主也。鄭氏無駁，從許義也。」禮記疏卷四十六據是則御覽所引論語之文，即此條異義所引，孔氏以論語所云爲社主，與此廟主不同，故未引今論之文。唯許君按語，僅謂「從周禮說」，略而未擧，今考通典禮八吉禮七引：「五經異義曰：主者神象也。孝子既葬，心無所依，所以虞而立主以事之，唯天子諸侯有主，卿大夫無主，尊卑之差也。卿大夫無主者，依神以几筵，故少牢之祭，但有尸無主，三王之代，小祥以前主用桑者，始死尚質，故不相變，既練易之，遂藏於廟，以爲祭主。凡虞主用桑，練主（以栗。今春秋公羊說：）七字據禮記疏補，各家不知此有奪文，遂使周禮公羊說牽混夏后氏以松，殷人以柏，周人以栗。春秋左氏傳曰：凡君薨卒哭而祔，祔而作主，特祀於主，烝嘗祔於廟。主之制，四方，穿中央，達四方，天子長尺二寸，諸侯一尺，皆刻謚於背。」卷四十八由此條許君按語，可知異義原本論大夫有主否，祭主藏處、祭主所用之木，及主之形制四事，一幷討論，而所從乃古周禮說，自「主者神象」至「有尸無主」，即許從周禮說謂大夫無主，與公羊說亦不悖（論見下條）。自「三王之代」至「練主以栗」，既論祭主藏處（祭主藏處別論於春秋學），又所祭主所用之木，亦從古周禮說，公羊家三代異木之說則非許所從，今論語說同於公羊家，故許君特為說明：「論語所云謂社主也」，闢論語說亦即闢公羊家說也。至於鄭君之說，禮記孔疏已謂「鄭氏無駁，從許義也」，孔廣林證述之云：「論語問社，鄭本作問主。注云：主，田主，謂社。是與許同。」又云：「檀弓（鄭）注云：重，既虞而埋之，乃後作主。春秋傳曰：虞主用桑，練主用栗。是許鄭義同。」（通德遺書所見錄卷五十四）孔說是也，許鄭所主實同，唯鄭注檀弓下引春秋傳曰：虞主用桑，練主用栗。實為公羊春秋文二年丁丑作僖公主下傳文，是公羊論祭主所用之木亦不異。然何休解詁云：「期年練祭，埋虞主于兩階之閒，易用栗也。夏后氏以松，殷人以柏，周人以栗，松猶容也，想見其容貌而事之，主人正之意也。柏猶迫也，親而不遠，主地正之意也。栗猶戰栗謹敬貌，主天正之意也。」據是乃知公羊家說夏殷周三代用木不同，非許所從，故許云：「無夏后氏以松為主之事」，此公羊家私說不見傳文，係采今論語之說，故許君闢論之。至於公羊傳文謂「虞主用桑，練主以栗」，則與周禮同，故許從周禮駁左傳之有主，與鄭從公羊駁左傳之有主同。許從周禮謂「無夏后氏以松為主之事」，謂論語之言乃社主，與鄭注引公羊之傳文，謂論語之言乃社主亦同。唯公羊家襲今論語之說，非公羊傳文所載者，許鄭皆不從矣。至於主之形制，通典引異義謂是左氏說，禮記祭法疏引爲何休公羊傳解詁文，太平御覽卷五百三十一、初學記卷十三、藝文類聚卷三十八並引爲雷氏五經要義之文（馬國翰曰：雷氏不詳何人，隋志唐志並序次劉向五經通義下，余蕭客古經解鉤沈遂以屬之劉向，非也。今其書已佚。），許君異義或即同此左傳公羊之說（曲禮下正義又引異義說主之長，與公羊文二年傳何休解詁亦同。），鄭君同異，則更無明文以知之。

其論卿大夫士有主否，亦從古周禮說，以爲大夫士無昭穆，不得有主。

案許論卿大夫士有主否，本與論主木同條，異義引各家論卿大夫士有主否者有今春秋公羊說，古左氏說，許君謹案則從古周禮說，今謹案之條，亦已散見，輯佚各家，遂不明許君所主之意，有謂許君據左氏而未有定說者（如袁堯年皮錫瑞等說），有謂鄭駮從公羊說者（見禮記正義），有謂公羊說卽許君按語者（如王復輯本），淆襍難解，今重爲裒合釐分之。考通典禮八吉禮七引：「後漢許愼五經異義：『或曰：卿大夫士有主不？答曰（王復曰：一云謹案）：按公羊說：卿大夫非有土之君，不得祫享昭穆，故無主（王復曰：一云不得有主）。大夫束帛依神，士結茅爲菆。』菆，則牛反。愼據『春秋左氏傳曰：衞孔悝反祏於西圃，祏，石主也。言大夫以石爲主。』鄭駮云：『少牢饋食，大夫祭禮也，束帛依神。特牲饋食，士祭禮也，結茅爲菆。』鄭志張逸問許氏異義駮衞孔悝之反祏有主者，何謂也。答：禮大夫無主，而孔獨有者，或時末代之君賜之，使祀其所出之君也。諸侯不祀天，而魯郊，諸侯不祖天子，而鄭祖厲王，皆時君之賜也。」卷四十八，所引公羊說及鄭駁，又見文獻通考 太平御覽禮儀部十神主條亦引公羊說，文字稍異：「今公羊說：卿大夫非有土子民之君，不得禘祫，序昭穆，故無木主，大夫束帛依神，士結茅爲叢。」又引許君謹案曰：「五經異義曰：謹案：大夫以石爲主，禮無明文，大夫士無昭穆，不得有主，今山陽民俗祀有石主。」卷五百三十一 前儒以通典既引公羊說謂卿大夫無主，鄭駁又釋公羊之義，而許又引左氏傳說謂大夫以石爲主，且禮記祭法孔疏云：「案左傳衛大夫孔悝有主者，鄭駁異義從公羊說，大夫無主。」禮記疏卷四六 又左傳哀公十六年孔疏云：「鄭玄祭法注云：惟天子諸侯有主禘祫，大夫不禘祫，無主耳。今孔悝得有主者，當特僭爲之，非禮也。鄭玄駁異義云：『大夫無主，孔悝之反祏，所出公之主耳。』」春秋疏卷六十，鄭駁又見周禮小宗伯賈疏禮記檀弓下孔疏引。皆謂鄭駁從公羊說，若許鄭同義，則鄭何爲駁許，若許鄭異說，則御覽明言許稱大夫無主，故袁堯年氏疑之，謂「許於公羊左氏未有定論」，乃將此條收入春秋三傳總義類；皮錫瑞氏亦云：「許據左氏傳孔悝反祏疑爲有主，故鄭以出公之主駁之。」斯皆疑許君說有兩端，今知其不然者，蓋許君按語，實見通典吉禮所引，即：「主者神象也，孝子既葬，心無所依，所以虞而立主以事之，唯天子諸侯有主，卿大夫無主，尊卑之差也。卿大夫無主者，依神以几筵，故少牢之祭，但有尸無主。」卷四十八 此許君案語，實從古周禮說參見前祭主所用之木條，古周禮說與公羊說，論大夫無主之義相同，唯論三代祭主所用之木則稍異，許君論祭主用木，祭主藏處，大夫有主否，主之形制四條，本一并討論，通典所引謹案仍不分，即其舊觀也。疏家各取一條以證雅記故書，故許君於今古各說擷長絀短之意，遂覆匿不見。許從周禮說謂卿大夫無主，不嫌與公羊說同，鄭君從公羊說以釋束帛結茅之制，即大夫士之祭禮，正謂公羊與周禮相通，非駁無主之說，故鄭亦從大夫無主之說。至於許引左氏說謂大夫以石爲主者，非許君所從，故御覽引許君之言曰：「大夫以石爲主，禮無明文」，可證也，許君釋石主乃民間俗祀偶有石主，非禮也，故鄭駮申其意謂孔悝之反祏，乃所出公之主，當時僭爲之，非禮也。許鄭論大夫有主否，鄭從公羊，許主周禮，兩說原不悖也。乃知袁氏謂許君未有定說，皮氏謂許君又疑爲有主，宋翔鳳謂許氏所述乃左氏古義者（宋說見過庭錄），皆瞽說耳。魏收魏書禮志曰：「清河王懌議曰：延業盧觀，前經評議，並據許慎鄭玄之解，謂天子諸侯作主，大夫及士則無。」是許鄭所主相同，斷無岐出有主之說矣。陳壽祺曰：「許鄭皆以大夫士廟無主」者是矣，然又謂「今按經傳未見大夫士無主之義，有者爲長」，又自搏別論，皮錫瑞氏駁之，謂陳氏萬難強解者已甚詳，今且不論。

其論大夫有刑否，舉易辭以證古周禮說，以爲無刑不上大夫之事，鄭君爲別解以駁之，然亦不同今文家說。

案許論鄭駁大夫有刑之條，見於禮記曲禮上「刑不上大夫」句下孔疏所引，彼疏云：「異義：『

禮戴說：刑不上大夫。古周禮說：士尸肆諸市，大夫尸肆諸朝，是大夫有刑。許愼謹案：易曰：鼎折足，覆公餗，其刑渥，凶。無刑不上大夫事。從周禮之說。』鄭康成駁之云：『凡有爵者，與王同族，大夫以上，適甸師氏，令人不見，是以云刑不上大夫。』如鄭之言，則於戴禮及周禮俱合。」（禮記疏卷三）據是則今禮戴說謂刑不上大夫，古周禮說謂大夫有刑，許從周禮，而鄭君以爲大夫以上行刑，不令人見，此卽刑不上大夫之義，孔疏謂鄭說於今古兩說皆合，實則鄭說與今古兩說俱異也。考曲禮上「刑不上大夫」句下鄭注曰：「不與賢者犯法，其犯法則在八議，輕重不在刑書。」孔穎達申鄭意甚晰，今具錄之曰：「與猶許也，不許賢者犯法，若許之，則非進賢之道也。大夫無刑科，而周禮有犯罪致殺放者，鄭恐人疑，故出其事，雖不制刑書，不與賢者犯法，其犯法則在八議，輕重不在刑書。若脫或犯法，則在八議，議有八條，事在周禮：一曰議親之辟，謂是王宗室有罪也。二曰議故之辟，謂與王故舊也。三曰議賢之辟，謂有德行者也。四曰議能之辟，謂有道藝者也。五曰議功之辟，謂有大勳立功者也。六曰議貴之辟，謂貴者犯罪，卽大夫上也。鄭司農（衆）云：若今之（周禮注引作時）吏墨綬有罪先請者。案漢時墨綬者是貴人也。七曰議勤之辟，謂憔悴憂國也。八曰議賓之辟，謂所不臣者，三恪二代之後也。異義從周禮之說，如鄭駁之言，則於戴禮及周禮二說俱合，但大夫罪未定之前，則皆在八議，此經注是也。若罪已定將刑殺，則適甸師氏是也。凡王朝大夫以上，及王之同姓，皆刑之於甸師氏。故掌戮云：凡有爵者，及王之同族有罪，則死刑焉是也。若王之庶姓之士，及諸侯大夫，則戮於朝，故襄二十二年楚殺令尹子南尸諸朝，是大夫於朝也。列國大夫入天子之國曰某士，明天子之士亦在朝也。諸侯大夫旣在朝，則諸侯之士在市，故檀弓云：君之臣不免於罪，則將肆諸市朝，鄭云大夫於朝，士於市是也。」禮記疏卷三 據是則鄭君亦從周禮士尸肆諸市，大夫尸肆諸朝之說，稍作別解，使兼通今古之義。皮錫瑞氏曰：「今戴禮說大夫無刑，古周禮說大夫有刑，判然不合。今禮說當據公羊傳白虎通證之：公羊宣元年晉放其大夫胥甲父于衛，傳曰：放之者何…古者大夫已去，三年待放。解詁曰：『古者刑不上大夫，蓋以爲摘巢毀卵，則鳳皇不翔，刳胎焚夭，則麒麟不至，刑之則恐誤刑賢者，死者不可復生，刑者不可復屬，故有罪放之而已，所以尊賢者之類也。』據何君解詁引古者刑不上大夫，則今文家解刑不上大夫，直謂大夫不當用刑，有罪放之而已。…白虎通云：據禮無大夫刑。是今文說。…今文說直謂大夫無刑，許從周禮乃古文，鄭則以周禮駁周禮耳。」駁五經異義疏證 按皮說分析翔實，鄭君意在閎通，故與古今兩說皆不同。至於許君引周易鼎卦九四爻辭證周禮者，「其刑渥」三字，晁說之易詁訓傳引京氏、九家、虞氏並作「其刑剭」，京氏且訓剭曰：「刑在頄爲剭。」見馬國翰輯周易京氏章句。 而朱震漢上易傳亦謂「虞作剭」卷五，而鄭玄本亦作「其刑剭」刑字見周禮注三十六，剭字見釋文，周易集解引虞翻注曰：「謂四變時，震爲足，足折入兌，故鼎折足。兌爲刑，渥當作剭，大刑也。鼎足折，則公餗覆，言不勝任，象人大過死，凶。」又引九家易曰：「鼎者三足一體，猶三公承天子也。三公謂調陰陽，鼎謂調五味，足折餗覆，猶三公不勝其任，傾敗天子之美，故曰覆餗也。」李鼎祚亦曰：「公者，四爲諸侯上公之位。」（卷十）又李道平引漢書班固敘傳：底剭鼎臣，服虔注：剭者厚刑，謂重誅也（周易集解纂疏卷六），皆謂鼎九四之義，乃諸侯三公，有用重刑之事，許君易用孟氏，虞翻世傳孟氏易，九家用荀爽義，亦淵源乎孟京，故訓義同也。鄭君注易，字亦作刑剭，而訓義又稍異，釋文云：鄭作剭音屋，而周禮醢人司烜氏賈疏、詩韓奕孔疏並引鄭注：「餗、美饌。具八珍之食，鼎三足，三公象，若三公傾覆王之美道，屋中刑之。」或作「臣下曠官，失君之美道，當刑之于屋中。」鄭意謂三公有刑，唯當刑之于屋中，不令人見，此則與駁義所主者同。陳立白虎通疏證謂「鄭治費氏易，注禮所用則京易，是諸家易說，無不解爲刑罰」者是也（孟京同源，故許君易學可取證於後鄭。參見易學第一）。王紹蘭氏又據論語皇侃義疏引殷禮肆諸市朝，與周禮亦同，而漢書賈誼傳載賈誼以不執縛係引而行，不使人頸盭，不捽抑，爲刑不上大夫。較駁異義又不同（參見王氏經說卷二），賈誼者，古左氏說之先師也，其不謂大夫無刑，與今說不同。

其論祀宗廟當卜否，似從周禮之說，謂禘祭非不卜者。

案許論祀宗廟當卜否之條，見於太平御覽禮儀部七：「五經異義曰：今春秋公羊說：祠宗廟筮而不卜。傳曰禘祫不卜。」（卷五百二十八禘祫條）又禮儀部五：「五經異義曰：古周禮說：大宗伯：凡禮大神、享大鬼、祭大祇，率執事而卜。曰大鬼，謂先王也。」卷五百二十五祭禮中 至於許案鄭駁，並皆不存，孔廣林曰：「(鄭) 箴膏肓云：『當卜祀日月爾，不當卜可祀與否，蓋謂常祀不須卜可祀與否，仍卜日，不謂祀宗廟用筮不用卜也。故周官大祭祀命龜，凡國之大事，先筮而後卜，鄭皆無祭不用卜之文，而學記：未卜禘，不視學。亦不以記文爲誤，是從古周禮說。」通德遺書所見錄卷五十四 皮錫瑞曰：「大祭祀命龜，國之大事，先筮後卜，古周禮說也。今春秋公羊說不必與古周禮合。鄭駁異義無攷，而據箴膏肓云：魯郊常祀不須卜，但卜祀日，是從古左氏說以駁公羊。則由郊祀以推禘祫，亦當以爲卜日，從古文不從今文可知。」駁五經異義疏證卷十 據孔皮二氏咸以鄭君義同周禮，然鄭君於此不駁，以推許君所主，當亦從古周禮說。考周禮春官龜人：「祭祀先卜」，鄭司農云：「卜其日與其牲。」禮記表記：「不犯日月，不違卜筮。」鄭玄注云：「所不違者，日與牲尸也。」是祭祀之所卜，有卜牲、卜日、卜尸諸事，爲先鄭後鄭所同主者，鄭箴膏肓所云：魯郊常祀不須卜，但卜祀日，即取左氏僖公三十一傳：「禮不卜常祀，而卜其牲日」之意，謂常祀歲必行之，卜者非卜其祀之可否，而實卜其牲與日也，是左傳周禮之義相合。今春秋公羊說禘祫不卜，其詳不可得聞，唯公羊僖公三十一年傳：「禘嘗不卜，郊何以卜？卜郊非禮也。卜郊何以非禮？魯郊非禮也。」又御覽禮儀部六引五經異義載春秋公羊說：「禮郊及日皆不卜，魯與天子並事變禮，今成王命魯，使卜從乃郊，不從即已，下天子也。」卷五百二十七又成公十七年傳：「郊用正月上辛」，定公十五年傳：「曷爲以夏五月郊，三卜之運也。」據是則公羊實主禘郊皆不卜，蓋謂禘郊爲常祀，故可祀與否不當卜，即郊禘之月日亦不當卜，今卜之者，變禮耳。故鄭箴膏肓駁之，謂常祀固不卜可祀與否，然祀日則當卜也，許取古周禮駁公羊，亦即鄭君箴膏肓義之所本也。然公羊家謂「祠宗廟筮而不卜。」又曰：「禘祫不卜。」，其義略而不詳，王紹蘭始解析公羊之義曰：「少牢饋食禮，鄭注引禘于大廟禮曰：日用丁亥，此即公羊禘祫不卜之說所本。謂禘用丁亥，有定日，故不卜也。鄭說之曰：不得丁亥，則己亥辛亥亦用之，無則苟有亥焉可也。是與公羊小異矣。公羊說宗廟筮而不卜，亦是準少牢禮有筮無卜爲義。但少牢大夫禮略，鄭注春官筮人，先筮而後卜，云當用卜者先筮之，即事漸也。于筮之凶，則止不卜，是先筮不吉乃不卜，明筮吉仍當卜也，亦與公羊說異。」王氏經說卷一 據是則公羊之言謂禘有定日，但筮之而不卜，與周禮之義，許鄭之說，謂當卜日者不同，然古周禮說謂禮大神，享先王、祭大祇，率執事而卜，則徵諸殷人之祭祀，恒有貞卜之事，如殷人之郊禮，不於宗廟之內，非享先祖，爲祭天神地祇之禮，固當先卜，如羅振玉殷虛書契後編載：「癸丑卜□，其雨？庚申卜□？」上二一·五片、郭某殷契粹編載：「庚戌卜，□？」六五八片、董作賓殷虛文字外編載：「丙戌□□？丙戌卜□？」五十片 郭某粹編又載：「于河烄，雨？」六五五片 羅振玉殷虛書契前編載：「貞烄奴，㞢从雨？貞勿烄，亡其从雨？」五·三三·二片 周何考之曰：「□，隸定作烄。交者凶之省，凶者凶之異體也。交象交脛之形，乂亦取其文理交錯之意。从交从乂，並見一片，且辭義全同，是皆烄字無疑。烄从火者，取燔柴燎祀之意，後世謂之郊者，以行於郊而得名。故字有異，其實一也。又此云卜烄，與春秋卜郊之文正合，是卜辭之烄卽周之郊也。烄祀而卜其有雨亡雨者，蓋將燔柴於郊，恐其雨而廢祀乃卜之，則必非行於宗廟之內可知。」春秋吉禮考辨是卜郊以擇日，以有雨無雨而定郊或勿郊，其禮乃殷代早有之。至於禘祫之禮，祫謂合集衆先祖於一祭之事，殆非祭名，至秦漢間今文家乃以祫爲宗廟大祭之專名，於是作緯書者始立「三年一祫，五年一禘」之說，其說非也。禘者殷人本兼有祭天神祭先祖之義，至周尙文，庶事漸繁，祀天之禮別有專稱，而禘則惟限於先祖之祭矣。殷人於禘神祇或先祖皆卜，如金祖同殷契遺珠載：「甲辰卜𠂤囗當缺貞字，帝于東？」六一二片、董作賓殷虛文字乙編載：「己巳卜穷貞，帝于西？」，黃濬鄴中片羽三集載：「辛亥卜，帝北巫？」下四六·五片，胡厚宣甲骨續存載：「帝于北，二犬？」下二五·四片 胡厚宣戰後寧滬新獲甲骨集載：「甲子卜，巫帝？」卷一·三四九片 帝者禘之初文，若斯諸例，皆以禘祭祀五方之神者也。又如羅振玉殷虛書契前編載：「丙戌卜貞，叀犬，㞢豕，帝囗？」七·一·二片 林泰輔龜甲獸骨文字載：「貞帝？」一·一一·十八片 郭某殷契粹編載：「貞勿帝？十二月。」八九五片 此則所以卜牲，又或卜祀之可否矣。又如羅振玉殷虛書契後編載：「貞帝于王亥？」上十九·一片、後編又載：「甲辰卜穷貞，帝于囗？貞登王亥，羌？」上二六·五片 前編又載

：「丁巳卜貞，帝[甲骨字]？」四・十七・五片、又「貞帝[甲骨字]，三羊、三豕、三犬？」同上 又「戊戌囗，帝[甲骨字][甲骨字]，二犬？」六・二一・三片 又「帝[甲骨字][甲骨字]，三犬？」同上、容庚殷契卜辭載：「貞帝[甲骨字]，于丘？于土？」五九二片 所禘之王亥即山海經之王亥 見王國維殷卜辭中所見先公先生考 ，[甲骨字]或即帝鴻 郭某卜辭通纂考釋說 ，[甲骨字]或為寅或為黃，[甲骨字][甲骨字]則卜辭常見，多指先妣配食之義，[甲骨字][甲骨字]者即謂祭[甲骨字]而以先妣某配祭耳。[甲骨字]字不可辨，然與前述諸先祖皆不在干日紀名之列，其世次必皆在上甲以前，同屬遠祖也 以上參見周何說 。據是則殷人於祠宗廟之禘禮，皆有貞卜矣。其事與禮記喪服小記所云：「王者禘其祖之所自出，以其祖配之，而立四廟相近，」唯殷禘特祭一祖，不見有羣祖合食之事，而周禘則「以其祖配之」，乃稱禘祫矣，祫者合祭也，即曾子問所謂「祫祭于祖，則祝迎四廟」是已。殷人尚質，於禘惟取尊尊之義，周家尚文，尊尊而外，更有親親之義，故禮有損益焉。唯禮記學記云：「未卜禘，不視學。」鄭注曰：「禘、大祭也。天子諸侯既祭，乃視學考校。」鄭於卜字略而不注，然禘之有卜，與古周禮說享大鬼率執事而卜相應，是禘卜之事，及周未廢之證也。

其論爵制，謂一升曰爵，三升為觚，獻爵一升而酬觚三升，恰滿一豆之數，此從古周禮說也。鄭君駁之，謂觚乃觶字之誤，豆乃斗字之誤，鄭君破字說經，不若許君之墨守故經。

案許論鄭駁爵制之條，見於禮記禮器孔疏，毛詩卷耳孔疏、左傳成十四年孔疏、周禮梓人賈疏、儀禮燕禮賈疏所引，禮器疏引之較詳，彼禮器篇云：「有以小爲貴者：宗廟之祭，貴者獻以爵，賤者獻以散，尊者舉觶，卑者舉角。」鄭注曰：「凡觴一升曰爵，二升曰觚，三升曰觶，四升曰角，五升曰散。」彼疏云：「一升曰爵云云，皆韓詩說文。按異義：『今韓詩說：一升曰爵，爵、盡也。足也。二升曰觚，觚、寡也。飲當寡少。三升曰觶，觶、適也。飲當自適也。四升曰角，角、觸也。不能自適，觸罪過也。五升曰散，散、訕也。飲不能自節，爲人所謗訕也。揔名曰爵，其實曰觴，觴者餉也。觥亦五升（左傳疏觥作觵），所以罰不敬。觥、廓也。所以著明之貌，君子有過，廓然明著，非所以餉，不得名觴。古周禮說：爵一升，觚二升（陳壽祺曰二當爲三字之誤是也），獻以爵而酬以觚，一獻而三酬則一豆矣。食一豆肉，飲一豆酒，中人之食。毛詩說：觥大七升。許愼謹案：周禮云：一獻三酬當一豆，若觚二升，不滿一豆。又觥罰不過一，一飲而七升爲過多。當謂五升（此四字據左傳疏補）。』即駁之云（即當作鄭）：『周禮獻以爵而酬以觚，觚、寡也。觶字角旁著氏，是與觚相涉，誤爲觚也。南郡太守馬季長說：一獻三酬則一豆，豆當爲斗，與一爵三觶相應。』」如鄭此言，是周禮與韓詩說同一也。」（禮記疏卷廿三）鄭駁之文，周禮考工記梓人疏引，與禮記疏互有詳略，梓人云：「梓人爲飲器，勺一升，爵一升，觚三升，獻以爵而酬以觚，一獻而三酬，則一豆矣，食一豆肉，飲一豆酒，中人之食也。」鄭注云：「觚豆字聲之誤，觚當爲觶，豆當爲斗。一豆酒，又聲之誤，當爲斗。」彼賈疏乃云：「（異義）爵制云云，鄭玄駁之云：觶字角旁友（臧琳經義雜記謂當作角旁支，段玉裁謂當作角旁辰，脤字見於說文，則段說近是。），汝潁之間師讀所作，今禮角旁單，古書或作角旁氏。角旁氏，則與觚字相近，學者多聞觚，寡聞觗（臧氏曰：舊訛觚，依燕禮疏改。臧說是也），寫此書亂之而作觚耳。又南郡大守馬季長說：一獻而三酬則一豆，豆當爲斗，一爵三觶相近。』禮器制度云：觚大二升，觶大三升，是故鄭從二升觚，三升觶也。鄭云觚豆字聲之誤者，觶字爲觚，是字之誤，斗字爲豆，是聲之誤。」（周禮疏卷四一）諦繹許君案語，實引周禮以破韓詩毛詩之非，故當歸入禮學類，許君謂爵一升，觚三升，豆則四升，故以一升獻、三升酬，恰滿一豆四升之數。若韓詩謂觚二升，則不滿豆矣。鄭則取馬融說，謂一獻三酬皆就次數言，一獻爵而三酬觶，觶爲三升，故合爲一斗。許鄭同釋周禮而爵制不同，許篤守舊說，鄭則破字說經，以通古今之隔閡，謂周禮與韓詩說同耳。戴震曰：「合獻酬共一豆酒，其曰一獻而三酬者，爵一升以之獻，觗三升以之酬。…豆實四升。」（考工記圖）戴氏不改豆字，即本許君所主古周禮說，唯改觚爲觗，則用鄭駁之意。其說蓋本諸宋陳祥道禮書說，陳氏曰：「獻以一升酬以三升，幷而計之爲四升，四升爲豆，豆雖非飲器，其計數則然，鄭氏改豆爲斗誤也。」（禮書）陳說又本諸北宋劉敞說，劉氏曰：「一三非謂獻酬次數，故書作豆可通，不煩破字。」（禮書引）是宋人多已不信鄭說矣。清代通人程瑤田亦云：「記文明以一豆肉陪一豆酒，攷之文義，似不當有譌字。余謂此造飲器之法，非言飲酒之禮，凡造器必量人之所受以爲節，乃以中人飲四升之量，分其一升以制爵，而以爲飲器；分其三升以制觶，而以爲酬器，正得多寡適中之數耳。」考工創物小記 程氏說甚塙，鄭君破豆爲斗，殆已不足據矣。唯程氏又曰：「觚字當改，豆字不當改。」同上 陳喬樅亦云：「鄭君參考禮經，酬之禮，皆用觶，辨觗觚相涉之誤，定梓人觚當爲觶。又據馬氏說改豆爲斗，謂與一爵三觶相應，然則馬氏以前，無爲此說者矣。」禮堂經說一 陳氏著「周禮一獻三酬當一豆，合於儀禮壹獻獻酬之數說」一文，推闡許說甚明，唯亦謂觚當改觶，而豆不當改爲斗，改斗乃馬氏一家私說，以合韓詩耳。孫詒讓乃爲之持平曰：「許從此經故書舊說，定爲觚三升，觶四升按見說文，馬鄭從韓詩及漢禮說，觚二升，觶三升，而破經字以合之，審校兩說，實互有是非，許讀豆如字，是也。其謂觚三升，墨守周禮故書，與韓詩漢禮並不合，則不若鄭說之長。鄭讀觚爲觶，是也，而破豆爲斗，則與經文不合，又不若許讀如字之塙矣。」周禮正義卷八十一 孫說實本乎陳氏，謂許鄭互有得失。然許君於經文未敢遽改，雖不免墨守之譏，要亦免鼠璞之謬矣。

其論尊卑之玉善惡不同，異義之文已闕，說文則主玉石成份而言，古周禮說則主玉色而言。鄭君雖亦主玉石輕重爲差之說，然謂玉雜則色雜，以駁許。鄭君此說蓋調合古今之說，然與古周禮說亦不同。

案許論玉質尊卑之條已闕，唯周禮冬官考工記下玉人之事「天子用全，上公用龍，侯用瓚，伯用將，」句下賈疏引駁異義云：「見鄭異義駁云：『玉雜則色雜』，則知玉全色亦全也。」周禮疏卷

四十一　鄭駁謂玉雜則色雜，以色質爲一事，知許君當以色質爲二事。今考說文玉部：「瓚、三玉二石也。从玉、贊聲。禮：天子用全，純玉也。上公用駹，四玉一石，侯用瓚，伯用埒，玉石半相埒也。（徂贊切）」所引但稱禮，實爲周禮考工記玉人文也。唯玉人駹作龍，埒作將，鄭注引先鄭注曰：「鄭司農云：全，純色也，龍當爲尨，尨謂雜色。」又自注云：「玄謂：全、純玉也。瓚讀爲衍餐饜之饜（賈疏謂取雜意），龍瓚將皆雜名也。卑者下尊，以輕重爲差，玉多則重，石多則輕，公侯四玉一石，伯子男三玉二石。」據是則古本作龍，先鄭以爲誤，改而爲尨；鄭君不從，仍作龍。許君作駹，從改作本者，段玉裁曰：「許君龍作駹，從先鄭易字也，埒，許鄭同，皆不作將，倘是將字，鄭不得釋爲雜，鄭以後傳寫失之，鄭云公侯四玉一石，則記文不當公侯分別異名，許說爲長。」（說文注）林昌彝亦云：「上公用駹，駹作龍非，四玉一石，侯用瓚，伯用埒，埒作將非，玉石半相埒也。」（溫經日記）段林之說並是，公四玉一石，侯三玉二石，伯則玉石半埒等次較然，鄭不從埒半之說，故作將字歟？謂龍瓚將俱對純玉而言，故皆訓爲雜名歟？然作龍作將，於雜玉無所取義，不如許作駹埒之長。鄭司農易龍爲尨，與許君作駹不同，諸家多疑之，王筠曰：「先鄭曰當作尨，許君用之而不用其字者，或鄭本作駹，傳寫者省形存聲耳。駹、馬面顙白，故得雜義，尨、犬多毛，其義不協。」（說文句讀）馬宗霍亦謂「依先鄭說，則字當作駹，疑尨亦傳寫之省。」（說文引禮考）王馬之說均善，惜無佐證。今檢周禮地官牧人：「凡外祭毀事，用尨可也。」句下鄭注曰：「故書毀爲甒，尨作尨」又引杜子春曰：「甒當爲毀，尨當爲尨，尨謂雜色不純。」杜氏之說，蓋卽先鄭所本，此卽異義所謂古周禮說也。許君說文字從杜鄭，而訓義則與杜鄭不同，古周禮說論玉之善惡、牲之善惡，皆主色而言，鄭注周禮玉人以玉石輕重爲差，則就玉質而言，注牧人牲牷爲「牷體完備」，亦就牲體而言（鄭司農注牷爲純也主色而言），鄭注實本禮緯今文爲說（見賈公彥疏），今考白虎通引王度記，卽與鄭注同，是鄭取今文說注周禮也，故與周禮不盡合，又糅合古今，謂今文家言質卽古文家言色，乃一事耳。然許君說文瓚下所訓，但就玉質而言，其不從古周禮說可知，而論公侯玉質之異，與鄭所引今文又不合。今以異義已佚，故說文所據爲何家乃不可考，抑許作異義時，從古周禮說，亦主色雜而言，故鄭以「玉雜則色雜」駮之，而許君晚年撰說文，又主質雜之說歟？抑許君說文異義論玉之條，本前後一致，厪主質雜爲說，鄭乃以「玉雜則色雜」駮之歟？二者雖不可必，然以色質爲二事則可知也。今以其爲論禮之條，姑附於此。

其論城長之制，從戴禮及韓詩說；論城高之制，則近古周禮說。鄭君據古左氏說駁許君城長之說，古左氏說與古周禮說亦相應。

案許論城長城高之條，殘闕不完，散見各書，左傳隱公元年「都城過百雉，國之害也」句下孔疏云：「定十二年公羊傳曰：雉者何？五板而堵，五堵而雉。何休以爲堵四十尺，雉二百尺。許愼五經異義：『戴禮及韓詩說：八尺爲板，五板爲堵，五堵爲雉。板廣二尺，積高五板爲一丈。五堵爲雉，雉長四丈。古周禮及左氏說：一氏爲板，板廣二尺，五板爲堵，一堵之牆長丈高丈，三堵爲雉，一雉之牆長三丈，高一丈。以度其長者，用其長；以度其高者，用其高也。』諸說不同。……賈逵、馬融、鄭玄、王肅之徒，爲古學者，皆云雉長三丈。……周禮冬官考工記匠人營國方九里，旁三門，謂天子之城，天子之城方九里，諸侯禮當降殺，則知公七里，侯伯五里，子男三里，以此爲定說也。但春官典命職乃稱上公九命，侯伯七命，子男五命。其國家宮室車旗衣服禮儀，皆以命數爲節。鄭玄以爲：國、家國之所居，謂城方也。如典命之言，則公當九里，侯伯七里，子男五里，故鄭玄兩解之：其注尚書大傳，以天子九里爲正說，又云：或者天子之城方十二里。詩文王有聲箋，言文王城方十里，大於諸侯，小於天子之制。論語注以爲公大都之城方三里，皆以爲天子十二里公九里也。其駁異義又云：『鄭伯城方五里。』以匠人典命，俱是正文，因其不同，故兩申其說。」（春秋疏卷二）又禮記坊記「都成不過百雉」句下孔疏云：「（鄭注）云高一丈長三丈爲雉者，異義：『古春秋左氏說云：百雉爲長三百丈。』（鄭注）方五百步者，六尺爲步，五六三十，故三百丈爲五百步，（鄭）云子男之城方五里者，周禮典命云：子男五命，其國家宮室，以五爲節，國家謂城方也。是子男城方五里也。云百雉者，此謂大都三國之一者，言子男五里積千五百步，左傳云：大都參分國之一，子男大都三分國城而居其一，是大都五百步爲百雉也。但國城之制，凡有二義，鄭之此注，子男五里，則侯伯七里，公九里，天子十二里。案鄭駁異義又云：『天子城九里，公城七里，侯伯之城五里，子男之城三里。』此云百雉者，謂侯伯之大都，杜預同焉，與鄭此注異也。」（禮記疏卷五十一）所引異義古春秋左氏說，又見檀弓「今一日而三斬板而已封」句下孔疏引；所引駁異義說，又見周禮匠人疏引，彼周禮「匠人營國方九里」句下賈疏云：「按典命云：上公九命，國家宮室車旗衣服禮儀，以九爲節，侯伯子男以下，皆依命數。鄭云國家謂城方。公之城，蓋方九里，侯伯七里，子男五里。幷文王有聲詩箋差之，天子當十二里，此云九里者，按下文有夏殷，則此九里通異代也。鄭異義駁或云：『周亦九里城，則公七里，侯伯五里，子男三里。』不取典命等注，由鄭兩解，故義有異也。」（周禮疏卷四十一）又毛詩小雅鴻雁正義，亦引許論鄭駁城長之條，文又與前詳略互見，彼鴻雁詩「百堵皆作」下毛傳曰：「一丈爲版，五版爲堵。」鄭箋曰：「春秋傳曰：五版爲堵，五堵爲雉，雉長三丈，則版六尺。」孔疏申明毛鄭異同，且引許論鄭駮之文曰：「板堵之數，經無其事，毛氏以義言耳。五板爲堵，自是公羊傳文，公羊在毛氏之後，非其所據。五板爲堵，謂累五板也。板廣二尺，故周禮說一堵之牆，長丈高一丈，是板廣二尺也。傳以一丈爲板，鄭欲易之，故引傳文而證板之長短，春秋傳曰：五板爲堵，五堵爲雉。定十二年公羊傳文也。公羊雖非正典，其言傳諸先達，故鄭據之，以破毛也。言五堵爲雉，謂接五堵成一雉。既引其文，約出其義，故云雉長三丈，則板六尺也。雉長三丈，經亦無文。（異義）『古周禮說：雉高一丈長三丈。韓詩說：八尺爲板，五板爲堵，五堵爲雉。』何休注公羊，取韓詩傳云：堵四十尺，雉二百尺，以板長八尺，接五板而爲堵，接五堵而爲雉也。二說不同，故鄭駁異義辨之云：『左氏傳說鄭莊公弟段居京城，祭仲曰：都城過百雉，國之害也。先王之制，大都不過三國之一，中五之一，小九之一，今京不度，非制也。古之雉制，書傳各不得其詳，今以左氏說鄭伯之城方五里，積千五百步也。大都三國之一，則五百步也，五百步爲百雉，則知雉五步，五步於度長三丈，則雉長三丈也，雉之度量，於是定可知矣。』是鄭計雉所據之文也。」（詩疏十一之一）凡上所引，皆論城長，歸納之，則戴禮及韓詩謂雉積高一丈，其長四丈；古周禮及古春秋左氏說則謂雉積高一丈，其長三丈，所異在戴禮及韓詩以板長八尺，周禮及左氏以板長一丈，故有不同，然板廣二尺則無異說，故高相等。而毛詩說亦同古說，公羊何休注則不以「五板爲堵」爲積高所計，直以五板乘八尺，謂堵長四十尺，雉長二百尺，則百雉爲二萬尺矣，與異義所載禮戴、韓詩、周禮、左氏說皆不同。今許君論城長之案語不見引述，唯鄭駁異義據左氏雉長三丈爲說，與周禮雉長三丈同。鄭駁毛詩謂「則板六尺」者，此兼存異說，非鄭君主板長六尺也，毛傳但云五版爲堵（此計雉高者），未嘗言五堵爲雉（此計雉長者），毛意實當謂三堵爲雉，與古說同。鄭君引公羊文「五堵爲雉」，遂謂版長六尺，此不合古說，乃鄭箋偶疏耳。鄭駁異義既主古說，疑許君於城長或從今禮戴說，故左傳疏云「賈逵、馬融、鄭玄、王肅之徒爲古學者，皆云雉長三丈」，不及許君，且鄭又駁許，皆其證也。鄭據雉長三丈，百雉三百丈，大都百雉爲國都三分之一，則國都九百丈。每步六尺，故國都長一千五百步，三百步爲一里，故鄭伯之城方五里。異義取左氏說，故云侯伯城長五里，鄭注典命又云侯伯城七里者，鄭爲兩解，賈公彥所謂「通異代」者近是，或考工記本非周禮之文，故匠人典命，有所不同耳。至於異義論城高之制，其文見於唐徐堅初學記居處部所引：「五經異義曰：天子之城高九仞，公侯七仞，伯五仞，子男三仞。」（卷二十四城郭第二）太平御覽居處部二十城上引亦同（卷一百九十二），此蓋是許君案語之僅存者。周禮疏又引異義古周禮說，彼疏於匠人「宮隅之制以爲諸侯之城制」句下云：「按異義『古周禮說云：天子城高七雉，隅高九雉；公之城高五雉，隅高七雉；侯伯之城高二雉（諸家輯本並改二字爲三），隅高五雉，都城之高，皆如子男之城高。』隱元年服注云：與古周禮說同。其天子及公，故與以匠人同（以乃此字之譌，由下文可證）；其侯伯以下，與此匠人說異者，此匠人云；門阿之制，以爲都城之制，高五雉，亦謂城隅也。其城高三雉，與侯伯等，如是，子男豈不如都乎？明子男城亦與伯等，是以周禮說不云子男及都城之高，直云都城之高，皆如子男之城高，有此匠人相參，以知子男皆爲本耳。亦互相曉，明子男之城不止高一丈、隅二丈而已。」（周禮疏卷四十一）賈疏但引古周禮說，而不引許君案語者，疑賈氏所見異義謹案，與周禮說已不盡合，蓋異義所引周禮說，彼時已有敓文，本當作「侯伯之城高三雉，隅高五雉；子男之城高二雉，隅高四雉；都城之高，皆如子男之城高。」唐時本已敓去子男城隅之高數，故使「都城之高，皆如子男之城高」一語泛空無著，賈疏疑之，又曲爲疏通，非也。今考禮記疏卷八曰：「祭義曰：『築宮仞有三尺』是牆高一丈。」則仞長七尺可知，初學記太平御覽引許君案語云：「子男三仞」，三仞卽二丈一尺，約而言之卽子男城高二雉也。許君明言天子城高九仞（約言之爲七雉），公侯七仞（約言之爲五雉），伯五仞（約言之爲三雉），子男三仞（約言之爲二雉），分城高爲四級，細審此周禮古說，亦必分爲四等，與許君同。知者，古周禮典命及考工記匠人，並分城長爲四等，則城高亦當按禮降殺爲四等。且賈疏言「隱元年服注云：與古周禮說同。」今考周禮典命賈疏引賈逵服虔等注，並謂城長分四等（馬國翰輯服注爲春秋左氏傳解誼文），彼論城高亦當爲四等，故賈疏云：「其天子及公，故與匠人同；其侯伯以下，與此匠人說異」，是侯伯以下，必有子男一等，賈因所見異義古周禮說已奪子男一等，而服注謂子男城隅之高，又較侯伯爲差，故賈疏不從，而謂「明子男之城不止高一丈隅二丈而已」者，卽駁服注之說，且賈疏但引古周禮說，而不引許君案語者，蓋謂許君子男城高三仞之說亦近服虔之說，與彼所見古周禮說不合，不知此周禮說已有奪文，許君論城高或本與周禮說同。

其釋禮記月令高禖，謂禖亦祭天之禮。

案許釋禮記高禖之條，見於太平御覽禮儀部八所引，御覽於高禖類先引禮記月令高禖之句，復引：「五經異義曰：王者一歲七祭天地，仲春后妃郊禖，禖亦祭天也。」又引云：「五經異義曰：鄭記曰：玄鳥至之日，以太牢祀于高禖。注曰：高辛氏世，娀簡狄呑鸞子而生契，後王以爲禖官嘉祥。其祀焉（原注作而立其祠焉，下又有變媒言禖神之也句）。王權問曰：以注言之，先商之時，未有高禖。生民詩曰：克禋克祀，以祓無子。傳以爲古者必以郊禖焉（袁鈞輯鄭記一篇改必以爲必立），姜嫄禋祀上帝而生稷，是則郊禖之祀，非以生契之後立也。譙喬答曰（袁鈞輯本謂焦譌作譙）：先商之時，自必有禖氏祓除之祀，位在南郊，蓋亦以玄鳥至之日祀之矣（祀之矣三字，袁鈞據月令生民二疏增補），然其所禋，乃於上帝，娀簡狄呑乙子之後，王以爲禖官嘉祥，祀之以配帝，謂之高禖。」（卷五百二十九）袁堯年氏據此，以爲下鄭記二字，當是禮記，謂王者一歲七祭句，當接禮記云云下。今謂下條本是鄭記之文，鄭記在後，異義在前，異義不得引鄭記之文，然前已引月令文，此亦不必復引五經異義所載月令之文，疑此「五經異義曰」下別有所引，今已捝去，今存許云「禖亦祭天」者，乃謹案之文，所以釋禮記高禖之說也。今並錄鄭記之文，不嫌絮煩者，蓋鄭君同異已無明文，焦喬爲鄭弟子，所答當申師說者也。孔廣林曰：「月令鄭注云云，鄭君不言於郊，則是不以媒爲祭天矣。焦喬答王權云：祀之以配帝，謂之高禖，蓋失鄭義。」（通德遺書所見錄卷五四）孔氏持論相反，故皮錫瑞氏駁之曰：「此條鄭駁不傳，疑亦從許無駁，孔廣林曰：鄭不言於郊，不以禖爲祭天，鄭箋詩明云：禋祀上帝於郊禖

。何得專執禮注，謂不言郊卽非祭天乎？孔謂焦答非鄭義，亦未見其非鄭義也。」駁五經異義疏證卷五

皮說是也，鄭箋生民之詩，明言「姜嫄生后稷如何乎？乃禋祀上帝於郊禖，以祓除其無子之疾。」則鄭以郊禖爲祭天無疑，所可疑者，卽鄭箋詩謂是郊禖，鄭注禮謂是高禖，郊禖爲姜嫄生后稷時已有，高禖則簡狄生契後乃立，王權惑於此，焦喬則申師說以答之，焦答之意，謂郊禖之祭，契已前祭天南郊，以先禖配之，故謂之郊禖。至高辛氏之時，既有簡狄之異，後王以爲禖官之嘉祥，卽以高辛之君，立爲禖神以配天，其古昔先禖，則廢之矣，高辛氏配之後，謂之高禖參見詩生民疏，是鄭作高字者，傅會以爲高辛氏參見皮錫瑞鄭記考證。高辛氏所興之地名嚳，以字爲號，是爲帝嚳詩疏引張晏說，自司馬遷以至賈馬服王，並信姜嫄簡狄皆高辛氏之妃見詩疏十七之一，姜嫄生后稷爲周始祖，簡狄生契爲殷始祖，周人祀禖，卽以姜嫄爲配，商人祀禖，卽以簡狄爲配，而禖以祭天，則許鄭無異說，唯鄭意謂高禖之高，與高辛有關，改稱高禖於生契之後，此則或與舊說不同，御覽卷五百二十九及詩生民疏並引蔡邕月令章句曰：「高禖、祀名也，高猶尊也。」呂氏春秋亦作高禖，高誘注曰：「祭其神於郊謂之郊」又曰：「郊與高音相近，故或言高禖。」據是則高禖卽是郊禖，高禖非由高辛氏而得稱者也。王紹蘭曰：「魯頌閟宮毛傳：『先妣姜嫄之廟，在周常閟而無事，孟仲子曰：是禖宮也。』姜嫄以從祀郊禖生稷，周人祀禖，卽以姜嫄爲配，故稱其廟爲禖宮，以此例之，則簡狄亦從祀郊禖生契，商人祀禖，自以簡狄爲配，亦稱

其廟爲禖宮，更知高禖之稱，不由高辛氏而起。」又曰：「謂尊高之禖是也。」（王氏經說卷二）王氏信蔡邕說，似不若呂覽高注之通達。王舟瑤氏則謂上古本稱郊禖，商周以來無祭禖于郊之禮，即其所以變郊爲高之故，彼云：「商周以來，先禖無復配天之祭，故周禮戴記備言祭天之禮而絕不及先禖之配祭，禖即不在於郊，則其名安得復謂之郊禖，故變郊言高，而謂之高禖，禖所以稱高者，則尊之之辭也。」（默盦集卷一）今案王說非是，毛傳既謂禖宮常閉而無事，則每歲止此一祭，而月令又有「天子親往」之文，呂覽高注又謂祭其神於郊，則禖宮當在郊矣，毛傳所據郊禖爲正字，作高字者音近借字，非有別義也。至於禖宮之祭，或始於上古（參見陳奐詩毛氏傳疏），孫希旦禮記集解引世本及譙周古史云：「伏羲制以儷皮嫁娶之禮，既用以配天，先媒當是伏羲。媒字从女，今从示，是神明之也。祭高禖是祭天，高禖爲配祭之人，祭天特牲，此用大牢者，謂配帝之牲也。」（卷十五）謂禖祭是祭天，與許君合，謂高禖是配祭之人，則近焦喬之意，謂伏羲是先媒，雖未可必，然禖祭由來甚古則可知，考說文乳篆下曰：「乙者玄鳥也，明堂月令：『玄鳥至之日，祠于高禖』以請子，故乳从乙，請子必以乙至之日者，乙春分來，秋分去，開生之候鳥，帝少昊司分之官也。」相傳少昊爲黃帝之子，帝嚳爲黃帝之曾孫（據龔士烱歷代帝王世系圖），禖祭之早於帝嚳，雖於古無徵，然以玄鳥爲開生之候鳥，則少昊時已相傳如此，此則爲許君所深信者也。

其釋禮記玉藻之珽，謂珽直無所屈也。

案許君釋珽之條，見於隋書禮儀志注所引，彼注云：「異義：天子笏曰珽，珽直無所屈也。」（禮儀志七）袁堯年曰：「此當是釋玉藻『天子搢珽』文，故入禮記類。」（補輯袁本駁五經異義）孔廣林亦曰：「廣林謹案：鄭君注玉藻『天子搢珽』云：此亦笏也。謂之珽，珽然無所屈也，或謂之大圭，長三尺，杼上終葵首，終葵首者（四字據原注補），於杼上又廣其首，方如椎頭，是謂無所屈，後則恒直。相玉書曰：珽玉六寸，明自炤。是與異義此說同也。」（通德遺書所見錄卷五八）袁孔二氏所說皆是也，許鄭解禮記搢珽之義本同。禮記原文作「天子搢珽，方正於天下也。」孔疏云：「此一節論天子以下笏制不同之事，方正於天下也者，言珽然無所詘，示已之端平正直而布於天下。」（禮記疏卷廿九）孔疏尤能闡明許鄭之意，謂珽然無所詘者即挺直不曲也（阮元引段玉裁校本云珽然作挺然）。陳祥道曰：「天子之朝日，執鎮圭，搢大圭，所執者贄也，所搢者笏也。諸侯執命圭，必搢荼；大夫執聘圭，必搢笏，及其合瑞而授圭，則執其所搢而已。天子之笏曰珽，諸侯曰荼，大夫以下曰笏，尊者文其名，卑者命其實也。」（禮書）鄭注謂大圭與珽同物，陳氏謂大圭與笏同物，與許君謂「天子笏曰珽」正合，孫希旦引荀子云：「天子御珽，諸侯御荼，大夫服笏」，謂珽與荼，皆笏之異名（見禮記集解卷廿九），荀子之說，又可與許說相印證。

其釋禮記祭法之祧，謂將祧而去之，故曰祧。

案許釋祧義之條，見於太平御覽禮儀部八所引，彼禱祈類云：「五經異義曰：禮祭法云：天子有祧，遠廟曰祧，將祧而去之，故曰祧。去祧曰壇，去壇曰墠，皆藏於祖廟，有事則禱，無事則止。」（卷五百二十九）按異義所引多爲禮記祭法文，唯「將祧而去之，故曰祧」二句爲許君之注釋。孔廣林曰：「廣林謹案：周官守祧注云：先王之遷主藏於文武之廟，即此遠廟曰祧也。又云：先公之遷主藏於后稷之廟，即此皆藏於祖廟之說也。鄭答趙商云：祭法周禮，王制云或以夏殷雜，不合周制。蓋鄭信祭法，故用斯義。」（通德遺書所見錄卷五四）孔說是也，許鄭於此，並當據祭法爲說，唯許釋祧爲「將祧而去之」，鄭注祭法則云：「祧之言超也，超上去意也。」許以本字爲訓，鄭以音近字爲訓，其爲將去之意實同。朱駿聲釋異義上祧字爲祭，下祧字爲廟（說文通訓定聲），孔穎達釋鄭注超上去爲超然上去，若是則許鄭之意或不同。今謂許君云「將祧而去之」，與「去祧曰壇」之去祧，含意不同，上祧字非祭意，朱說未允。今說文漏略祧字，小徐說文新附始釆之於字林（見說文句讀補正），錢大昭曰：「按祧古用濯，春官守祧注云：遷主所藏曰祧。故書祧作濯，鄭司農讀濯爲祧。」（說文新補新附考證）遷主所藏曰祧者，固自廟言之，然名廟爲祧者，必因聲見義，周禮字作濯（玉篇祧亦作濯，注：古文），蓋從翟得聲之字，多有明潔美好，上引出去之義（參見形聲多兼會意考），鄭意訓祧爲超然上去是也，許意「將祧而去之」，祧字亦不作名詞廟名解，作祭解唯見博雅，亦不足據，蓋誤以祧作朓。祧字從兆聲，本取遠達之義（王引之經義述聞卷廿二謂姚佻逃朓並有遠意），遠引申可爲大（故祧爲遠廟，兆數甚大），遠達之物所見必小，故引申又爲小義（錢繹方言箋疏卷八、劉師培物名溯源，楊樹達積微居論叢並謂兆聲有小義），許訓「將祧而去之」者，祧即取遠去之意（孫希旦氏謂祧字从兆乃窈窕幽邃之義，亦相近），故字或从翟聲也。遠去之義即鄭注所謂「超上去」之意也。其餘各句，許君未釋，鄭注曰：「天子遷廟之主，以昭穆合藏於二祧之中，諸侯無祧，藏於祖考之廟中。天子諸侯爲壇墠祈禱，謂後遷在祧者也。既事則反其主於祧。」孔穎達復申其意曰：「遠廟爲祧者，遠廟謂文武廟也。文武廟在應遷之例，故云遠廟也。特爲功德而留，故謂爲祧，祧之言超也，言其超然上去也。……去祧爲壇者，謂高祖之父也，若是昭行，寄藏武王祧；若是穆行，即寄藏文王祧。不得四時而祭之，若有四時之祈禱，則出就壇受祭也。去壇爲墠者，謂高祖之祖也。不得在壇，若有祈禱，則出就墠受祭也。高祖之父，既初寄在祧，而不得於祧中受祭，故曰去祧也，高祖之祖經在壇，而今不得祭，故云去壇也。壇墠有禱焉祭之者，在壇墠者，不得享嘗，應有祈禱於壇墠乃祭之也。無禱乃止者，若無所祈禱，則不得祭也。」（禮記疏卷四十六）孔疏剖析甚明，許鄭之義當無異說。

其論征役之年，以五經說各不同，許君以情實求之，深恐古周禮之說未愜。鄭君則謂五經之說皆可通者，故駁之。

案許論鄭駁征役之條，見於禮記王制「五十不從力政，六十不與服戎」句中孔疏所引，彼疏云：「按異義『禮戴說：王制云：五十不從力政，六十不與服戎。易孟氏韓詩說：年二十行役、三十受兵、六十還兵。古周禮說：國中自七尺以及六十，野自六尺以及六十有五，皆征之。許愼謹案云：五經說皆不同，是無明文所據，漢承百王，而制二十三而役，五十六而免。六十五已老，而周復征之，非用民意。』是許以周禮爲非。鄭駁之云：『周禮是周公之制，王制是孔子之後大賢所記先王之事。周禮所謂皆征之者，使爲胥徒，給公家之事，如今之正衞耳。六十而不與服戎，胥徒事暇，坐息之間，多其五歲，又何太違？之云（孔廣林曰：之云二字，以義繹之，當作而胥。今謂之云二字本或爲胥字形誤。）徒給公家之事，云非用民意耶（耶本譌取，依孔廣林本校改）？王制所云力政，挽引築作之事；所謂服戎，謂從軍爲士卒也。二者皆勞於胥徒，故早舍之。』如鄭此言，力政田役爲重，故云五十免之，故此五十不從力政。祭義云：五十不爲甸徒也，戎事差輕，六十不與服戎。及孟氏說六十還兵是也。胥徒又輕，故野外六十五猶征之。若四郊之內，以其多役，其胥徒之事，六十則免，初受役之時，始年二十也。其野，王城之外，力役又少，胥徒之事，十五則征之，至六十五。其力政之事，皆二十受之。兵革之事，則三十受之，故易孟氏詩韓氏皆云：二十行役、三十受兵也。」（禮記疏卷十三）孔疏宣究詳盡，是許以五經說各不同，鄭則以衆家所說征役之年，實不參差。許鄭之異，陳立謂「許以周禮爲非，鄭以五經之說皆可通」者是也（見白虎通疏證五）。今考易孟氏詩韓氏與今禮戴說相合，已見於白虎通三軍篇，白虎通曰：「王命法年卅受兵何？重絕人世也。師行不必反，戰不必勝，故須其有世嗣也。年六十歸兵何？不忍並鬬人父子也。王制曰：六十不預服戎。」陳壽祺謂「此卽易孟氏詩韓氏說」，是白虎通已調合今文家說，王制爲今文大宗，故與孟易韓詩相符。鄭君則又將周禮之「征」解爲「

使爲胥徒給公家之事」，此解雖本諸先鄭（先鄭曰：征之者，給公上事也）唯謂胥徒之事，較力政田役之事爲輕，判胥徒、力政、服戎爲輕重三等，先鄭所未言，亦非許君之意也。鄭君將胥徒之事列爲最輕，謂年六十五猶征者卽胥徒之事，故與六十不與服戎、六十還兵之律不悖。李光坡氏申鄭意，更理董而畫一之，曰：「征謂賦稅從征役也。韓詩外傳曰：二十行役，六十免役，與周禮國中同。卽知二十與周禮七尺同，禮國中六十免役，野卽六十有五，晚於國中五年，國中七尺從役，野六尺，卽是野又早於國中五年，七尺謂二十，六尺卽十五也。」（周禮述注卷六）如李說則韓詩之說，又與周禮國中征役之年同矣。然許君生當漢世，親聞五經之說，各皆不同。今曲爲傅合，必於許君原意有所未明，考許君言漢制五十六而免，而周於六十五復征之，非用民意者，則六十五之征與五十六而免，當指一事，同證免役之歲，非有役使輕重之等差於其間也。此說劉師培氏爲之鉤覈，最爲得實。劉氏云：「征，卽上文所云可任（按周禮地官鄉大夫，於國中自七尺以及六十句上，有「以歲時登其夫家之衆寡，辨其可任者」句），惟指力役之征言，卽大宗伯之大役，知者，國語魯語：仲尼曰：任力以夫而議其老幼，韋注云：力、謂徭役，以夫、以夫家爲數也。老幼則有復除，推彼制以說周禮此文，皆征、蒙上辨夫家衆寡言，與彼任力以夫合。又征幼始于六尺，征老至于六十五，尤與議其老幼合。援是以言，知先鄭所云給公上事，卽魯語所云任力，亦卽韋注所云徭役，謂民以己力任國家之役也。……許愼謹案云云，是許以周禮本經之制爲疑也。竊以古周禮說，蓋以此經之征，與王制力政相儗，以證免征之歲，兩制不同。許君雖不從周禮，亦以周禮之征，況漢役法。其曰漢制二十三而役，五十六而免者，漢書高帝紀注引如淳說，述衞弘漢儀注云：民年二十三爲正，一歲爲衞士，一歲爲材官騎士，年五十六衰老，乃得免爲庶民，是卽許君所據漢代之役，蓋兼卒更及戍邊更律言，具詳漢書昭帝紀韋注引如淳說，合而審之，蓋漢代之制，不別力政服戎爲二，周禮及王制，均別服戎于力政之外。……唯王制力征之免，先于還兵，此則較還兵尤後，又野自六尺以上，亦有征役，與孟韓二十從役亦不同。此則二制之不能強通者也。許君謂五經說皆不同，其說最的。其以漢法爲況，則力征亦在所晐，與先鄭說亦不異也。」（周禮古注集疏卷十三）劉氏深於禮學，諒足扶微闡幽，所言古今兩說不能強通之處，察察著明，確乎難奪矣。

其說明堂制，謂今禮古禮，未有定論。鄭君雖駁之，但亦深信漢制及緯書而已，終無定據。後之諸家競爲巧說，分合無定，今依許君存疑闕如之意，附綴於末，以俟考焉。

案許論鄭駁明堂制之條，散見於禮記玉藻疏、禮記明堂位疏、御覽禮儀部十二、初學記禮部上明堂類、藝文類聚禮部明堂類。又禮記郊特牲疏、南齊書禮志上、魏書賈思伯傳、魏書袁翻傳、魏書李謐傳並節引鄭駁異義之文。玉藻疏所引較詳，彼於「天子……玄端而朝日於東門之外，聽朔於南門之外，閏月則闔門左扉，立于其中」句下疏曰：「『異義：明堂制：今禮戴說、禮盛德記曰：明堂者（者字據明堂位）

疏補，自古有之，凡有九室，室有四戶、八牖、共三十六戶共字據明堂位疏補、七十二牖。以茅蓋屋孔廣
林曰：茅木譌草，依明堂位正義改。今依之。上圓下方，所以朝諸侯。其外有水有水二字據明堂位疏補，名曰辟廱明堂。月令書說
云：明堂高三丈，東西九仞，南北七筵，上圓下方，四堂十二室，室四戶八牖，宮方三百步，
在近郊，近郊、三十里。講學大夫淳于登說陳壽祺案曰講學大夫王莽置：明堂在國之陽，丙巳之地。三里之
外，七里之內，而祀之孔廣林曰：祀疑當作築，築譌爲祝，祝轉譌爲祀。孔說非是，就陽位陳壽祺曰當作就陽位而祀之。上圓下方，八窻四
闥，布政之宮，故稱明堂，明堂、盛貌以上八字據明堂位疏、御覽禮儀部十二、初學記十三引補。周公祀文王於明堂，以配
上帝，上帝五精之帝明堂位疏之帝作之神，大微之庭中有五帝座星明堂位疏星作位。其古周禮孝經說明堂文王
之廟，夏后氏曰世室，殷人曰重屋，周人曰明堂三曰字據明堂位疏補。東西九筵，筵九尺；南北七筵，
堂崇一筵。五室，凡室二筵。蓋之以茅。周公所以祀文王於明堂，以昭事上帝自周公以下十五字據明堂位疏補
。謹案：今禮古禮，各以其義說，說無明文以知之阮元校勘記引盧文弨云，說字不當重，齊召南云說無明文當作經無明文。玄之聞也
明堂位疏引作鄭駁之云：禮戴所云，雖出盛德記，及其下顯與本章異章異本作異章，依阮元校改。九室三十六戶七十二
牖，似秦相呂不韋作春秋時說者所益，非古制也。四堂十二室，字誤。本書云九堂十二室陳壽祺曰：玉
藻疏堂室二字互誤，今依明堂位疏改，是也。淳于登之言取義於孝經援神契孝經二字據明堂位疏補，援神契說宗祀文王於明堂，以
配上帝。曰明堂者，上圓下方，八窗四闥，布政之宮，在國之陽禮記郊特牲疏引陽字作南，丙巳之地，三
里之外，七里之內以上十二字據郊特牲疏補。帝者諦也，象上可承五精之神，五精之神，實在大微，於辰

爲已明堂位疏於作在，是以登云然。今漢立明堂於丙已漢本譌作說，丙字舊脫去，阮元校勘記據齊召南校改增如此，今依之，由此爲也明堂位疏也作之。五室之位，土居中，木火金水，各居四維魏書李謐傳引鄭康成釋五帝之位，審其文義，或在此。，水木用事，交於東北；木火用事，交於東南，火土用事，交於中央，金土用事，交於西南，金水用事，交於西北。周人明堂五室，帝一室，合於數魏書袁翻傳及賈思伯傳引作周人明堂五室，是帝各有一室也，合於五行之數。當是引者增釋鄭意，故較詳。施行於今，雖有不同，時說昞然，本制著存，而言無明文，欲復何責以上據魏書袁翻傳引補。』如鄭此言，是明堂用淳于登之說。禮載說而明堂辟廱是一，古周禮孝經說以明堂爲文王廟。又僖五年：公旣視朔，遂登觀臺。服氏云：人君入大廟視朔告朔，天子曰靈臺，諸侯曰觀臺，在明堂之中。又文二年服氏云：明堂祖廟。並與鄭說不同者，按王制云：小學在公宮南之左，大學在郊。又云：天子曰辟廱。辟廱是學也，不得與明堂同爲一物。又天子宗廟在雉門之外。孝經緯云：明堂在國之陽。又此云聽朔於南門之外，是明堂與祖廟別處，不得爲一也。孟子云：齊宣王問曰：人皆謂我毀明堂。孟子對曰：夫明堂者，王者之堂也。王欲行王政，則勿毀之矣。是王者有明堂，諸侯以下皆有廟。又知明堂非廟也，以此故鄭皆不用，具於鄭駮異義也。」禮記疏卷廿九據此知明堂制之異說有三：今禮戴說謂明堂卽辟廱，在近郊三十里，此說卽本諸大戴禮盛德記者。又講學大夫淳于登說明堂在國之南方丙已之地，周公於此祀文王，此說卽本諸孝經援神契者。而古周禮孝經說則逕以明堂爲文王之廟。許君以今禮古禮，皆能自成一說，唯探緒求源，罔知所出，經文末見明文，擬議難可準信，故並存諸說以俟考。鄭君則以漢制明堂立於丙巳之地，與淳于登之說合，又信緯書爲有據，故駮許說。自漢而降，異端競生，以相訾抑者多矣，逮清儒解說，家異人殊，尤眩心目，陳立謂鄭君實用古周禮說（見白虎通義疏證，此說承諸魏書李謐傳），皮錫瑞謂鄭君明引孝經緯，是今說，非古說（見駁五經異義疏證）。萬斯大謂明堂卽覲禮之宮，諸家紛紛，可以盡廢（見禮記偶箋三），阮元謂明堂本爲天子所居之名，古時政教朴略，故祀上帝、朝諸侯、養老尊賢教國子並于是，後世別建明堂，以存古制，諸家皆執一端，而昧乎上古中古之分，苟知上古異名同地之制，參驗古今，無有相戾者矣（見揅經室一集）。汪中駮鄭說五室之制，爲千慮之失，求之禮意，大有所違（見述學內篇卷一）。金鶚謂太廟非明堂，不從古周禮說，然亦不取鄭君義（見求古錄禮說卷二）。戴震明堂考，主明堂五室之說（見戴東原集卷二）。孫星衍古合宮遺制考，又明堂法天論主明堂九室之說（見平津館文稿上。又明堂考）。他如馬徵慶有明堂太廟太學靈臺辟雍異同辨（見淡園文集卷一），黃式三有明堂步筵說（見儆居經說卷一），鄒伯奇有明堂會通圖說（見學計一得下），陳澧有明堂圖說二篇（東塾集卷一），董以寧有明堂議及明堂圖制辨（文友文選卷三），江藩有明堂議（隸經文卷一），金榜亦論明堂（見禮箋卷三），惠棟有明堂大道錄（皇清經解卷一四六），任啓運有明堂說（見清芬樓遺藁卷三），又朝廟宮室考（皇清經解續編卷百卅六），楊椿有與齊次風論明堂書（孟鄰堂文鈔卷九），張宗泰有四跋黃氏日抄讀禮記，中有論明堂位一節（見魯巖所學集卷七），汪師韓有明堂位說（見上湖分類文編卷上），沈彤有禮記明堂位問（見果堂集卷三），王植有明堂位考（見崇德堂藁卷二），胡賁有明堂考一卷，孔廣林有明堂億一卷，毛奇齡有明堂問一卷，方苞有辨明堂位文一篇（見望溪先生文集卷一）清人論議，當不盡於此，民國以來，王國維氏又據甲骨文作明堂寢廟通考（見雪堂叢刻），日有新義。陳壽祺氏於此但臚列衆說，不抒胸臆，皮錫瑞氏則偏擇足發鄭義者，以成一家之說，陳氏愼守，皮氏進取，各有優劣。今謂許君通儒，於此亦僅麤明其端，謂無明文可證，故守彼不知蓋闕之恉，余亦闕疑，以俟多聞焉。

至於說文引禮，則自敍明言禮稱周官，今考其凡稱周禮曰、周禮有、禮曰、禮記曰者、雖三禮並引，仍以周禮爲主，蓋多本古文家說也。

案許君說文解字敍曰：「其偁禮、周官」是說文引禮經以證字義，多用古周禮之說也。三禮之中，有今文，有古文，甘鵬雲曰：「周禮在漢，爲古文之學，與大小戴記爲今文家之師說者不同。戴記與公羊春秋並爲今文，故與周官經義多不合。」（經學源流考卷四）甘氏之說，蓋就其大別言之耳，戴記之中，若王制，今文學家特推崇之，多與周禮不合。然若玉藻，則又不合今文家說，馬宗霍謂禮記自二戴損益以後，慮亦古今雜糅，說爲近實。錢基博氏更詳析之曰：「夫（儀禮）經十七篇，禮家之今文學也。周官六篇，禮家之古文學也。小戴禮記四十九篇，非一手所成，或同今文，或同古文，王制多同公羊穀梁。冠義、昏義、鄉飲酒義、射義、燕義、聘義、朝儀、喪服四制、問喪、祭儀、祭統諸篇，皆經十七篇之傳，爲今文說，而玉藻爲古周禮說，曲禮、檀弓、雜記爲古春秋左氏說，祭法爲古國語說，皆古文說，則今古學糅者也。而王制爲學禮宗，比之周禮爲古文所宗云。」經學通志第五　錢說釐分較細，雖不盡當，已推深識，今考許君引禮諸條，以周禮爲大宗，間引禮說而非經文者，亦多爲古周禮說，所引禮記，鮮有與古說異者。若其引儀禮今文家說者，必是周禮古文爲假借，今文爲本字，許君本字是依，不嫌並存今文，此則爲例不多，亦猶毛詩字爲假借，三家爲本字，故許引三家詩者同例。馬宗霍氏嘗統計說文全書引禮之字數曰：「說文雖三禮並引，然實以周官爲大宗。全書偁周禮者凡九十五字，偁禮者止二十八字，有八字所引亦見周官，一字見禮記，兩字則說周官之事，兩字則偁禮兼偁周官，其專屬儀禮者僅七字，且無一字在鄭注所云古文之內按此正可證說文自敍言皆古文也一語，實指論語孝經而言，非統上各經言也　餘則或出詩毛傳，或出禮說，或出禮緯，或則不知所出，而亦以禮偁之，是禮之所施者泛，不以禮經爲畫也。偁禮記者止四字，有一字非許書原文，有一字亦出周官，一字出逸禮記，一字見儀禮公食大夫記，而其字則從今文，其爲戴記者無一焉。別有偁明堂月令者九字，偁少儀者一字，此則實出戴記，而又不以記偁之，或其篇於時單行，與戴記各自爲書耳。」說文解字引禮考敍例　馬氏擘析頗細，唯今重爲考校之，若觶觚二字，許君引爲禮曰，馬氏以爲儀禮者，然其所說容量，仍用古周禮說。又若禡下引周禮曰，馬氏以爲是禮記王制之文；軷下引周禮曰，馬氏以爲周禮無此文，今考其義，仍依杜子春說，特周禮解詁及古周禮師說散逸難見，而說文又多譌改，設不能細心尋繹，但拘文以牽義，必多隱滯難求之義也。故今所考，以漢代諸家之解詁與許說之異同爲綱條，源委初明，經緯具在，許君雖三禮並引，實以周官爲本也。

許君所引禮經及禮說，其訓義當本諸賈逵，賈逵與鄭興鄭衆父子，咸受業於杜子春，故說文所釋，多與此四家脗合，今爲之博稽旁討，分別梳理，乃知許君禮學之師承脈絡，昭然在茲。

案周禮一書，西漢時藏於秘府，儒者莫見其書，至劉歆起廢繼絕，始廣流傳，當其初出曰周官經，劉歆改稱，始曰周禮（參見林師景伊中國學術思想大綱）。劉歆、杜子春初通其章句，三鄭賈馬諸儒，賡續詮釋，其學大興（參見孫詒讓周禮正義序）。許君作說文，博問通人，考之於逵，蓋本從逵受古學，折衷於逵者也。即於周禮漢律，亦必以六書貫通其意，然其詁訓，皆有依據（參見許沖上說文表），許沖所上表已明言許君周禮之學本乎賈逵矣。賈逵之學，則本乎杜子春，鄭興父子亦從杜子春學，而杜子春則本諸劉歆。荀悅漢紀曰：「劉歆以周官十六篇爲周禮，王莽時歆奏以爲經，置博士。」是周禮之興，始於劉歆，然其始出，在孝武帝時，賈公彥序周禮廢興，引馬融傳曰：「秦自孝公以下，用商君之法，其政酷烈，與周官相反，故始皇禁挾書，特疾惡，欲絕滅之。搜求焚燒之獨悉，是以隱藏百年，孝武帝始除挾書之律，開獻書之路，既出於山巖屋壁，復入于秘府，五家之儒（後漢書章懷注：五家者尹更始、劉向、周慶、丁姓、王彥等。），莫得見焉，至孝成皇帝，達才通人劉向子歆，校理秘書，始得列序，著于錄略。然亡其冬官一篇，以考工記足之，時衆儒並出共排，以爲非是，唯歆獨識，其年尚幼，務在廣覽博觀，又多銳精于春秋，末年乃知其周公致太平之迹，迹具在斯。奈遭天下倉卒，兵革並起，疾疫喪荒，弟子死喪，徒有里人河南緱氏杜子春尙在，永平之初，年且九十，家于南山，能通其讀，頗識其說，鄭衆賈逵往受業焉。衆逵洪雅博聞，又以經書記轉相證明爲解（阮元云轉當作傳）。逵解行於世，衆解不行。兼攬二家，爲備多所遺闕，然衆時所解說，近得其實。」（唐晏，馬宗霍謂此馬融傳爲馬氏周官傳者，非也。禮記大題下疏引儒林傳，文辭稍約，實出一本，此馬融傳者即彼儒林傳也，今范史無之，朱彝尊馬國翰謂當係謝承華嶠袁山松等書中語者是也。）據是則賈逵鄭衆皆從杜子春學，而並有解詁行世。又據隋書經籍志云：「周官：至王莽時，劉歆始置博士，以行於世，河南緱氏杜子春，受業於歆，因以教授。」又陸德明曰：「王莽時劉歆爲國師，始建立周官經以爲周禮，河南緱氏杜子春，受業於歆，還家以教門徒，好學之士，鄭興父子（自注：並作周禮解詁）等多往師之，賈景伯亦作周禮解詁。」（經典釋文敍錄）據是則杜子春學本劉歆，而鄭興父子學本杜子春，皆彰明可考者也。段玉裁於說文序「其稱禮、周官」下注云：「許不言誰氏者，許禮學無所主也。」又曰：「（周禮）不言誰氏者，許周禮學無所主也。」（說文注卷十五）段氏誤分禮與周官爲二，謂許云禮即儀禮及禮記，周官則別爲一類，失之遠矣。馬宗霍據之，亦謂許於禮但稱周官，家何所主耶？蓋亦爲沿訛襲謬之見。王先謙曰：「周官既置博士，當時必有傳說，蓋東漢初喪失，故杜子春能通其讀，以授鄭衆賈逵，沈氏欽韓謂先無傳者，此班氏附益，非也。」（漢書藝文志補注）王說頗善，當時說周禮者，薪盡火傳，唯杜子春一脈相衍，而杜氏之注，見於墨帛者，僅正音通讀而已（可參閱馬國翰所輯周禮杜氏注二卷），逮二鄭一賈，形於簡墨，傳說乃彰，許君禮學承諸賈逵，許沖上表既明言之。實亦杜氏一脈之再傳，許不稱誰氏者，蓋周禮西漢既束之秘府，迨東漢杜氏又傳之於家，年事已高，少立章句，是以古義荒翳，顓門者寡，故不能稱誰氏，然不得據此謂許君禮學無所主也。

說文引禮，與杜子春注相應者，有禡、副、柩、竁、焌、燋、匰、齍、席等字，杜爲賈逵之師，故其注爲許君所本。

案杜子春之生平行迹，略見於賈公彥序周禮廢興一文中所引馬融傳，又見於禮記大題下孔穎達疏引儒林傳，再則見於陸德明經典釋文敍錄，杜爲周官經之一代宗師，而范曄後漢書竟闕略不載，寧非奇事。馬國翰曰：「周禮杜氏注二卷，漢杜子春撰，子春河南緱氏人，其字佚。其注隋唐志皆不載，佚已久，從鄭康成注所引輯爲二卷。」（玉函山房輯佚書）於杜氏之學歷、宦迹、及夫生卒時月並從舊說，約而不詳。然謂杜氏「其字佚」，則以子春爲名矣，今考夏官射人司農解詁直稱「杜子春說不與禮經合，疑非是」，鄭衆爲杜弟子，解詁不當直呼師名，且鄭康成注周禮，於鄭衆稱鄭司農，於鄭興稱鄭大夫，而每引杜氏說，皆直呼杜子春，故知子春非杜氏之名也。錢賓四氏謂「子春生年當元成之間，光武中興，子春年五十餘也。鄭興既從歆受周官，其子衆又受之子春，則子春亦歆門高第矣。」（見劉向歆父子年譜）錢氏蓋據賈公彥文推算得之，今存可考之杜氏生平厪如此。愚頗疑杜子春與杜林同族，行輩與杜林之父杜鄴相當，杜鄴字子夏，本魏郡繁陽人，武帝時徙茂陵（見漢書本傳）。魏郡繁陽即今河南新蔡縣（見程師旨雲春秋地名圖考），而子春河南緱氏人，緱氏故城在今河南偃師縣南，其邑里恰相當。子夏於哀帝時爲涼州刺史，子春生元成之際，則子春當較子夏年幼，今又考後漢書杜林本傳，載杜林初爲郡吏，已稱通儒，王莽敗，盜賊起，不死還歸，時鄭興始事劉歆，既遇林，林欣然曰：「林得興等固諧矣。」又衛宏見林，亦闇然心服。鄭興本傳則曰：興好古學，尤明左氏周官，自杜林桓譚衛宏之屬，莫不斟酌焉。但言杜林，不及子春，然所載杜林行迹與子春頗似，且許君說文，敍於通倉頡讀者舉杜鄴，許沖上說文表言「古文孝經孔氏古文說，建武時給事中議郎衛宏所校，皆口傳，官無其說，謹撰具一篇幷上。」可見許君孝經古文說正本之衛宏，衛宏於建武時正從杜林問學，是古文源流，自劉歆而後，即屬杜家，唯杜林卒於建武二十三年，而子春至永平之初尚在，故疑子春與杜鄴同輩，其出處進退，與杜林約略同時，鄭興從杜子春問學，亦捧手杜林，故杜林嘗薦舉之，林謝世在前，故鄭衆厪能從子春問學，而賈逵生於建武八年（見高師仲華許愼生平行迹考），當杜林謝世時，年方十五，故亦未及從林學，至永平初，賈君二十六歲，乃從杜子春問周官。子春年事既高，但略爲正音通讀，餘皆憑口傳，故歷代史志不錄子春之書，但見引於鄭興父子之解詁耳。許愼所得衛宏校定之古文孝經，但有口傳，疑亦出子春所傳，時尚無人箸於竹帛而已，由是可推杜家之學，賈君靡不悉集，賈君之學，許氏靡不承遵，且許家汝南，與緱氏之地最近，子春遺訓，稽譔必多。今考說文示部：「禡、師行所止，恐有慢其神，下而祀之曰禡。从示馬聲。周禮曰：禡於所征之地。莫駕切」所引不見於今本周禮，疑本當作「有司表禡于陳前」或「有司表禡誓民」，今周禮大司馬作「有司表貉于陳前」，「有司表貉誓民」，鄭司農曰：「貉讀爲禡，禡謂師祭也，書亦或爲禡。」是司農所見故書作禡，許君引之作禡，而鄭玄本則作貉，鄭玄曰：「表貉，立表而貉祭也。」又於周禮肆師「獮祭表貉」下注曰：「貉，師祭也。貉讀爲十百之百，於所立表之處爲師祭。造軍法者，禱氣勢之增倍也。」是鄭玄作貉，後人習於作貉，不知許引作禡爲周禮故書，檢周禮無禡字，校者遂取禮記王制「禡於所征之地」一句以當之，不知許君說文不引王制，且已明言引周禮，豈能以王制當之，清儒未審其故，謂王制別行，然亦禮類，欲據以刪周字，此不識許君禮稱周官之意。許君雖有兼引今文之例，然必古文爲假借，今文爲正字，始稱引之，此周禮故書既作禡，許依先鄭讀爲而改字者甚多，不必稱引今文也。然司農讀爲禡，實本諸杜子春，考周禮甸祝云：「掌四時之田表貉之祝號」，注引杜子春曰：「讀貉爲百爾所思之百，書亦或作禡。貉，兵祭也。甸以講武治兵，故有兵祭。詩曰：是類是禡，爾雅曰：是類是禡，師祭也。」據此則周禮故書或作禡，實杜子春所見，從示從馬，爲師祭之本字，故許君引之。鄭玄讀爲十百之百，亦本子春說，故所釋並同，唯不從故書作禡耳，鄭玄注王制，則作禡而用子春所訓。子春所訓，蓋又近於爾雅，許不引毛傳爾雅者，毛傳但曰：「類於野曰禡」（詩大雅皇矣傳），爾雅雖訓爲師祭，蓋因詩意爲文王出征崇國，故云師祭，但又繫於釋天，與春秋繁露「郊祀伐崇」之說相近（參見詩毛氏傳疏），與「師行所止，恐慢其神」而祀者，其神不同，爾雅於此實同今文家說，故許君不引之。然王制謂「所征之地」，與「師行所止」正同，今古二說，固非判然爲二，字字不合者也。錢賓四氏曰：「王制周禮，廖平以來，謂此二書，一爲今文，一爲古文，絕不相通。然莽朝改制，並依二書，知晚近今文家言，多張皇過甚之辭也。」（劉向歆父子年譜）錢說洵稱平實。

又說文刀部：「副、判也。从刀、畐聲。周禮曰：副辜祭。疈、籀文副（芳逼切）」所引爲春官大宗伯文，今作「以疈辜祭四方百物」，字從籀文作疈。許書之例，重文則不別正借，許君作副，鄭玄本作疈亦非假借。鄭司農作罷則爲假借。鄭玄曰：「故書疈爲罷，鄭司農云：罷辜披磔牲以祭，玄謂疈，疈牲胷也。疈而磔之，謂磔攘及蜡祭。」先鄭從故書，許君不從者，以罷爲遣有辠，作「披」解，爲同音之假借。罷副疈披判古皆雙聲，疈副从刀，於判分之義爲正字，說文剖辨㓷亦並訓判，字亦皆與副判雙聲，許作副者，蓋本諸杜子春，考地官牧人「凡祭毀事用尨可也」下鄭注引杜子春云：「毀謂副辜侯禳毀除殃咎之屬」，杜本正作副，即許所本也。副者疈之省，段玉裁謂「重畐者狀分析之聲」，蕭道管謂「疈象以刀判兩祭肉形」（說文重文管見），其取義雖未能确知，然其作辨作詬，皆義見於形，且兼其聲，是判分破磔之正字。

又說文木部：「枑、行馬也。从木、互聲。周禮曰：設梐枑再重。（胡誤切）」所引爲天官掌舍文，鄭玄注曰：「故書枑爲拒。鄭司農云：梐、榱梐也。拒、受居溜水涑橐也。杜子春讀爲梐枑，梐枑謂行馬。玄謂行馬再重者，以周衞有外內列。」賈公彥疏云：「先鄭輒依故書，拒而爲溜水涑橐，又拒非必是受溜水之物，於義未可，故後鄭不從，從子春爲行馬也。」（周禮疏卷六）是先鄭據故書作拒（本或作柜），杜子春始讀爲梐枑，訓作行馬，阮元謂「說文與杜義同，不從故書」者是也（見周禮校勘記）。枑字从木，於行馬之義合，且吳大澂曰：「⿰木五，古枑字，故書枑爲柜，即此字，⿰木五又通梧，釋名：當途曰梧邱。梧、忤也。」（說文古籀補）是枑从互聲，本作五聲，取牾逆之意，故書作柜者，即取拒意，皆與行馬之義合，枑柜皆⿰木五字轉寫之異也。先鄭作柜不訓爲行馬，許君以柜爲木名，故不從先鄭。

又說文穴部：「竁、穿地也。从穴毳聲。一曰小鼠，周禮曰：大喪甫竁。（充芮切）」所引爲春官冢人文，彼作「大喪，既有日，請度甫竁。」說文蓋約引之者。一曰小鼠，玉篇注及繫傳並作小鼠聲，朱駿聲改爲鼠小穴，一曰之義雖或脫誤，然許君引禮非證一曰之義者，引禮不當在一曰下，許引禮實證穿地之義者。考春官小宗伯「卜葬兆，甫竁亦如之」句下鄭注云：「甫、始也。鄭大夫讀竁皆爲穿（阮元云皆字涉下誤衍），杜子春讀竁爲毳，皆謂葬穿壙也。今南陽名穿地爲竁，聲如腐脃之脃。」惠士奇曰：「許叔重曰：穿、通也。竁、穿地也，文異義同，仍讀依先鄭爲允。」（禮說春官一）惠氏以爲鄭杜有異而左鄭，然段玉裁曰：「此注讀竁爲穿者，易其字也；讀竁如毳者，擬其音也，下文鄭仲子春之說，以南陽語證子春說之不誤。」（說文注）段氏以子春讀某爲某，即某讀如某之意，故杜鄭之義並不異，按段說得之，故孫詒讓本之曰：「杜子春讀竁爲毳者，爲當作如，此杜不破字，而擬其音如毳也。說文穴部云竁从穴毳聲，引周禮大喪甫竁，義與子春同。云皆謂葬穿壙也者，謂鄭杜讀異而詁義則同。……南陽名穿地爲竁，其義也；竁聲如腐脃之脃，其音也，此與醢人注：今河間名豚脅聲如鍛鏄，文法正同。子春正用南陽語耳。」（周禮正義卷三十六）孫說語有證佐，最爲可信，據此則許君穿地之訓本諸杜氏者也。

又說文火部：「焌、然火也。从火夋聲。周禮曰：遂⿰炊龠其焌。焌火在前，以焞焯龜。」（子寸切又倉聿切）所引爲春官菙氏文，彼文云：「菙氏掌共燋，契以待卜事。凡卜以明火爇燋，遂⿰炊龠其焌，契以授卜師，遂役之。」鄭玄本⿰炊龠作龡者，阮元謂作龡者從炊省，說文龡从龠炊聲是也。鄭玄注引杜子春曰：「契謂契龜之鑿也。詩云：爰始爰謀，爰契我龜。明火，以陽燧取火於日，焌讀爲英俊之俊，書亦或爲俊。」而鄭玄自注云：「玄謂士喪禮曰：……楚焞即契，所用灼龜也。焌讀如戈鐏之鐏，謂以契柱燋火而吹之也。契既然，以授卜師，用作龜也。役之，使助之。」杜義與鄭不同，杜謂燋是一事，契是一事，灼龜用燋，契龜用鑿。鄭則以爲灼鑿同物，燋火者卽契柱，故謂契爲然火灼龜之焳。依杜注則當斷句如前文，依鄭注則當作「華氏掌共焳契」「遂龡其焌契」斷句，許君讀遂龡其焌句絕，與杜同，實本於杜。鄭讀契字上屬爲句，與杜許不同者，蓋本士喪禮而說周禮，方圓異道，時而齟齬不安矣。今者殷契甲骨已出土，實物猶存，卜法可推，容庚氏有甲骨文字之發見及其考釋一文，述卜法云：「卜時於龜甲裏鑿一橢圓之渠，上博而下狹，復於圓旁鑿一小窪，如⬯形，以火在窪處灼之，則坼縱橫見于表，如卜K丫形，所謂兆也。其兆側刻卜辭，有兩面刻者，有未卜而刻卜辭者。」國學季刊一卷四號 據容庚所說，則華氏掌共焳，契以待卜事，焳者炬火之材，契者鑿一橢圓及小窪之事，故云待卜事也。及卜以明火爇焳，遂吹焳使熾而灼龜，及有灼兆，占人視其吉凶，遂契刻之以授卜師。卜師職曰：「揚火以作龜致其墨，辨龜之上下左右陰陽，以授命龜者而詔相之。」其事與華氏占人所云皆合，與今所見甲骨遺物亦同，焳契蓋二事，杜許之說不誤也。杜於「契以待卜事」下釋契爲契龜之鑿，卽指鑿渠窪而言，下契字杜氏不注，今知爲契刻卜辭也。然杜氏讀焌爲英俊之俊，故書亦或有作俊字者。據是則杜本字作焌而訓義爲俊，許君以俊爲材過千人，非吹火使焌之本字，故不從或作之本，而訓焌爲然火，並云「焌火在前，以焞焯龜」，說經者不解杜許同義，每騁私臆，如賈公彥曰：「子春云焌讀爲英俊之俊者，意取荆樵之中英俊者爲楚焞，用之灼龜也。後鄭讀焌爲戈鐏之鐏者，讀從曲禮云進戈者前其鐏，意取銳頭以灼龜也。云謂以契柱焳火而吹之也者，解經遂吹其焌契，謂將此焌契，以杜於樵火，吹之使熾也。」周禮疏卷廿四 鄭句讀之誤，已詳前論。然賈解杜意，謂取荆樵之中英俊者，似采先儒，實非古義，孫詒讓氏疑之曰：「杜但讀焌爲俊，而未釋其義，以意推之，似以焌爲燋之耑，故爇而吹之，其契則屬下以授卜師爲句，杜說契以鑿龜，不以灼龜，不得與焌並吹其火也，許讀焌如字，雖與杜不同，而云焌火在前，亦即謂燋之前耑火所爇者。」周禮正義卷四十八 孫氏已疑賈疏釋俊爲英俊，非杜氏本意，又駁鄭讀之誤，固爲定論，然孫氏謂焌爲燋之前耑，欲強合許意與賈疏鄭讀相同，謂焌火在前，即灼龜時燋之銳頭，銳頭故杜讀爲俊，今謂孫說與許解焌爲然火也之義不協，杜讀爲俊者，取火旺熾之義，凡從夋得聲之字若駿峻浚俊並有大義 參見郝懿行爾雅義疏卷一 ，俊焌同音，其義相通，且杜讀某爲某，每取其音，不改其字 如前條之例，孫詒讓氏已證之 ，焌字少見，故以俊注其音，俊者取其同從夋聲，有高大義 疑焌訓然火或許本作然大或大然 ，非取从人有英俊義也，杜讀必非易字甚明。乃知杜許云遂龡其焌者，「其」字指燋耑爇火處 鄭注云：燋謂炬，其存火。其字用法正同 ，「焌」字指「熾火」也，許云焌火在前者，謂熾火在尖耑也，賈疏謂「取銳頭以灼龜，吹之使熾」者，其事本同，而誤以焌爲「銳頭」耳。焌爲火熾盛之義，乃與造字之理合，與許訓杜讀並合，與卜師「揚火以作龜」之義亦合，鄭注卜師云：「揚，猶熾也。」是卜師之「揚火」，即菙氏之「龡焌」，前儒紛紛，至此而粲然大白矣。

又說文火部：「燋、所以然持火也。从火焦聲。周禮曰：以明火爇燋也。即消切」所引爲春官菙氏文，已見上條，鄭注引杜子春曰：「燋讀爲細目燋之燋。或曰如薪樵之樵，謂所爇灼龜之木也，故謂之樵。」鄭自注云：「燋謂炬，其存火。」鄭又注士喪禮曰：「燋、炬也。所以然火者也。」鄭注士喪禮與許意近，注周禮曰「其存火」者，蓋鄭誤以燋者然火以待灼龜之材，待以契就燋燃之，乃以灼龜，不以契爲契鑿契刻，其謬已見前條所辨矣。杜氏則以燋即灼龜之木，其物即薪樵，即炬，然以持火即此物，灼龜亦即此物，許意實本杜氏，非有異也。自薪木言之謂之樵，自灼龜言之謂之燋，訓經可通，解字則有別，許以樵爲散木，其義泛屬，燋爲引火之炬，其義專屬，然从木从火俱非假借，猶炬字从火，苣字从艸，皆爲束葦燒之之義，从艸从火俱非假借也。故許引周禮以明燋義，與杜訓不異也。杜讀燋爲細目燋之燋者，段玉裁曰：「細目燋，蓋漢人有此語，讀同焦，其字不當從火，轉寫誤也。說文曰：醮、面焦枯小也。晉灼漢書音義曰：三輔憂愁而省瘦曰嫶冥。皆與細目焦之語略同。讀爲當作讀如，此擬其音也，謂其物微小也。」（周禮漢讀考）段謂杜氏此讀乃擬其音，非易其字，所說則是；又舉醮嫶以證與細目之微小義合，謂燋字不當從火，亦信而有徵。今謂杜氏實舉漢人習語以擬其音，細目燋者，燋當作瞧，字彙曰瞧音樵，偸視貌。與杜氏或曰如薪樵之音合，與細目之語亦合。瞧字不見說文、廣韻，是爲俗字，賈公彥謂杜子春於燋字「作俗讀」者是也。然嵇康難自然好學論：覩文籍則目瞧。郭璞鴣鷚黃鳥贊：食之不瞧。已用細目瞧之字，疑漢人於此尙無定字，故杜作燋以代之也。

又說文匚部：「匰、宗廟盛主器也。周禮曰：祭祀共匰主。从匚單聲。（都寒切）」所引爲春官司巫文，彼作「祭祀則共匰主」，多則字，鄭注引杜子春曰：「匰、器名，主、謂木主也。」鄭玄自注曰：「言之者，明共主以匰，共葙以筐，大祝取其主葙陳之器則退也。」而賈公彥疏之曰：「子春所解及讀字，惟解匰器名一事，後鄭從之。」（周禮疏卷二十六）據此則知杜氏釋匰爲器名，即盛主之器，其物如筐之屬，主本藏於廟室，當祭時自室拱出，不敢徒手奉持，乃共主以匰，許君言匰爲宗廟盛主器，又引周禮祭祀共匰主者，明宗廟祭祀時始以匰拱持，非主常盛於匰也。杜許鄭同義，段玉裁謂「許用杜說」者是也。

又說文壴部：「鼜、夜戒守鼓也。从壴、蚤聲。禮：昏鼓四通爲大鼓，夜半三通爲戒晨，旦明五通爲發明。讀若戚。（倉歷切）」所引乃禮家之說，周禮地官鼓人「凡軍旅夜鼓鼜」下鄭注曰：「鼜，夜戒守鼓也，司馬法曰：昏鼓四通爲大鼜，夜半三通爲晨戒，旦明五通爲發昫。」是鄭注同許，而許所引爲司馬法文也。段玉裁曰：「今周禮作鼜，此禮當云禮記軍禮，司馬法百五十五篇，藝文志以入禮家。」（說文注）段說近是，唯考許君全書，鮮有引經不證字者，疑禮下本有「凡軍之夜三鼜」句，爲引周禮鎛師文，下復以禮家說解之，今禮經之文奪去耳。惠棟曰：「鎛師：凡軍之夜三鼜，皆鼓之，守鼜亦如之。注云：守鼜、備守鼓也。杜子春云：一夜三擊，備守鼓也。春秋傳所謂賓將趨者，音聲相似。夏官掌固云：夜三鼜以號戒。杜子春云：讀鼜爲造次之造。爲擊鼓行夜戒守也。春秋傳所謂賓將趨者，趨與造音相近。案鼜說文作𪔵云夜戒守鼓也，讀若戚云云，鄭於鼓人注用叔重之說，杜子春又云：鼜讀爲憂戚之戚，與說文合。趨造音相近，長言爲趨，短言爲戚。」九經古義 杜子春讀憂戚之戚者，見於春官眡瞭注，彼注云：「杜子春讀鼜爲憂戚之戚，謂戒守鼓也，擊鼓聲疾數，故曰戚。」是一夜三擊之義，杜於周禮三言之矣，爲古周禮家說也，許君引之，實本諸杜氏，故訓義讀音皆同。

又說文巾部：「席，籍也。禮天子諸侯席有黼繡純飾，从巾、庶省。𠩞、古文席从石省。祥易切」所引爲周禮春官司几筵文，彼云：「凡大朝覲大饗射，凡封國命諸侯，設莞筵紛純，加次席黼純。」許蓋約言之也。許作黼繡純飾，與經文不同，鄭注引鄭司農云：「紛讀爲和粉之粉，謂白繡也。純讀爲均服之均，純、緣也。」馬宗霍遂謂「許云繡者，蓋從先鄭，繡即經文之紛也。」說文引禮考 王筠則曰：「先鄭則紛亦繡也，許蓋不從，故不及。」說文句讀 馬謂說文從先鄭，王謂說文不從先鄭，兩說相反，今謂馬王兩說皆非也。說文引周禮當作「席有黼純，黼純、繡飾。本作黼純連文，與經文同。繡飾者所以釋黼純者也。鄭玄注曰：「斧謂之黼，其繡白黑采。」又考工記畫繢職云：「黼爲繡采。」是繡所以釋黼之證也。鄭衆注曰：「純、緣也。」又爾雅釋器亦云：「緣謂之純。」郭璞注之云：「緣、飾也。」是飾所以釋純之證也。許與先後鄭所訓皆合，唯今本說文倒乙，故滋疑惑，漢魏六朝人於重出之二字，每加二字於下，作「席有黼二純二繡飾」轉鈔者又倒乙之耳。又考說文席訓籍，御覽卷七百九引作藉也，段桂王朱諸家並依御覽引改為藉是也。段玉裁曰：「藉本祭藉，引申為凡藉之偁，竹部曰：竹席曰筵，實通偁耳。」是又席當訓藉之證，今復考周禮春官司巫「祭祀，則共匰主，及道布，及蒩館」句下鄭注引杜子春曰：「蒩讀為鉏（段玉裁周禮漢讀考謂當作鉏讀為蒩，蒩席也。）。道布，新布三尺也。鉏，藉也。館，神所館止也。書或為蒩館，或為蒩飽，或曰布者，以為席也。租飽，茅裹肉也。」鄭玄注曰：「道布者，為神所設巾，屬于几也。蒩之言藉也，祭食有當藉者，館所以承蒩，謂若今筐也。」士虞禮曰：「苴刌茅長五寸，實于篚。」以鄭注推杜注，知道布者所以席几，蒩者即易曰藉用白茅也。布為几之席，蒩為主之席（說文蒩訓茅藉也），杜曰租飽為茅裹肉，即詩曰白茅包之，租亦即藉也。士虞禮曰：「素几葦席」，素几即道布為席，葦席即蒩館以白茅為席也。故知訓席為藉，杜氏注周禮已然，許本諸杜注耳。

說文引禮，與鄭興解詁相應者，有膴、緅、莤等字，鄭大夫之學亦出於劉歆及杜子春，與許君所受蓋出同源，故可取證。

案後漢書鄭興傳曰：「天鳳中，(興) 將門人從劉歆講正大義，歆美其才。……侍御史杜林先與興同寓隴右，廼薦之曰：竊見河南鄭興，執義堅固，敦悅詩書，好古博物，見疑不惑：廼徵為太中大夫。……興好古學，尤明左氏周官，長於歷數，自杜林、桓譚、衞宏之屬，莫不斟酌焉。」卷三十六是興嘗從劉歆問學，又頗受杜林之影響。而賈公彥序周禮廢興、陸德明經典釋文敍錄又載鄭興從杜子春游，杜子春者，亦尙受業於歆者也。許學宗乎賈逵，而賈逵亦從杜子春游，杜氏傳經時年事已高，正音通讀，約而未詳，鄭興父子推闡其說，增廣潤益，始粲然大備，賈鄭各記師說，自相印合，故取鄭大夫之解詁，以證許叔重說文引禮之條，實箕豆同根、泉水同源者也。今考說文肉部：「膴、無骨腊也。楊雄說：鳥腊也。从肉無聲。周禮有膴判，讀若謨荒烏切」所引爲天官腊人文，彼文云：「腊人掌乾肉，凡田獸之脯腊膴胖之事，凡祭祀，共豆脯薦脯膴胖，凡腊物。賓客喪紀，共其脯腊，凡乾肉之事。」阮元校勘記依注文恒例，謂「膴胖之事」四字爲衍文，故二鄭杜氏康成之注並見於「共豆脯薦脯膴胖」下，今謂阮說良是，據是則脯腊爲乾肉，豆脯薦、脯膴胖爲腊物，已明載於經文矣。鄭注云：「脯非豆實，豆當爲羞，聲之誤也。鄭司農云：膴，膺肉。鄭大夫云：胖讀爲判。杜子春讀胖爲版，又云：膴胖皆謂夾脊肉。又云：禮家以胖爲半體，玄謂公食大夫禮曰：庶羞皆有大者，此據肉之所擬祭者也。……膴亦牒肉大臠，胖宜爲脯而腥，胖之言片也，析肉意也。」就鄭注知後鄭以豆脯爲羞脯，以胖爲析肉，以膴爲大臠，與前儒略異。鄭大夫讀胖爲判，而許君即依之。杜子春謂胖讀爲版，版即片也，版片皆木之判者，引申爲凡半體之稱，許於胖下釋爲半體，即用杜說，胖判非有異也。然杜釋膴爲夾脊肉，先鄭釋膴爲膺肉，胸脊雖異位，皆就無骨者言之，許以經已言皆腊物，且字从無聲，聲多兼義，故許云無骨腊也。鄭文焯曰：「趙商問『腊人掌凡乾肉，而有膴胖何？鄭答：雖鮮，亦屬腊人。』是膴之非腊可證。」說文引羣說故 按以膴爲非腊，爲牒肉大臠，實鄭玄一家之說，故趙商疑之，周禮獸人職云：「凡獸入于腊人。」是腊人所掌，固鮮腊同有，獸禽俱備者參見獸人職，然鮮雖亦屬腊人，不得卽謂膴非腊物。又考周禮天官內饔：「刑膴胖骨鱐」下鄭注曰：「鄭司農云：刑膴、謂夾脊肉，或曰膺肉也。骨鱐、謂骨有肉者。」先鄭已合杜氏鄭興之說爲注，且用以與「骨有肉」者相聯，骨鱐既自骨之有肉而言，則刑膴自當自肉之無骨而言，許君之義，得先鄭此注而益明。

又說文耒部：「商人七十而耡，耡、耤稅也。从耒助聲。周禮曰：以興耡利萌牀倨切」所引爲地官遂人職文，今周禮萌字作甿。徐灝謂此蓋許鄭本之不同。鄭據本作甿，甿者田民也，鄭注曰：「變民言甿，異外內也，甿猶懵懵無知貌也。」據是鄭本作甿，非後人所改甚明段玉裁於耡下甿下並謂鄭本作萌，恐非是。然許引作萌，則非本字，雖民訓衆萌，鄭亦就懵懵無知釋甿，然萌爲艸芽，非田民之正字，疑許原亦作甿，後人以甿氓民萌通用，而唐人諱民，故改作萌，許君引經證字，非獨所證者必爲正字，其餘各字亦皆以正字是從，此說文全書之恒例也。鄭注引前儒之詁訓曰：「鄭大夫讀耡爲藉，杜子春讀耡爲助，謂起民人，令相佐助。」賈公彥疏云：「鄭大夫讀耡爲藉，藉、借也。謂借民力所治之田，民相於無此事，故後鄭謂相佐助。」周禮疏卷十五 賈疏意謂「謂起民人，令相佐助」，乃後鄭所加，杜但讀耡爲助，又釋鄭大夫之藉爲借民力以治田，賈蓋以考工記匠人鄭注云：「周制邦國用殷之莇法，莇者，借民之力以治公田。」，遂以後鄭之意釋鄭大夫之注耳。今考周禮里宰職下，注又引鄭司農注：「耡讀爲藉。」引杜子春注：「耡讀爲助，謂相佐助也。」下又有玄謂云云，知訓助爲佐助實乃杜氏之注文。而孟子滕文公篇：「殷人七十而助，助者藉也。……詩云：雨我公田，遂及我私。惟助爲有公田，由此觀之，雖周亦助也。」是民相佐助以治公田，與借民力以耕公田，其意實同，而井田之制，助耕公田卽是稅貢，不復稅其私田，故杜鄭所讀其意實同，與孟子皆合。而鄭讀耡爲藉，則爲許君所本也。廣雅云：「耤、耡、稅也。」詩韓奕鄭箋云：「藉，稅也。」許云耡、耤稅也者，申之以稅，蓋亦古訓有此也。

又說文酉部：「莤、禮祭束茅加于裸圭而灌鬯酒，是爲莤，象神歆之也。一曰：莤、榼上塞也。从酉、从艸。春秋傳曰：尒貢包茅不入，王祭不供，無以莤酒。所六切」所引不見禮經，當是古周禮說，故與古左氏義合。考周禮天官甸師職：「祭祀共蕭茅」句下鄭注引鄭大夫云：「蕭字或爲莤，莤讀爲縮。束茅立之，祭前沃酒其上，酒滲下去，若神飲之，故謂之縮，縮、浚也。故齊桓公責楚不貢包茅，王祭不共，無以縮酒。」是作莤爲鄭大夫所見之別本，許君訓義卽本諸鄭興，而字則折衷於賈，謂縮爲亂也，一曰蹴也，非縮酒之本字，莤字从艸从酉爲本字，故依或作本。鄭興讀莤爲縮者，亦據杜氏爲說，考周禮司尊彝曰：「醴齊縮酌。」鄭玄注曰：「故書縮爲數。杜子春云：數當爲縮。玄謂泲之以茅，縮去滓也。」是縮酒去滓而字作縮，實自杜氏始。然杜於甸師職蕭字讀如字，訓爲香蒿，則蕭亦非縮酒之本字，故許定莤爲本字，而訓義從鄭大夫也。

說文引禮，與鄭衆解詁相應者，有閏、瑑、鞄、䐹、簝、稌、窆、堋、褘、庌、庮、晢、皋、涗、㪺、籍、拲、奴、縜、軓、轐、柶等字，鄭司農之學出於杜子春，與許君所受蓋出同源，故可取證。

案後漢書鄭衆本傳，不載衆學周官事，而賈公彥序周禮廢興，及禮記疏、經典釋文敍錄並載衆從杜子春學周官，並作周官解詁，佚後漢書馬融傳且謂「衆所解說近得其實。」後鄭康成注周禮，多引杜子春及二鄭之說，晁公武曰：「鄭興鄭衆，傳授周禮，康成引之，以參釋異同，云大夫者興也，司農者衆也。」（郡齋讀書志）馬國翰曰：「二鄭解詁無所別，即因題焉。少贛（興字）遺說存者無多，讀其子司農之遺注，固可見家學淵源也。」又曰：「『衆所解說近得其實』，實司農解詁之定論也。」（玉函山房輯佚書）唯鄭興父子之解詁，隋唐書志皆不著錄，佚已久矣，今取鄭玄注中所引司農注，以證許叔重說文引禮之說，同條共貫，鮮有㚒爽者，蓋其實出一本耳。今考說文王部：「閏，餘分之月，五歲再閏。告朔之禮，天子居宗廟，閏月居門中，从王在門中，周禮曰：閏月王居門中終月也。如順切」所引爲春官大史文，唯今本無中字，王上有詔字。鄭玄注曰：「門謂路寢門也。鄭司農云：月令：十二月分在青陽明堂總章玄堂左右之位，惟閏月無所居，居於門，故於文：王在門謂之閏。」先鄭所解，雖無中字，實爲許君之所本，玉藻云：「閏月則闔門左扉，立於其中。」玉藻爲古周禮說錢基博語，亦可有中字，故賈公彥疏云：「以閏月王在門中，故制文字，亦王在門中謂之閏也。」周禮疏一十六疏語本於說文，亦可證說文與先鄭相合。

又考說文王部：「瑑、圭璧上起兆瑑也。从玉、篆省聲。周禮曰：瑑圭璧。直戀切」所引爲春官典瑞文，今作「瑑圭璋璧琮」，許君所引，蓋是約文，非異本也。鄭注引司農注云：「瑑、有圻鄂瑑起。」又注典瑞「牙璋以起軍旅」下云：「鄭司農云：牙璋、瑑以爲牙，牙齒、兵象。」段玉裁曰：「許云起兆瑑，與先鄭說合，兆者垗也，營域之象，先鄭所謂垠域也。」說文注惠棟亦曰：「先鄭云：瑑有圻鄂瑑起，圻鄂亦起兆瑑之意。」惠氏讀說文記毛際盛亦云：「圻爲垠或字，垠、地垠也。兆爲𠧞古文，𠧞，灼龜坼也。象形，是瑑爲兆域象也，許君訓與先鄭合。嶽生謹案：垠解本作地垠咢也，段玉裁已攷正，則圻鄂古語矣。衣曰緣，玉曰瑑，飾不同，而介則一也。圻鄂猶邊界也，則瑑爲兆域象信矣。」說文解字述誼按三家之說皆是也，毛說尤爲精到，今復考淮南子俶眞篇曰：「所謂有始者，繁憤未發，萌兆牙櫱，未有垠堮形埒。」此據王念孫讀書雜志謂發櫱埒三句爲韻，又據王叔岷先生校讎學講稿移垠堮於形埒之前，又淮南子覽冥篇「不見朕垠」，高誘注曰：「朕、朕兆也。垠、形狀也。」據淮南之文，兆垠二字，意並相若，垠堮即圻鄂，圻鄂即兆瑑，故許與先鄭同義也。後鄭於考工記玉人「瑑圭璋八寸」下注曰：「瑑、文飾也。」於大宗伯「王執鎮圭」下注曰：「蓋以四鎮之山爲瑑飾。」後鄭亦與二君同義。

又說文革部：「鞄、柔革工也。从革、包聲。讀若朴。周禮曰：柔皮之工鮑氏，鞄即鮑也。蒲角切」所引爲考工記文，彼云：「攻皮之工：函、鮑、韗、韋。」許約舉之也。鄭注引鄭司農解詁云：「鮑讀爲鮑魚之鮑，書或爲鞄，蒼頡篇有鮑𤿭。」釋文云：「鞄、匹學反，劉音僕，𤿭、如菀反，柔革工。」陸氏即據說文以證先鄭之說。又考工鮑人：「鮑人之事」句下鄭注云：「鮑、故書或作鞄。鄭司農云：蒼頡篇有鞄究按當作𤿭，說文从北从皮省从夐省是也。」賈公彥疏曰：「先鄭取蒼頡篇，從故書爲鞄字者，鮑乃從魚，此官治皮，宜從革，故玄引先鄭於此，取從革旁之義。」周禮疏卷四十 據是則先鄭字雖作鮑，而實從鞄爲正字，許君鞄下擧鮑，而謂鞄即鮑，亦以鞄爲正字，許與先鄭皆合。王筠曰：「先鄭許君鄭君，皆知鞄之爲正，而不改經，君子之愼也。」說文句讀 王說雖可通，唯與許書之例正字是從者不盡合，承培元曰：「此條不似許語，疑後人旁注，誤入正文。」說文引經例辨 承氏所疑，頗合許例，先鄭意謂鞄爲正字，許既從之矣，下若引經，自有故書作鞄者可從，不必引假借字爲證也。

又說文肉部：「䐹，乾魚尾䐹䐹也。从肉、肅聲。周禮有腒䐹。所鳩切」所引爲天官庖人文，彼云：「夏行腒鱐」，䐹字作鱐。鄭注引鄭司農云：「鱐、乾魚。」許義與合，而字作䐹者，禮記內則「夏宜腒䐹」即本周禮，彼釋文云：「鱐，本又作䐹。」是許與又作本合，許書不收鱐字，蓋以䐹爲正字，故從䐹，鱐从魚，乾魚字當从魚，許不從者蓋以䐹䐹爲狀乾魚之貌。今復考周禮天官內饔「刑膴胖骨鱐」下，鄭注曰：「鄭司農云：骨鱐，謂骨有肉者。」據是則以鱐爲狀腊物之貌，先鄭已發之矣，許以膴爲無骨之腊，正與先鄭訓鱐爲骨有肉者相對，故許以从肉爲正字，段玉裁改䐹䐹爲肅肅，且曰：「肅肅、乾皃。今俗尚有乾肅肅之語，風俗通說『夏馬掉尾肅肅，古言也。」說文注 桂馥亦云：「詩九月肅霜，傳云：肅、縮也。月令：草木皆肅，注云：肅謂枝葉縮栗。馥謂魚乾則縮栗，故文從肅。」說文義證 是皆可證䐹爲狀腊物之貌也。柳榮宗曰：「據許腒字注云：北方謂鳥腊曰腒，鄭司農以爲乾雉，从肉居聲。則魚腊爲䐹，字當从肉。」說文引經考異 是則又證鳥腊魚腊字皆以从肉爲正矣。

又說文竹部：「簝、宗廟盛肉竹器也。从竹、尞聲。周禮：供盆簝以待事。洛簫切」所引爲地官牛人文，彼云：「凡祭祀，共其牛牲之互，與其盆簝以待事。」許蓋約舉之也。許共作供，段玉裁謂當依周禮作共，此校者所改者也。鄭玄注引鄭司農曰：「簝，受肉籠也。」經文已言祭祀所共，故司農注不必復言「宗廟」，許君就字爲釋，簝爲宗廟祭器，故云然。許實本先鄭爲說。唯先鄭以籠釋之，許以竹器釋之，文稍參差者，馬宗霍曰：「許訓盛肉竹器也者，以其字從竹也，籠亦從竹，許訓『籠、舉土器，一曰笭也。』與簝義別，廣雅釋器云：「簝篪篝笭，籠也。』則以籠爲共名，蓋說文爲字書，訓義各從其本，施之他訓詁，簝籠雙聲，固可通用。又案廣韵十五青笭下云：『笭箐，小籠。』疑舉土者當爲大籠，受肉者或爲小籠耳。」（說文引禮考）按馬說切理，今復考廣韻十九侯：簍、籠也。九麌：簍、小筐。四十五厚：簍、籠也。周禮作簝。簍籠簝並雙聲語轉，馬說受肉之簝爲小籠，亦可據此爲徵信矣。

又說文禾部：「稌，稻也。从禾、余聲。周禮曰：牛宜稌。（徒古切）」所引爲天官食醫文，鄭注引鄭司農云：「稌，稉也。爾雅曰：稌，稻也。」馬宗霍曰：「先鄭又續引爾雅，正欲以雅訓申其說，明稉屬於稻，而稻可以晐稉耳。」（說文引禮考）馬氏謂先鄭引爾雅，即所以明稉爲稻之一種。程瑤田云：「詩禮記左傳以稻爲黏者之名，而食醫之職牛宜稌，鄭司農以稉釋稻，稉其不黏者也，是以知稌稻之爲大名也。」（九穀考）馬程謂稌稻爲共名，稉者稻之一種，所言固是，唯於先鄭訓稌爲稉之故，未能尋討，而幾將謂許與先鄭所訓不同矣。今考先鄭訓稌爲稉，蓋拘乎經言「凡會膳食之宜，牛宜稌，豕宜稷。」稷爲稷米（見賈疏），稌若訓爲稻則與稷無別，故以稉訓稌，恐後人執泥稌稉之訓，故又以爾雅證之。知稌本爲稻，而經文此處之稌乃指稉米而言，許君會其意，故解字仍稌稻互訓，許與先鄭不異也。

又說文穴部：「窆，葬下棺也。从穴、乏聲。周禮曰：及窆執斧。方驗切」所引周禮，地官鄉師及春官冢人皆有其文。地官鄭注引鄭司農解詁曰：「窆謂葬下棺也。春秋傳曰：日中而塴，禮記所謂封者。」賈公彥曰：「塴封及此經窆，字雖異，皆是下棺之事。」周禮疏卷十一 是作塴爲春秋左氏說 見左氏昭公十二年三月，作封爲禮記今文家說 見王制及喪大記，古周禮則作窆，許從周禮而訓同先鄭。又考說文土部：「堋，喪葬下土也。从土，朋聲。春秋傳曰：朝而堋，禮謂之封，周官謂之窆，虞書曰：堋淫于家。方鄧切」許君此處引禮作封，似許引今文，今取與先鄭注相參照，知即此舉列諸家之文，亦本諸先鄭，爲古周禮家舊訓也。鄭玄於儀禮既夕禮「乃窆，主人哭踊無算。」下注曰：「窆、下棺也，今文窆爲封。」是作封爲今文家說，說文封爲爵諸侯之土也，於下棺之義爲假借，許於今文家假借之字，例不當擧，幸先鄭注尚存，乃曉許君之意，不然許書之例繚戾破碎，荒略難明矣。

又說文衣部：「禕，蔽厀也。从衣韋聲。周禮曰：王后之服禕衣。謂畫袍。許歸切」所引爲天官內司服，內司服掌王后之六服，許約擧其一耳。鄭注引鄭司農解詁曰：「禕衣、畫衣也。祭統曰：君卷冕，立于阼，夫人副禕，立于東房。」段玉裁謂袍當作衣，先鄭云云，此乃古說也。徐灝本之曰：「說文畫袍乃傳寫之譌，段云袍當作衣，是也。」說文解字注箋 據是則許訓實同先鄭。鄭玄曰：「伊雒而南，素質五色皆備成章曰翬，江淮而南，青質五色皆備成章曰搖。王后之服，刻繒爲之形，而采畫之，綴於衣，以爲文章。褘衣畫翬者，揄翟畫搖者，闕翟刻而不畫，此三者，皆祭服，從王祭先王則服褘衣，祭先公則服揄翟，祭羣小祀則服闕翟，今世有圭衣者，蓋三翟之遺俗。」鄭君以漢制以考周之遺制，謂褘衣畫翬，爲從王祭先王所服，與先鄭許君所訓皆同，而尤推詳焉。

又說文广部：「庌、廡也。从广、牙聲。周禮曰：夏庌馬。五下切」所引爲夏官圉師文。鄭玄注曰：「故字庌爲訝。鄭司農云：當爲庌，玄謂庌廡也。廡所以庇馬者也。」賈疏云：「云夏庌馬者，卽趨馬辨四時之居是也。」周禮疏卷三十三是謂夏日趨馬居於庌也，故書作訝，訝說文訓作相迎，乃假借字，先鄭改讀作庌，爲正字，故許從之。後鄭訓爲廡，卽同許說，而謂廡所以庇馬涼者，卽與吳子治兵篇說治馬云：「夫馬必安其處所，冬則溫廏、夏則涼廡。」之義相合。今謂庌訓廡者，庌字从牙聲，無所取義，凡从牙聲之字多有出義，庌从牙聲蓋卽夏聲之假借見拙著形聲多兼會意考，故庌字亦作廈見朱駿聲說，夏屋爲大屋見毛傳，夏屋亦爲門廡見檀弓鄭注，廈亦爲門廡見玉篇，而廈多爲大廈見淮南說林及西京賦，庌亦爲大屋見釋名，是夏日馬當處大廡下，以蔭馬也。廡者堂下周屋，庌廈廡古音並在段氏五部，疊韻通用也。

又說文广部：「庮、久屋朽木。从广、酉聲。周禮曰：牛夜鳴則庮。臭如朽木。與久切」所引爲天官內饔文，蓋辨腥臊羶香之不可食者，凡牛無事夜鳴者，其肉必庮，謂其味惡臭如朽木，故許於引經之下，釋以臭如朽木。考鄭注引鄭司農曰：「庮，朽木臭也。」知許訓卽本諸先鄭。許於字訓爲久屋朽木者，以字从广故也。

又說文石部：「硩，上摘山巖空青珊瑚墮之。从石、折聲。周禮曰：有硩蔟氏。（丑列切）」周禮秋官有硩蔟氏，鈕樹玉謂許書「曰字蓋衍」者是也。秋官序官「硩蔟氏」下鄭注曰：「鄭司農云：硩讀爲擿。蔟讀爲爵蔟之蔟，謂巢也。玄謂硩、古字，從石折聲。」賈公彥疏之云：「先鄭讀硩爲擿，後鄭不從者，先鄭意以爲杖擿破之，故從擿。後鄭意以石物等投擲爲義，故不從先鄭，又云：蔟爲爵蔟之蔟者，爵蔟是雀窠，後鄭從之。玄謂硩古字从石折聲者，以石投擲毀之，故古字從石，以折爲聲，是上聲下形字也。」（周禮疏卷三十四）今考先鄭後鄭之字固不同，而訓義是否如賈疏所云一爲以杖擿破，一爲以石擲破，殊乏佐證。硩蔟氏者，掌覆夭鳥（夭鳥卽妖鳥，惡鳴之鳥）之巢者也，就硩一字而言，則字既从石，折聲，當以摘落山巖空青珊瑚爲本義，先鄭知硩字有本義，用於擿鳥巢爲引申之義，故讀爲擿，謂硩蔟之硩爲動詞，許以上摘訓硩，卽與先鄭同。錢坫謂「吳都賦：硩陊山谷。正用此義，說文云上摘者，摘卽擿字。」（說文解字斠詮）硩陊山谷者，卽言寶玉生於山谷，爲人之所摘落（見文選五臣註），正用硩之本義，可與說文印證，然吳都賦李善注引說文此條摘字正作擿，尤爲許同先鄭之明證。至於賈疏謂後鄭取「以石投擲」之意者，尚不知後鄭所云「從石折聲」，果取「以石擲」意耶？抑取「以擿石」意耶。後鄭於硩蔟氏職下注云：「其詳未聞」，恐賈疏所云與鄭注邈乎無涉耳。

又說文本部：「皋、气皋白之進也。从夲从白。禮：祝曰皋，登謌曰奏。故皋奏皆从夲。周禮曰：詔來鼓皋舞，皋，告之也。古勞切」所引周禮爲春官樂師文，唯鼓字今作瞽。鄭玄注曰：「鄭司農云：瞽當爲鼓，皋當爲告，呼擊鼓者，又告當舞者，持鼓與舞俱來也。鼓字或作瞽，詔來瞽，或曰：來、勑也。勑爾瞽，率爾衆工，奏爾悲誦，肅肅雍雍，毋怠毋凶。玄謂詔來瞽，詔視瞭扶瞽者來入也。皋之言號，告國子當舞者舞。」據是則先鄭作鼓，許與之同；先鄭訓皋曰告，許亦本之訓爲告之也。至於後鄭之義，賈公彥以爲與先鄭不同，彼云：「先鄭破瞽爲鼓，後鄭從字或爲瞽，於義是，但文不足，後鄭增成之耳。云或曰來勑已下，但瞽人無目，而云勑爾瞽，率爾衆工，於義不可，且奏爾悲誦等，似逸詩，不知何從而出，故後鄭不從之。」周禮疏卷廿三賈疏特崇後鄭，必以爲尤異乎先鄭，於先鄭之隱義，必爲之指瑕擿釁，欲掩彼之弘美，於後鄭之奧頤，必爲之隨文衍說，好逞己之肊談。如右例後鄭作瞽，本從先鄭或作之本，而皋訓爲號，此號卽告之義，二鄭本不異，賈疏爲之補苴張皇，每失平實。惠棟曰：「東觀漢記田邑傳云：邑年三十，歷卿大夫號歸罷厭事，少所嗜欲。號歸卽告歸也。皋讀爲告，告讀爲號，皋告同音，故大祝注云：皋讀爲卒嗥呼之嗥，漢書記云：高祖嘗告歸之田。服虔云：告音如嗥呼之嗥，是告又讀爲嗥，然則皋告嗥三字同物同音，故二鄭所讀，亦無兩義。」九經古義惠說灼然可信，是後鄭實同先鄭說也。

又說文水部：「涗，財溫水也。从水兌聲。周禮曰：以涗漚其絲。輸芮切」所引爲考工記㡛氏文，鄭注云：「故書涗作湄。鄭司農云：湄水、溫水也。玄謂：涗水，以灰所泲水也。漚、漸也。」賈公彥曰：「諸家及先鄭皆以涗水爲溫水，後鄭獨不從。」周禮疏卷四十 是許訓財溫水者，財材才裁纔通借，謂初溫水不太熱也 參見王筠說文句讀 ，所釋實本諸先鄭。唯先鄭字從故書作湄，則與許書引經證字，務取本字之例不合，湄者水艸交也，訓爲溫水者，是假借字，段玉裁改湄爲渜，引集韵「渜或作湄」爲證，今謂湄渜疊韻 並在段氏古音第十五部 ，湄涗亦疊韻 涗古音亦在段氏十五部 ，集韻云渜或作湄，豈較鄭注明言「故書涗作湄」爲可信耶？段氏據集韵以改周禮司農注，是舍近而求遠矣。然說文渜洝洏涗聯篆，古韻咸並相近，義亦相似。許作涗者，說文以正字是從，不嫌與故書異也。至於後鄭釋爲以灰所泲水者，賈疏謂與先鄭不同，然推其本源，義本相近，黃承吉夢陔堂文集云：「說文訓涗爲財溫水，而引周禮以涗漚其絲，蓋財溫之水，不偏於冷熱而溫和，即謂之涗，涗猶和義也，謂各半而相和。」又曰：「酒謂之以清涗濁，而不知水之以冷涗熱，而亦謂之涗。溫水者，以冷對熱之水也。今俗以水之冷熱相和者，通謂之涗，與涗酒同。且凡物之攙和者，無不謂之涗。涗字右旁爲兌，物之相和，亦即麗澤之義，和兌之義。故今卽以法馬兌物，亦謂之兌，乃兩兩相和之謂，蓋俗語多相傳自古，可以證經。」卷四與劉孟瞻書 黃氏洞矚語源，縱橫旁達，莫非通衢，經文下云「湅帛以欄爲灰」，又云「渥之以蜃」，蜃亦灰也（鄭司農注），故鄭取下文謂以灰和水謂之涚，與先鄭許君以冷熱水相和謂之涚者，意亦略近。苟達以和合爲涚之義，則祭統之涚水、郊特牲之明水涚齊，亦無不砉然解疑矣。

又說文手部：「揱、人臂皃。从手削聲。周禮曰：輻欲其揱。（所角切）」所引爲考工記輪人文，彼云：「望其輻，欲其揱爾而纖也。進而眡之，欲其肉稱也。」鄭注云：「揱、纖殺小貌也。肉稱、弘殺好也。鄭司農云：揱讀爲紛容揱參之揱。玄謂如桑螵蛸之蛸。」先鄭讀爲紛容揱參之揱者，王應麟困學紀聞，顧炎武日知錄並以爲即上林賦之文，史記作蕭，漢書作箾，蕭者假借字，箾者或隸寫變竹爲艸也，本字或當作揱。漢書集注引郭璞曰：「紛溶箾蔘，枝竦擢也。」段玉裁曰：「司農所偁作揱參，音義與郭同，謂輻之纖長略如枝條竦擢。」（周禮漢讀考）段說良是，唯輻之纖長，與人臂好皃相似，故徐鍇注揱下云：「人臂捎長纖好也。」（說文繫傳）捎長者削長也（見苗夔說文繫傳校勘記），先鄭知揱字从手，於經文車輻之義爲引申，故改讀爲紛容揱參，取其纖長而向牙處殺小也。許君會其意，訓爲人臂皃，解經訓字，其例不同，然許與先鄭未嘗異也。後鄭但爲解經，故從先鄭訓爲纖殺小貌，唯讀音稍變耳。

又說文手部：「簎，刺也。从手籍省聲。周禮曰：簎魚鼈。（士革切）」所引爲天官鼈人文，彼云：「以時簎魚鼈龜蜃，凡貍物。」許引蓋約取之。鄭玄注曰：「蜃，大蛤。鄭司農云：簎，謂以扠刺泥中搏取之。貍物、龜鼈之屬，自貍藏伏於泥中者。玄謂貍物亦謂鱐刀含漿之屬。」賈疏云：「司農意以簎爲刺」（周禮疏卷四）據是則許訓簎爲刺，同乎先鄭。後鄭於簎亦無異說，當亦從先鄭。釋文云：「簎，莊子云：冬則擉鼈於江。擉音乂角反，義與此同。」依此則言簎言擉，今南方俗語猶有存者。錢坫曰：「國語作簎。注：簇也。鼈人作簎。莊子作擉。」（說文斠詮）是稓簇簎擉皆一義，同爲刺也。

又說文手部：「拲，兩手同械也。从手从共，共亦聲。周禮：上辠梏拲而桎。桊，拲或从木。」（居竦切）所引爲秋官掌囚文。彼云：「上罪梏拲而桎，中罪桎梏，下罪梏。」鄭玄注云：「鄭司農云：拲者，兩手共一木也，桎梏者，兩手各一木也。玄謂在手曰梏，在足曰桎，中罪不拲，手足各一木耳。下罪又去桎。」許云兩手同械，與先鄭義合。至於後鄭之義，本與先鄭同，而賈疏判別之，云：「先鄭云：拲者，兩手共一木也者，於義是以其拲字『共下著手』，又與梏共文，故知兩手共一木，以桎與梏同在手，則不可，故後鄭不從，而謂在手曰梏，在足曰桎。」（周禮疏卷三十六）賈疏偶覷小差，即施排擊，今考後鄭注「在足曰桎」者，特爲先鄭於桎字未曾作解，故補苴之，未必即是不從先鄭，先鄭謂「桎梏者，兩手各一木」者，非謂桎亦在手，特以拲爲兩手共一木，桎梏則兩手各一木，乃解經上罪中罪之有差，言桎梏者即指中罪而言，非釋桎梏之刑具也。且上罪未言兩足共一木，則中罪不必自足械異同爲釋，經既明言下罪梏，則下罪中罪之別，正在足械之有無，若中罪桎梏爲兩手各一木，而無足械，則下罪梏又何以別之乎？故知先鄭云桎梏兩手各一木者，即對兩手共一木而言，舉手械之一端而已，非謂桎亦手械。後鄭會其意而增詳之，其意實同先鄭。釋文引漢書音義曰：韋昭音拱，云兩手共一木曰𣏟，兩手各一木曰梏，正本先鄭之說，而省略桎字，可證先鄭於此非並解桎字也。故知疏家稍涉穿鑿，即生障礙，強立異同，轉起葛藤，二鄭相異，原本不夥，賈疏沿溯未極，辨認終疎耳。

又說文女部：「奴，奴婢皆古之辠人也。周禮曰：其奴，男子入于辠隸，女子入于舂槀。从女从又。㚢，古文奴从人。乃都切」所引爲秋官司厲文，今周禮槀作稾，說文不收稾篆，疑此槀字本當作稾也。鄭玄注曰：「鄭司農云：謂坐爲盜賊而爲奴者，輸於罪隸、舂人。槀人之官也。由是觀之，今之爲奴婢，古之罪人也。故書曰：予則奴戮汝。論語曰：箕子爲之奴。罪隸之奴也。故春秋傳曰：斐豹、隸也，著於丹書（按襄二十三年注云蓋犯蓋沒爲官奴以丹書其罪），請焚丹書，我殺督戎。恥爲奴，欲焚其籍也。玄謂：奴、從坐而沒入縣官者，男女同名。」司農云云，即許君之所本，司農引古春秋左氏傳者，證隸即奴也。後鄭謂奴爲男女之同名，與先鄭及許君謂男爲奴、女爲婢者略異，說文童下曰：「男有辠曰奴，奴曰童，女曰妾。」是曰奴曰童者男也；曰婢曰妾者女也。又說文㜽下曰：「女隸也。」據此則許以隸爲男女之同名。至於古文奴从人，許君未言其意，而从女从又則見於金文（丁佛言說文古籀補補載）甲骨（商承祚殷虛文字類編謂甲骨與篆文合），林義光謂奴字之義「从又持女，與奚孚（俘）同意」者（見文源），說頗近眞。

又說文糸部：「縜、持綱紐也。从糸、員聲。周禮曰：縜寸。（爲贇切）」所引爲考工記梓人文，彼作「梓人爲侯……上綱與下綱出舌尋，縜寸焉。」許君約取二字耳。鄭注云：「綱、所以繫侯於植者也。上下皆出舌一尋者，亦人張手之節也。鄭司農云：綱、連侯繩也。縜、籠綱者。縜讀爲竹中皮之縜。舌、維持侯者。」孫詒讓曰：「云縜籠綱者者，卽說文所謂持綱紐也。戴震云：縜者，个上之紐，以綱貫之。詒讓案：大射儀注又謂之綱耳。綱貫縜中，縜籠絡綱使不脫，故曰籠綱。」（周禮正義卷八十二）馬宗霍亦云：「許訓縜爲持綱紐也者，與先鄭義合，蓋綱爲大繩，必以小繩聯綴之而結於冈，是爲縜，張弛之機在縜，故曰紐。」（說文引禮考）據孫馬之說，則許訓同於先鄭也。先鄭云縜讀竹中皮者，乃擬其音，非改其義也。段玉裁曰：「當作讀如竹青皮筍之筍，擬其音也。筍、于貧反，今之筠字。」（周禮漢讀考）又於說文注逕改曰：「大鄭曰：讀如竹青皮之筠。」改字亂眞，固非可取，然其爲擬音則可信也。說文不載筠字，聘義筠字亦假作尹（見孚尹旁達鄭注），疑先鄭時筠字未通行，故以讀爲縜當之，吳凌雲小學說所證已詳，可參閱。

又說文車部：「軓、車軾前也。从車、凡聲。周禮曰：立當前軓。（音範）」所引當本作「立當前疾。疾卽軓。」校者不得其文，而改之。今秋官大行人有「諸侯立當前疾」句，鈕樹玉曰：「釋文疾字無音，詩小雅（蓼蕭篇）疏及論語（鄉黨篇）疏並作前侯。」（說文校錄）嚴可均曰：「軓，賈疏作立當前疾，所見本異也，今沿唐石經作前疾，蓋瘊之誤。」說文校議惠士奇禮說、江永周禮疑義舉要、段玉裁周禮漢讀考、高翔麟說文經典異字釋並謂疾為瘊字之誤，疾瘊形似而譌，蓋可信也。鄭司農曰：「前疾謂駟馬車轅前胡下垂地者。」賈疏以車轅前即軾前，是司農訓前瘊為軾前也。而考工記輈人「軓前十尺而策半之」句下，鄭注引司農注曰：「軓、謂式前也。書或作軋。」是許君軓訓車軾前，正字作軓，謂瘊為軓，皆同於先鄭矣。先鄭云「書或軋」，書者故書之省稱，書者字也，今考夏官大馭「祭軌乃飲」句下鄭注曰：「故書軌為範。」參司農考工之詁訓，知此軌本軓之誤也。鄭注又引杜子春曰：「軌當為軋，軋謂車軾前也。」杜君從故書作軋，而改傳寫作軌之誤。訓為車軾前，即許君之所本也。軋，篆文即軓字。

又說文車部：「轐、車伏兔也。从車、菐聲。周禮曰：加軫與轐焉。博禾切」所引為考工記總敍車有六等之數文，鄭注曰：「軫、輿也。鄭司農云：轐讀為旃僕之僕，謂伏兔也。」賈疏云：「先鄭云轐讀為旃僕之僕者，讀音同而未聞所出也，云謂伏兔也者，漢時名。」周禮疏卷三十九是先鄭之讀為即讀如，擬其音耳，訓為伏兔，許君與同。段玉裁逕改讀為為讀如，且曰：「轐之言僕也，毛傳曰：僕、附也，為伏兔之形，附於軸上。」說文注據是則讀如僕，正釋其撲伏之狀耳。至於伏兔之形制，程瑤田考工創物小記、阮元車制圖考並有圖解，今不迻錄。

又說文木部：「柶、禮有柶。柶、匕也。从木、四聲。息利切」許但言禮有柶，士喪禮有「角觶木柶」之文，則柶字从木，蓋有徵矣。周禮天官玉府有「角柶」，鄭注引司農解詁曰：「角柶、角匕也。」司農以經文角柶連文，故解爲角匕，訓柶爲匕，許與之同，故匕下亦云一名柶。段玉裁曰：「常用器曰匕，禮器曰柶。」（說文注）馬宗霍曰：「聶崇義三禮圖云：『醴有柶，用角爲之，鉶有柶，用木爲之。』則木柶又以之扱羹矣。匕則率以木爲之，或用桑，或用棘，亦隨吉凶之禮而異，無用角者。」（說文引禮考）據段馬之說則柶匕形制雖同，而其用其質亦有當區別者也。

御覽卷七百六十引說文，下又有所以取飯四字，蓋亦自祭祀行禮用柶取飯耳。

許引周禮說與賈逵解詁相應者，今不可詳稽，蓋賈書隋唐志皆不著錄，其散佚已久，諸書引者寥寥，今欲窺其一臠、躡其寸槩而未能，然賈君說周官之義，爲許君所本，則見於許沖所上表，是故近迹雖難察，遙源猶可識也。

案許沖上說文表曰：「臣父故太尉南閤祭酒愼，本從逵受古學，蓋聖人不妄作，皆有依據，今五經之道，昭炳光明，而文字者，其本所由生，自周禮漢律，皆當學六書貫通其意，恐巧說衺辭，使學者疑，愼博問通人，考之於逵，作說文解字。」是明言所作說文解字，多折衷於逵，而周禮亦當以六書貫通其意者，卽說文所引周禮，皆與說解相合，而受之於逵者也。賈逵者，受周官於杜子春，此則已詳前述矣，唯逵又兼本諸家學，後漢書賈逵傳曰：「父徽，從劉歆受左氏春秋，兼習國語、周官，又受古文尚書於塗惲，學毛詩於謝曼卿，作左氏條例二十一篇，逵悉傳父業。」又鄭興傳曰：「賈逵自傳其父業，故有鄭賈之學。」（並見卷三十六）是賈君受諸父者又良多焉，錢穆氏謂「賈徽親受業於歆，又徧習古文諸經，爲道古學一大師。」（劉向歆父子年譜）其言不虛，賈逵克紹父業，學承多方，其存佚扶微之功，當又超軼前脩矣。惜其書不存，馬國翰氏輯成解詁一卷，存者無幾，僅大宗伯論朝見之名下所注，可與許君五經異義相印證，其餘可取與說文引經相商略者，竟無一條，良可惋慨也夫。馬國翰氏曰：「後漢書本傳云：逵兼習國語周官，賈公彥疏謂作周禮解詁，不言卷數，隋唐志皆不著目，佚已久，茲就賈疏及諸書所引輯錄，說多與馬季長同，引者往往並稱賈馬，鄭康成於其說之不合者，時以己意隱破之。」（玉函山房輯佚書）據馬氏歸納所得，知鄭康成之說，於賈馬之說時有匡糾，雖不正言相非，足知鄭注周禮，不用賈馬之本，而用二鄭之本，鄭玄曰：「二鄭者同宗之大儒。」又曰：「今讚而辨之，庶成此家世所訓也。」（詳見下鄭玄條）即鄭玄注用二鄭本之證也。故引二鄭注及杜子春說獨多。又後漢書馬融傳曰：「衆逵洪雅博聞，又以經書記傳轉相證明爲解，逵解行於世，衆解不行，兼攬二家，爲備多所遺闕，然衆時所解說近得其實。」（賈公彥序周禮廢興引）更知賈逵注本與二鄭本間有參錯，賈徽杜子春本並受業於劉歆，其訓詁當不遠，第以故書今讀，正音通轉，後世已稍啓異門矣。余疑賈所受諸杜子春者，當與二鄭相同；許愼所博訪通人而求折衷於逵，逵所授愼者，當亦本諸杜子春說，故許說得與杜氏二鄭相契，唯杜氏所授，二鄭已箸乎竹帛，考究詳洽，綜核異本，逵已不容置喙更述矣。故賈所作之解詁，以本之家學者成一家之言，獨取彼與二鄭所注詳略互見者箸之，故鄭玄序云：「二三君子之文章⋯猶有參錯，同事相違」者，是其故矣，而後漢書馬融傳謂兼攬衆逵二家之詁，始各備其所遺闕者，是其故矣，且後漢書賈逵本傳及鄭興傳，皆言逵自傳其父業者，亦是其故矣。由是知賈君解詁雖與二鄭參錯，而彼授於許君者，未必與二鄭參錯也，賈君通儒，廣異聞，怯專己，度長挈短，必持是非之公心，豈有門戶之私見哉。

鄭玄注與說文引禮相應者，有稜、訝、取、筵、館、鼓、都、旐、旟、痏、幎、傀磺、く、鮪、閭、攜、蚳、蜡、鼙、醫、璋、萡、殳、奠、髽、婚、酋、薙、骴、監、乳、虹、酎等字，鄭君闡繹多依二鄭，又從而讚辨之，間或參綜今學，附比移幷，然大體猶未失也。故今擘析察原，能理古周禮說之逸緒，可取之與許訓相參證也。

案後漢書儒林董鈞傳云：「中興，鄭衆傳周官經，後馬融作周官傳，授鄭玄，玄作周官注。」（列傳卷六十九）又鄭玄本傳：「玄從東郡張恭祖受周官禮記。」（列傳卷二十五）似玄作周官注本乎馬，而先始又嘗從張恭祖受周官，又據太平御覽引述征記所載，又嘗受業於陳球，然賈馬所注周官，與二鄭間有參錯，鄭君注周禮，實多本諸二鄭，此可自鄭玄自序中確知之，彼云：「世祖以來，通人達士，大中大夫鄭少贛名興，及子大司農仲師名衆，故議郎衛次仲，侍中賈君景伯，南郡太守馬季長，皆作周禮解詁。」又云：「玄竊觀二三君子之文章，顧省竹帛之浮辭，其所變易，灼然如晦之見明，其所彌縫，奄然如合符復析，斯可謂雅達廣攬者也。然猶有參錯，同事相違，則就其原文字之聲類，考訓詁，捃秘逸。」謂「二鄭者，同宗之大儒，明理于典籍，觕識皇祖大經周官之義，存古字，發疑正讀，亦信多善，徒寡且約，用不顯傳于世，今讚而辨之，庶成此家世所訓也。」（見賈公彥序周禮廢興所引。陳澧東塾讀書記鄭學篇、鄭珍鄭學錄、朱彝尊經義考並謂二鄭者云云，亦鄭君自序之文，是也。謂字則賈公彥所增）據是則鄭君自言其注周禮，以衆注未大行於世（與佚後漢書馬融傳合），故讚而辨之，以成此家世所訓，故引二鄭杜氏之注特詳，他家不之及也。李雲光乃曰：「鄭氏周禮注中，讚辨二鄭及杜子春之說者甚多，以見學有宗主，且不攘善之意，此亦所以尊先賢也。今檢注中引杜子春說者，以余所計，共得一百八十七條（案馬國翰所輯有一百九十一條），其中存而不論及就足其義者，約占十分之七；修正及破之者，約占十分之三。引鄭大夫說者，以余所計，共得十四條（案馬國翰所輯有十五條），其中存而不論者及就足其義者，約占二分之一，修正及破之者，約占二分之一。引鄭司農說者，據周禮注疏引得計之，共得六百五十一條（案馬國翰所輯有七百二十七條），其中存而不論及就足其義者，約占十分之七八，修正及破之者，約占十分之二三。」（三禮鄭氏學發凡）鄭氏學宗二鄭，李氏蓋已統計其依違如此矣，然今細考之，鄭君雖兼綜今古文，彼或好引緯書、好改經字，多施於二鄭杜氏語焉未詳之處，彼所注周禮，與二鄭杜氏相異者實尠，每有後鄭推詳先鄭說，賈疏張皇其事，以為不同，融會其實，原相補足。凡注引二鄭說，存而不論者，即就援引而成斷制，若此類皆非後鄭有異義者也，故所謂「修正及破之」者，殆恐十不得一也。至於鄭注微破賈馬之說則恒有之，陳澧氏所謂「鄭是馬季長弟子，不欲正言相非，故依違而言曰『不必』，此尊其師之法」者，固所在多有（陳說見東塾讀書記）。若天官冢宰注釋「建國」破賈馬之說，春官巾車注釋「樊纓」微破馬氏之說，又釋「前樊鵠纓」與賈馬不同，又釋「重翟」微破馬氏等之說。夏官射人注釋「正鵠」與馬氏不同，考工記玉人注釋「案十有二寸」破賈馬之說，匠人注釋「九階」與賈馬諸家不同，皆是也（參見三禮鄭氏學發凡）。此蓋馬傳本於賈侍中（佚後漢書馬融傳謂馬兼攬衆逵二家，自力補之，然後鄭於馬之取衆者，固自有司農之書，不必謂是馬，於馬之取賈者，乃兼稱賈馬，以別於二鄭矣。），侍中解詁乃自傳家學（已見前證），故爾與二鄭不同，後鄭不從賈馬，即見其學宗二鄭也。馬國翰曰：「賈說多與馬季長同，引者往往並稱賈馬，鄭康成於其說之不合者，時以己意隱破之。」（輯佚書周禮賈氏解詁序）又曰：「融爲鄭康成之師，而康成注用鄭大夫父子及杜子春三家，疏引融說，又往往爲鄭君所不取，則馬傳未能精醇，而鄭之不阿所好，均可見已。」（輯佚書馬氏周官傳序）馬氏釐析佚注，故能識其同異，鄭氏注用鄭大夫父子及杜子春三家，蓋已屬不爭之論矣。今考說文艸部：「䕩，乾梅之屬。从艸、橑聲。周禮曰：饋食之籩，其實乾䕩。後，漢長沙王始煮艸爲䕩。䕩或从潦。（盧皓切）」所引爲天官籩人文，彼鄭注云：「乾䕩，乾梅也。有桃諸梅諸，是其乾者。」鄭云乾梅之外，尚有桃諸梅諸，與許訓乾梅之屬正合。又說文言部：「訝，相迎也。从言、牙聲。周禮曰：諸侯有卿訝發。迓，訝或从辵。吾駕切」所引爲秋官掌訝文，今小徐本有發字，與今周禮合，大徐誤衍發字耳。彼秋官序官掌訝下鄭注云：「訝、迎也。賓客來，主迎之。」鄭說與許訓合，凡字从牙聲多有出義，掌訝者掌出迎之事也，重文从辵，其義尤明。又說文又部：「取，捕取也。从又从耳。周禮：獲者取左耳，司馬法曰：載獻聝，聝者耳也。七庾切」所引爲夏官大司馬文，彼鄭注云：「得禽獸者取左耳，當以計功。」許引周禮，正謂捕取禽獸，鄭說與之正合。又說文竹部：「筵、竹席也。从竹、延聲。周禮曰：度堂以筵、筵一丈。以然切」所引爲考工記匠人文，彼鄭注云：「筵亦席也。鋪陳曰筵，藉之曰席，然其言之，筵席通矣。」鄭與許合，許訓竹席者，蓋就字形从竹，故云然。又說文鼓部：「鼓，郭也。春分之音，萬物郭皮甲而出，故謂之鼓，从壴，支象其手擊之也。周禮：六鼓：靁鼓八面，靈鼓六面，路鼓四面，鼖鼓臯鼓晉鼓皆兩面。𡔷，籀文鼓从古聲。工戶切」所引爲地官鼓人文，許雷作靁，鼛作臯，彼鄭注云：「雷鼓，八面鼓也。靈鼓、六面鼓也。路鼓，四面鼓也。」鄭說與許訓皆合。又說文食部：「館，客舍也。从食、官聲。周禮：五十里有市，市有館，館有積，以待朝聘之客。古玩切」所引爲地官遺人文，彼云：「凡賓客會同師役，掌其道路之委積，五十里有市，市有侯館，侯館有積。」許蓋約舉其文，鄭玄注云：「侯館，樓可以觀望者也。」鄭君於此以觀釋館者，白虎通嫁娶篇引左莊元年經「築王姬之館于外」，館作觀，而禮記雜記「公館復」，釋文曰：「館本作觀」是也。然考周禮地官委人云：「凡軍旅之賓客館焉」鄭注：「館、舍也。」賈疏申經義曰：「言軍旅賓客者，謂諸侯以軍旅助王征討者，故謂之軍旅之賓客也。」周禮疏卷十六 是鄭注與許訓「客舍也」合，鄭以經文有客字，故但訓館也，許單釋館字，故云客舍也。又說文邑部：「都，有先君之舊宗廟曰都，从邑，者聲。周禮距國五百里爲都。當孤切」所引非周禮之文，小徐本作周禮制是也，周禮制者古周禮家之遺說也。王筠曰：「周禮者，謂周制也，非謂語出周官，周禮載師注引司馬法曰：『王國五百里爲都。』」此卽古周禮家所據之說也，司農注卽已引之矣，故鄭玄注天官太宰曰：「邦都去國五百里」，注司會曰：「都去國五百里」，注考工記匠人曰：「都四百里，外距五百里」，鄭注與許並本古周禮家之說也。又說文㫃部：「旐、龜蛇四游以象營室，游游而長。从㫃，兆聲。周禮曰：縣鄙建旐。治小切」所引爲春官司常文，司常職本又有「龜蛇爲旐」之文，許云龜蛇四游以象營室者，馬宗霍謂「蓋用考工記輈人文，輈人與司常義相應，故許本輈人作訓，而下引司常證之，鄭君輈人注云：龜蛇爲旐，縣鄙之所建，亦以此經證彼經，又云：營室，玄武宿，與東壁連體而四星。」說文引禮考 據是則鄭注實與許說合也。又說文㫃部：「旟，錯革畫鳥其上，所以進士衆，旟旟衆也。从㫃，與聲。周禮曰：州里建旟。以諸切」所引爲春官司常文，司常職本又有「鳥隼爲旟」之文，鄭注云：「鳥隼、象其勇捷也。」又詩疏引鄭志答張逸云：「畫急疾之鳥隼。」考爾雅釋天云：「錯革鳥曰旟」，公羊疏引孫炎注云：「錯，置也。革，急也。畫急疾之鳥於旒，周官所謂鳥隼爲旟者矣。」據是則鄭注書急疾之鳥隼，即同許訓錯革畫鳥之說，而皆爲周官「鳥隼爲旟」之訓也。又說文疒部：「痟，酸痟，頭痛。从疒、肖聲。周禮曰：春時有痟首疾。相邀切」所引爲天官疾醫文，彼鄭注云：「痟，酸削也。首疾、頭痛也。」鄭與許皆合。又說文巾部：「幎、幔也。从巾冥聲。周禮有幎人。莫狄切」所引爲天官之屬，今作冪字，即幎之變體，天官序官鄭玄注云：「以巾覆物曰冪。」其義實與許合，許以推因爲訓，幎幔雙聲，皆以巾覆物之義，凡从冖聲冃聲冒聲，皆有覆蓋不見之義，冥聲曼聲之字亦然，幎幔二字又从巾，从巾覆物即其本義也，許義當同。又說文人部：「傀、偉也。从人、鬼聲。周禮曰：大傀異。瓌，傀或从玉，褱聲。公回切」所引爲春官大司樂文，彼異下有烖字，今小徐本引有災字，蓋大徐本奪之耳。彼鄭注云：「傀猶怪也。大怪異烖，謂天地奇變，若星辰奔霣及震裂爲害者。」許訓傀爲偉，偉爲奇，鄭亦訓天地奇變，奇即怪也，與許訓相合。又說文石部：「磺、銅鐵樸石也。从石、黃聲，讀若穬。卝，古文磺。周禮有卝人。古猛切」所引爲地官之屬，地官序官鄭玄注云：「卝之言礦也，金玉未成器曰礦。」馬宗霍曰：「說文無礦字，礦乃磺之隸增，卝下古文礦之礦，當作磺，鄭注卝之言礦，亦當作卝之言磺，正以今字釋古字，蓋即採之許說，許訓磺爲銅鐵樸古，鄭云金玉未成器者，未成器卽樸也，義亦相足。」引禮考 按馬說是也，丱文職掌金玉錫石之地，故鄭依經言金玉，金玉之地，卽銅與樸石之礦藏也。又說文く部：「く，水小流也。周禮匠人爲溝洫，梠廣五寸，二梠爲耦，一耦之伐廣尺深尺，謂之く，倍く謂之遂，倍遂曰溝，倍溝曰洫，倍洫曰巜。𤰝，古文く，从田从川。畎，篆文く，从田犬聲，六畎爲一畝。姑泫切」所引爲考工記匠人文，今周禮く作𤰝，巜作澮，而所引亦但約取經文而已。彼鄭注云：「壟中曰𤰝，𤰝，畎也。」陸德明曰：「畎與𤰝同，古今字也。」許於重文之字，不分正借，今經文作澮，則本字當作巜。作𤰝作畎則皆非假借也。詩小雅節南山孔疏云：「匠人注云：壟中曰𤰝。說文云：𤰝，小流也。言水小不能自通，須人𤰝引之，則𤰝是壟中小水之名。」孔疏正謂鄭與許義合。又說文魚部：「鮪，觡也。周禮春獻王鮪。从魚、有聲。榮美切」所引爲天官𩰲人文，彼鄭玄注云：「王鮪，鮪之大者。月令：季春薦鮪于寢廟。」許訓觡也者，觡下又訓「叔鮪也。」叔鮪者小鮪也，考郭璞爾雅注云：「鮪、鱣屬也。大者名王鮪，小者名鮛鮪。」知王鮪鮛鮪即叔鮪 本一物，鄭連經文王字作釋，王者大也。許就一字作訓，故但謂之觡，王國維曰：「形之最著者曰大小，大謂之王，小者謂之叔。」觀堂集林卷五 是許鄭同義也。又說文門部：「閭，里門也。从門呂聲。周禮：五家爲比，五比爲閭。閭，侶也。二十五家相羣侶也。力居切」所引爲地官大司徒文，彼鄭注云：「閭，二十五家。」又秋官序官修閭氏注云：「閭謂里門。」經義字義，並與許君合。經文言「令五家爲比，使之相保，五比爲閭，使之相受。」是經言二十五家爲閭，與字義里門不同，故許於引經下又訓閭、侶也。說文不收侶字，鄭珍曰：「說文㚘下云：讀若伴侶之伴，知漢世已有侶字，許以非古，不收。又門部云：閭、侶也。二十五家相羣侶也。閭从呂而以侶解之，則古亦作呂，淮南天文訓：南呂。高注：以陰侶於陽釋其義，說與許同，故俗因呂加人旁。漢書律志云：呂、旅也。蓋二字義本通。」（說文新附考）而鈕樹玉亦云：「侶，通作旅，亦作呂。玉篇侶字兩見，一引聲類伴侶也，一引陸機草木疏麟不侶行。按說文麗訓旅行。博雅釋獸云：麐不羣居不旅行。據此知古通作旅，又按漢書律志云：呂、旅也。是呂有伴義，不必加人旁。」（說文新附考）按鄭鈕二說並確，許訓閭爲侶也者，即兼取相伴，出入旅行諸義，經云「五比爲閭，使之相受。」杜子春云：「謂民移徙，所到則受之，所去則出之。」劉師培申之曰：「杜注謂一閭之內，民有出入移徙，則互相容受。」（周禮古注集疏卷十一）乃知許訓閭爲侶，與杜說切合者也。又說文手部：「擩，染也。从手，需聲。周禮：六曰擩祭。（而主切）」所引爲春官大祝文，鄭注於此但引先鄭解詁曰：「擩祭，以肝肺菹擩鹽醢中以祭也。」以本字爲訓，未釋擩爲何義，又考儀禮公食大夫禮「賓升席坐取韭菹以辯擩于醢」句下鄭注曰：「擩，猶染也。」擩染雙聲，與許訓合。又說文戈部：「戟，有枝兵也。从戈倝，周禮戟長丈六尺。讀若棘。（紀逆切）」此蓋約述周禮說，非周禮有此文，考工記曰：「廬人爲廬器，車戟常。」彼鄭玄注云：「八尺曰尋，倍尋曰常。」正謂戟長丈六尺，與許說合。又說文虫部：「蚳，螘子也。从虫、氐聲。周禮有蚳醢，讀若祁。䗀，籒文蚳从䖵。𧉂，古文蚳从辰土。直尼切」所引爲天官醢人文，彼鄭注云：「蚳、蛾子。」鄭釋蚳爲蛾子，禮記學記：「蛾子時術之」鄭注曰：「蛾，蚍蜉也。」而爾雅釋蟲云：「蚍蜉大螘，小者螘，其子蚳。」是蚍蜉子、蛾子、卽螘子也。說文螘訓蚍蜉，方言蚍蜉燕謂之蛾蛘，廣雅云：蟞蜉、螘也。郝懿行謂「蟞蜉卽蚍蜉聲相轉，螘爲蚍蜉之通名」者是也見爾雅義疏卷十六，皆可證許鄭同義。又說文虫部：「蜡、蠅胆也。周禮：蜡氏掌除骴。从虫、昔聲。鉏駕切」所引爲秋官蜡氏文，許訓蜡爲蠅胆，訓胆爲蠅乳肉中也。彼秋官序官鄭玄注云：「蜡，骨肉腐臭蠅蟲所蜡也。月令曰：掩骼埋骴，此官之職也。」鄭與許正合。又說文車部：「轚，車轄相擊也。从車，从毄，毄亦聲。周禮曰：舟輿轚互者。古歷切」所引爲秋官野廬氏文，今周禮擊作轚，小徐本同周禮作轚，王筠曰：「大徐轚訛擊。」說文繫傳校錄許引經證字，字當作轚。嚴章福謂「許所據作擊，故引以明假借」者見說文校議議，此闇於許書之例者也。彼鄭注云：「舟車轚互，謂於迫隘處也。」賈疏申之曰：「云轚互者，謂水陸之道，舟車往來，狹隘之所，更互相擊。」是鄭義與許近，考史記田單列傳：「齊人走爭塗，以轊折車敗。」轊卽軎之重文，軎者車軸耑也。許訓轚爲車轄相擊，說文轄訓鍵也，舝訓車耑鍵也段注謂轄舝二字同義同音，是卽車轊相擊也。爭塗於迫隘之處，車轄相擊，可證許鄭並無二義。又說文酉部：

「醫，治病工也。殹、惡姿也，醫之性然，得酒而使，从酉，王育說。一曰：殹、病聲。酒所以治病也。周禮有醫酒，古者巫彭初作醫。（於其切）」所引見天官酒正職，張文虎曰：「案天官酒正四飲一曰醫（按原文作辨四飲之物，二曰醫）。鄭注：『醫，內則所謂或以酏爲醴，凡醴濁，釀酏爲之則少清矣，醫之字从殹从酒省也。』蓋醫本酒名，借爲醫療字（按當云引申爲醫療字，非假借），玄應書六引此解云：酒所以治病者，藥非酒不散也。疑此二句本在得酒而使下，當云藥之性得酒使，酒所以治病者，藥非酒不散也，今本說解殘脫譌亂，遂不可通，玉篇酉部失醫字，類篇醫下有重文毉，廣韻集韻平聲七之醫下並有毉字，疑許書本有之，此解古者巫彭初作醫七字，當系毉字下。（舒藝室隨筆）」張氏訂補許書譌奪，斷決明審，洵有灼見。唯所引鄭注，本作「醫之字从殹从酉省也」，文不可通，賈疏申注曰：「從殹省者去羽，從酉省者去水，故云從殹從酉省也。」賈疏以省字聯上從殹言之，恐非鄭義，鄭蓋謂「从殹、从酒省」也，賈疏所見鄭注酒字已譌作酉矣。鄭云从殹从酒省，與許書一曰之義正合，此蓋古周禮說解醫字如此也。又說文玉部：「璋、剡上爲圭，半圭爲璋。从玉、章聲。禮：六幣：圭以馬，璋以皮，璧以帛，琮以錦，琥以繡，璜以黼。（諸良切）」所引爲周禮小行人文。許訓剡上爲圭，半圭爲璋者，周禮春官典瑞云：「王晉大圭。」鄭司農卽引考工玉人文爲注，曰：「大圭長三尺，杼上終葵首，天子服之。」鄭玄注玉人云：「終葵，椎也。杼、閷也（釋文云閷即殺）。」賈公彥於典瑞下申注云：「杼，殺也，終葵首，謂大圭之上，近首殺去之，留首不去處爲椎頭，齊人名椎爲終葵，故名圭首爲椎頭者爲終葵首也。」所釋與剡上之義合。又考典瑞「璋邸射以祀山川」，鄭司農曰：「射，剡也。」而玉人「璋邸射素功以祀山川。」鄭玄注云：「邸射，剡而出也。」賈疏申注云：「云邸射，剡而出也者，向上謂之出，半圭曰璋，璋首邪却之，今於邪却之處，從下向上，摠邪却之名爲剡而出。」周禮疏卷四十一是鄭注與許訓合，而同本於司農也。又說文艸部：「蒩，茅藉也。从艸、租聲。禮曰：封諸侯以土，蒩以白茅。子余切」所引不見於禮經，周書作雒篇云：「將建諸侯，鑿取其方一面之土，燾以黃土，苴以白茅，以爲社之封。」史記褚先生補三王世家引春秋大傳曰：「天子之國有泰社，將封者各取其色物，裹以白茅，封以爲社。」白虎通曰：「故將封東方諸侯，取青土，苴以白茅，各取其面，以爲封社明土，謹敬潔清也。」據劉師培白虎通義定本，是古禮當有此說，今考周禮春官司巫職「蒩館」下，杜子春云：「蒩讀爲鉏，鉏、藉也。書或爲蒩館，或爲蒩飽。蒩飽，茅裹肉也。」是杜氏已釋蒩爲茅藉之意，而後鄭注則不破字，云：「蒩之言藉也。共蒩之筐，士虞禮曰：苴刌茅長五寸，實于筐。」是後鄭釋蒩爲茅藉，與許君合。又說文殳部：「殳，以杸殊人也。禮：殳以積竹，八觚，長丈二尺，建於兵車，旅賁以先驅，从又，几聲。市朱切」雖但稱禮，實引周禮，考工記言殳長尋有四尺，而考工記廬人爲廬器，殳爲廬器之一。馬宗霍曰：「廬人後鄭注云：『凡矜八觚』，殳無刃與矜同，故許亦云殳八觚也。考工記總敍又云：「車有六等之數，車軫四尺，戈崇於軫四尺，人崇於戈四尺，殳長尋有四尺。」後鄭注云『此所謂兵車也。八尺曰尋，倍尋曰常，殳長丈二，皆插車輢。』此則許說殳長丈二尺建於兵車之所本，而後鄭注與許合者也。」（說文引禮考）按馬說是也，鄭於秋官司戈盾職下亦注：「殳如杖，長尋有四尺。」賈疏申注，即引廬人之職爲證，並與許說合者也。又說文丌部：「奠，置祭也。从酋，酋、酒也。下其丌也。禮有奠祭者。（堂練切）」許蓋泛稱禮有奠祭者，段玉裁曰：「禮謂禮經也，士喪禮祭皆謂之奠。」然許稱未必指儀禮而言，考周禮地官牛人云：「喪事共其奠牛。」鄭注云：「喪所薦饋曰奠。」賈疏申注曰：「喪中自未葬以前無尸，飲食直奠停置于神前，故謂之奠。」（周禮疏卷十三）賈疏正能調合許鄭之意，鄭以經文有喪事，故言喪所薦饋，其義與許不異，故禮記郊特牲注曰：「奠謂薦孰時也，奠或爲薦。」正取薦置之意。奠與停，薦與置，皆聲近而轉。詩召南采蘋正言祭事，而毛傳曰：「奠、置也。」是釋奠爲置，本古文家說也。又說文髟部：「髽，喪結。禮：女子髽衰，弔則不髽。魯臧武仲與齊戰于狐駘，魯人迎喪者始髽。从髟，坐聲。（莊華切）」所引爲儀禮喪服文，彼云：「女子子在室，爲父布總箭笄髽衰三年。」許約取之也。彼鄭注云：「髽、露紒也。猶男子之括髮，斬衰括髮用麻，則髽亦用麻。」胡培翬曰：「此注云：髽、露紒也。實爲定詁。蓋吉時以纚韜髮，喪則去纚，去纚則紒露，紒與結同，即今之髻。故鄭注士喪禮及禮記，皆以去纚而紒言之，此無論未成服，已成服之髽，皆爲露紒。唯未成服時無笄總以厤，若布自項而前交於額上，與男子之髻髮免同，雖繞紒而不覆紒，故紒仍露於外。」儀禮正義卷二十一 據是則鄭訓露紒，即許訓之喪結也，許不收紒字，髟部有髺字，亦結也，髺結雙聲，露紒之結以厤爲之，是喪結也。又今新出武威漢簡，甲乙丙三本，髽字皆作䋎，陳夢家乃推定武威漢簡本爲慶氏本見武威漢簡敘論，王關仕則以爲未必如陳氏所說，而又推定武威喪服經蓋古文見儀禮漢簡本考證，二氏初闢堂闞，尙不足援彼以定武威漢簡之家法，而許鄭二家，字並作髽，其本相同，則可由是覘之矣。又說文女部：「婚，婦家也。禮：娶婦以昏時，婦人陰也，故曰婚。从女，从昏，昏亦聲。㛰，籀文婚。呼昆切」所引蓋禮家通說，王筠曰：「士昏禮；婦至卽行禮，禮畢而燭出。足知其入爲昏時。又士昏禮曰：凡行事必用昏昕。」說文句讀 則許說與儀禮同，且士昏禮鄭玄目錄云：「士娶妻之禮以昏爲期，因而名焉，必以昏者，陽往而陰來。」鄭說正與許同。沈濤據一切經音義卷二引婚婦嫁也，禮記取婦以昏時入，故曰婚。」說文古本考 桂馥據禮記經解：昏姻之禮，所以明男女之別也。鄭注云：昏姻謂嫁娶，壻曰昏，妻曰姻。孔疏謂壻則昏時而迎婦，則因而隨之，故云壻曰昏說文義證，據此則許說與禮記亦同。唯考周禮司徒以陰禮教親，則民不怨。鄭注云：陰禮謂男女之禮，昏姻以時則男不曠女不怨。又詩東門之楊，昏以爲期。箋云：親迎之禮以昏時。據是則許說與周禮幷詩皆合，，故知此爲禮家之通說也，故白虎通嫁娶篇云：婚姻者何謂也，昏時行禮故謂之婚也。所以昏時行禮何，示陽下陰也。白虎通謂陽下陰，鄭注曰陽往陰來，義稍別而實通。又說文酉部：「酋，繹酒也。从酉，水半見於上，禮有大酋，掌酒官也。字秋切」月令仲冬有「乃命大酋」句，許引蓋禮記文也。彼鄭注云：「酒孰曰酋，大酋者，酒官之長也。」鄭云酒孰，許云繹酒者，王筠曰：「方言：酋、孰也。自河以北，趙魏之間，久熟曰酋。是以周禮謂之昔酒。天官酒正：一曰事酒，二曰昔酒。注：事酒、今之醳酒也。昔酒、今之酋久白酒，所謂舊醳之酒也。郊特牲：舊澤之酒。注：澤讀為醳，舊醳之酒，謂昔酒也。釋名：醳酒、久釀酋澤也。案繹及澤，古文假借字，醳則後作之專字也。」說文句讀 據是則繹酒、酒孰曰酋云云，皆謂昔酒舊釀，許鄭固同義也。又說文艸部：「薙，除艸也。明堂月令曰：季夏燒薙。从艸、雉聲。他計切」所引為禮記月令季夏文，彼鄭注云：「薙謂迫地芟草也。」芟即刈艸，與許訓同。按周禮秋官薙氏掌殺草，「夏日至而夷之。」月令鄭注引此夷之正作薙之，而周禮鄭注云：「夷之，以鉤鎌迫地芟之也。」是夷薙字通，月令與周禮義同也。又說文骨部：「骴，鳥獸殘骨曰骴，骴、可惡也。从骨、此聲。明堂月令曰：掩骼薶骴。骴或从肉。資四切」所引為禮記月令孟春文，今薶骴作埋胔，埋字說文不收，故以薶為正字，胔為骴之重文，重文則不分正借者也。彼鄭玄月令注云：「骨枯曰骼，肉腐曰胔。」馬宗霍曰：「蓋骼骴對文，故鄭以骨肉分屬，若單舉骴字，則骨肉兼之，疑許君之意或亦如此。」說文引禮考 案馬說是也，周禮秋官蜡氏掌除骴，彼鄭注引月令此文而釋之曰：「觜，骨之尙有肉者也，及禽獸之骨皆是。」與許說正合，乃知許敍云禮稱周官之意，凡所引非周官之文，而考其訓義，必與周禮相合者，此禮稱周官之微指也。又說文血部：「䀋，血醢也。从血、肬聲。禮記有䀋醢，以牛乾脯梁𥻆鹽酒也。他感切」醓䀋二字見於周禮天官醢人，儀禮公食大夫禮，少牢饋食禮，禮記則無此文，集韵感韵、韵會感韵、類篇血部引說文，皆無記字，是說文本作禮有䀋醢也。彼醢人鄭玄云：「醢、肉汁也。作醢及臡者，必先膊乾其肉，乃後莝之，雜以梁麴及鹽，漬以美酒，塗置瓶中百日則成矣。」醓字說文所無，許以䀋爲本字，鄭釋則與許訓正合也。又說文乙部：「乳，人及鳥生子曰乳，獸曰產，从孚，从乙，乙者，玄鳥也。明堂月令：玄鳥至之日，祠于高禖。以請子，故乳从乙。請子必以乙至之日者，乙春分來，秋分去，開去之侯鳥，帝少昊司分之官也。而主切」所引爲禮記月令仲春文，彼鄭玄注云：「玄鳥，燕也。燕以施生時來，巢人堂宇而孚乳，嫁娶之象也。媒氏之官以爲侯，高辛氏之世，玄鳥遺卵，娀簡吞之而生契，後王以爲媒官嘉祥而立其祠焉。變媒言禖，神之也。」是鄭說同許而加詳焉，此條又見五經異義，許引禮記說而鄭君不駁也。又說文虫部：「虹，螮蝀也。狀似蟲，从虫，工聲。明堂月令曰：虹始見。𧈪，籀文虹从申，申、電也。戶工切」所引爲禮記月令季春文。鄭玄注云：「螮蝀謂之虹。」與許說同也。詩鄘風蝃蝀毛傳云：「蝃蝀、虹也。」蝃蝀字皆从虫，皆非假借，玉篇列爲重文，重文皆不分正借。許敍云禮稱周官，其間雖引禮記，而其說又必與古文家說合者也。又說文酉部：「酎，三重醇酒也，从酉，从時省。明堂月令曰：孟秋天子飲酎。（除柳切）」所引爲禮記月令孟夏文，今說文作孟秋，與呂覽亦不合，秋當是夏之譌。彼鄭玄注云：「酎之言醇也，謂重釀之酒也。」許云三重，即重釀也，承培元曰：「三重者，始以水釀，再三用酒釀也。鄭注酎之言醇也。謂重釀之酒也。說與許同。左傳見于嘗酎。杜注：酒新孰重者曰酎，義亦相通。」（說文引經證例）是許鄭義同。凡前髽下、婚下、酓下、蕹下、骴下、膢下、虹下、酎下，許所引雖非周禮，而說解並與周禮說合，設若於周禮經文無徵，而必與古文家說相合也。

又有許書引禮之條，其法雖簡略難徵，然考其說解，有與周禮經文文義相合者，則不待鉤隱，義本逕通。

案如說文示部：「社，地主也。从示土。春秋傳曰：共工之子句龍爲社神，周禮：二十五家爲社，各樹其土所宜之木。䄯，古文社。（常者切）」所引下句爲地官大司徒文，彼云：「設其社稷之壝，而樹之田主，各以其野之所宜木，遂以名其社與其野。」是經言田主，許言地主，謂社稷也。許引二十五家爲社者，周禮無其文，應劭風俗通義祀典篇所引周禮說與此同，而左昭二十五年注引賈逵曰：二十五家爲社，許說亦與之同。又說文竹部：「箙，弩矢箙也。从竹、服聲。周禮：仲秋獻矢箙。（房六切）」所引爲夏官司弓矢文，彼鄭玄注云：「箙，盛矢器也，以獸皮爲之。」鄭以箙但盛矢，許以爲盛弩矢。國語鄭語云：「檿弧箕服。」韋注云：箕、木名，服、矢房。而北堂書鈔武功部引賈逵注：服、矢筒也。亦釋箙爲盛矢器，然不必獸皮爲之。許君不釋箙以皮抑或以木，但言弩矢箙。孫詒讓曰：「方言云：所以藏箭弩謂之箙。郭注云：盛弩箭器也。依楊許說，則箙本爲盛弩矢器，此經之箙，則弓弩矢所通用，散文不別也。巾車小服注云：服，讀爲菔。小菔，刀劍短兵之衣，菔箙字同，則他兵衣亦得通稱矣。」（周禮正義卷六十一）案孫說良是，周禮經文曰：「中春獻弓弩，中秋獻矢箙。」又曰：「其矢箙皆從其弓。」則矢有箙，弓亦當有箙，此經之箙，弓弩矢所通用者是也。又說文囧部：「盟，周禮曰：國有疑則盟。諸侯再相與會，十二歲一盟，北面詔天之司愼司命，盟，殺牲歃血，朱盤玉敦以立牛耳。从囧、从血。盟、篆文从朙。盟，古文从明。（武兵切）」所引爲秋官司盟文，彼云：「司盟掌盟載之灋，凡邦國有疑會同，則掌其盟約之載及其禮儀，北面詔明神，既盟則貳之。」又天官玉府云：「若合諸侯，則共珠槃玉敦。」又夏官戎右云：「盟則以玉敦辟盟，遂役之，贊牛耳桃茢。」許釋盟字，大致皆與周禮經文相同，而云十二歲一盟者，與左傳合，左昭十三年傳云：「明王之制，使諸侯再朝而會，再會而盟。」杜預注謂三年而一朝，再朝而會爲六年，再會而盟爲十二歲，與許說合也。又說文禾部：「稹，穜概也。从禾，眞聲。周禮曰：稹理而堅。（之忍切）」所引爲考工記輪人文。彼云：「凡斬轂之道，必矩其陰陽，陽也者，稹理而堅，陰也者，疏理而柔，是故以火養其陰，而齊諸其陽，則轂雖敝不藃。」是經文稹字對疏而言，其義為稠密也。許以稹字从禾，故曰種，種者埶也，即今種植字，穊者稠也。稠爲種禾稠密，引申爲一切稠密之稱，許取本義，與經文仍相合也。又說文网部：「罷，遣有辠也。从网能，言有賢能而入网而貫遣之。周禮曰：議能之辟。薄蟹切」所引爲秋官小司寇文，彼云：「以八辟麗邦灋，四曰議能之辟。」杜子春讀麗爲羅，即今罹字，鄭玄訓麗爲附，又訓附爲著，蓋皆觸犯之意，小司寇以八辟議犯刑法者，辟者法也，凡入八議限者，輕罪則宥，重罪則流宥，賢能者犯法，每宥其罪，罷之而已，左襄二十一年，叔向被囚，祁奚告范宣子，使赦小罪以存大能，即曰：「猶將十世宥之以勸能者，今壹不免其身以棄社稷，不亦惑乎？」即謂能者觸禁，當宥免其身，罷之而已也。許說解字義，正與經文合。又說文广部：「廐，馬舍也。从广、𣪘聲。周禮曰：馬有二百十四匹爲廐，廐有僕夫。𠩺，古文从九。居又切」所引蓋約取夏官校人文，彼云：「乘馬一師四圉，三乘爲皁，皁一趣馬。三皁爲繫，繫一馭夫。六繫爲廐，廐一僕夫。」鄭司農曰：「四疋爲乘。」則一皁爲十二匹，一繫爲三十六匹，一廐爲二百十六匹。鄭玄曰：「趣馬下士，馭夫中士，則僕夫上士也，自乘至廐，其數二百十六匹。易乾爲馬，此應乾之筴也。」其數與許當同，今說文六譌爲四，六於四篆文相近，隸書四字猶有作篆文書法者。至以廐爲馬舍，則如論語鄉黨篇謂廐焚子不問馬，其爲馬舍甚明，不待諸家作詁矣。又說文而部：「而，頰毛也。象毛之形。周禮曰：

作其鱗之而。如之切」所引爲考工記梓人文，彼云：「深其爪，出其目，作其鱗之而，則於眡必撥爾而怒。…爪不深，目不出，鱗之而不作，則必穨爾如委矣。」此蓋言梓人彫刻筍虡之狀，凡作攫殺援噬之狀，必深其爪，出其目，而張起其鱗與頰毛也。王引之曰：「而、頰毛也。之猶與也。作其鱗之而，謂起其鱗與頰毛也。若龍有鱗，虎有鬚，皆象其形，使之上起耳。古文連及之詞，或言與，或言之。……直言鱗而則不詞，故加之以連及之，說文：而、頰毛也。引周禮作其鱗之而，釋而不釋之，然則之爲語詞，非實義所在矣。」經義述聞周官下 據王說，知說文訓而爲頰毛，於字形及經義皆合。又說文糸部：「彝，宗廟常器也。从糸，糸、綦也。廾持米，器中寶也。彑聲。此與爵相似。周禮六彝：雞彝、鳥彝、黃彝、虎彝、蜼彝、斝彝，以待祼將之禮。𢑚𢒛皆古文彝。以脂切」所引蓋約擧春官小宗伯職及司尊彝文，司尊彝曰：「春祠夏禴，祼用雞彝鳥彝。秋嘗冬烝，祼用斝彝黃彝。凡四時之間祀、追享、朝享，祼用虎彝蜼彝。」是彝器四時皆用，他如禘祫於四時間之間祀、追祭遷廟之主，以事有所請禱之追享、及受政於廟之朝享，皆用之，故許云宗廟常器也。鄭玄以爲六彝之別，在刻畫圖形之異，謂雞彝鳥彝，乃刻畫雞鳳皇之形，而鄭志答張逸問亦然。聶崇義三禮圖據之，皆於尊彝腹上，畫爲雞鳥虎蜼犧象之形，容庚氏已據出土古器正其謬誤矣見商周彝器通考第二章。至於許君說字形之文，疑滯鮮通，中有譌誤，段玉裁校改爲：「从糸，糸、綦也。廾持之，米、器中實也。从彑象形，此與爵相似。」段改近是，則許君所學篆文及古文彝字，皆自會意見義者。今考商承祚殷虛文字類編曰：「卜辭中彝字象兩手持雞，與古金文同，其誼則不可知矣。」而吳大澂說文古籀補、丁佛言說文古籀補補、容庚金文編、汪立名鐘鼎字原所錄金文多作从雞从廾之形，吳、容二書並引楊沂孫曰：「手執雞者，守時而動，有常道也。故宗廟常器謂之彝。禮：夏后氏以雞彝。」按商氏謂其誼莫考，楊氏謂取雞守時而動，說頗紆迴。林義光則謂「从廾，雞聲。雞从奚得聲，與彝同音。」（文源）以籀文爲形聲字，說較近理。今考說文載彝古文作□，丁佛言古籀補補載叔器父鼎正作□，林義光謂系與奚古同音者是也。是許作說文時，猶見古文彝有从雞者，許取从米糸等會意者爲正篆，彼曰「此與爵同意」者，禮器象雀而爲爵（許君曰：象爵者，取其鳴節節足足。又曰：雀讀與爵同）。故象雞而爲彝（容庚氏考犧尊作牛形，象尊作象形，則雞彝當有作雞形者。）。从廾持雞，猶从廾持爵，亦猶从廾持酋爲尊矣。此雞形之彝所以盛酒，酋者久釀之熟酒，金文甲骨尊字有但从廾持酉者，故尊彝二字古器上銘文多連言之，王筠曰：「積古齋筠清館所有款識，彝之屬，其銘往往連言尊：祖已彝曰尊彝，雕作癸彝曰寶尊彝是也。尊之屬，其銘往往連言彝。疐尊曰尊彝、商員父尊曰寶尊彝是也。且夫尊彝皆酒器也，凡酒器之銘，亦通謂之尊謂之彝。……至小之酒器亦皆沿襲尊彝之名，乃宗廟他器，亦多沿用之。」（說文句讀補正）王說正可爲彝尊同義之證，彝本雞彝之專名，推而廣之，凡彝皆從之爲名，又推而廣之，凡宗廟常器皆得稱彝，彝之得爲宗廟他器之稱，亦猶尊之得爲宗廟他器之稱（詳見說文）

句讀補正，許君引周禮者，蓋證其本爲酒器耳。

又有說文所引爲古禮家之說，周禮雖無其文，今就異義考核之，知爲古周禮家之遺說者。

案如說文禾部：「秅，二秭爲秅，从禾，乇聲。周禮曰：二百四十斤爲秉。四秉曰筥，十筥曰稯，十稯曰秅，四百秉爲一秅。宅加切」所引不見於周官經，考周官地官載師賈疏引五經異義曰：「故周禮說孔廣林補說字：國中園廛之賦……有軍旅之歲，一井九夫，百晦之賦，出禾二百四十斛，芻秉二百四十斤，釜米十六斗。」周禮疏卷十三論芻秉之數，正爲二百四十斤，異義已標明爲古周禮說矣。至於四秉曰筥以下，見於儀禮聘禮記，此蓋今古文家所同者歟。參見田稅條又說文角部：「觶，鄉飲酒角也。禮曰：一人洗舉觶，觶受四升。从角，單聲。䚳觶或从辰。䚳禮經觶。之義切」又：「觚，鄉飲酒之爵也。一曰：觴受三升者觚。从角瓜聲。古乎切」所引觶受四升，觚受三升，見於禮記禮器孔疏引五經異義，彼云：古周禮說，爵一升，觚三升，獻以爵而酬以觚，一獻而三酬，則一豆矣。」異義別引韓詩說，謂二升曰觚，三升曰觶。周禮說既以觚爲三升，則觶爲四升矣。參見爵制條若斯諸例，皆周禮無其文，而實爲古周禮說者。

又有許書引禮之條，其文於禮經莫考，然多與毛傳、古左氏說、古尚書說相印合，蓋皆循古文學家之軌轍，中逵而馳者也。

案如說文玉部：「珕，蜃屬。从玉、劦聲。禮：佩刀，士珕琫而珧珌。郎計切」又「珧，蜃甲也。所以飾物也。从玉、兆聲。禮云：佩刀，天子玉琫而珧珌。余昭切」又「璗，金之美者，與玉同色。从玉、湯聲。禮：佩刀，諸侯璗琫而璆珌。徒朗切」所引皆不見於三禮，考詩小雅甫田瞻彼洛矣篇「鞞琫有珌」句下毛傳云：「鞞，容刀鞞也。琫，上飾。珌，下飾。珌下飾者，天子玉琫而珧珌，諸侯璗琫而璆珌，大夫鐐琫而鏐珌，士珕琫而珕珌。」許引正與毛傳同，而士珕琫而珧珌，珧字乃珕字之誤，亦可據毛傳以訂正之。許引稱禮者，或本爲古禮家之舊說，有此成文，而毛許並引之。而釋珧爲蜃甲，璗爲金之美者，爾雅猶存其說，釋器云：「以蜃者謂之珧」，又云：「黃金謂之璗」，皆古有此訓也。又方部：「斻，方舟也。从方，亢聲。禮：天子造舟，諸侯維舟，大夫方舟，士特舟。胡郎切」所引不見於三禮，考詩大雅大明毛傳有此文，許引正與毛傳同。鄭箋云：「天子造舟，周制也。殷時未有等制。」則此等制實爲古禮家有此說，故毛許並引之耳。凡此皆許稱禮而與毛傳相合者也。它如說文示部：「祏，宗廟主也。周禮有郊宗石室。一曰：大夫以石爲主。从示，从石，石亦聲。常隻切」所引不見於三禮，考太平御覽卷五百廿八引五經異義云：「古春秋左氏說：禘及郊宗石室。」又卷五百三十一云：「春秋左氏傳曰：徙主石於周廟，言宗廟有郊宗石室，所以藏栗主也。」而五經異義許君謹案曰：「春秋左氏傳曰：衞孔悝反祏於西圃，祏、石主也。言大夫以石爲主，今山陽民俗祭皆以石爲主。」據此許云「郊宗石室」者，謂木主盛以石函，昭十八年左傳、哀十六年左傳，杜注謂「祏，廟主石函。」「祏，藏主石函。」孔疏云：「每廟木主，皆以石函盛之，當祭則出之，事畢則納於函。」是許稱「周禮有」者，蓋古左氏家說周代禮制有如此者，一曰云云，蓋並存舊說，亦古左氏家言也。參見石主條　又說文刀部：「刷，刮也。从刀，㕞省聲。禮：布刷巾。所劣切」所引不見於三禮，而左傳桓公二年「藻率鞞鞛」句下，孔疏云：「服虔以藻爲畫藻，率爲刷巾。杜（預）以藻率爲一物者，以拭物之巾無名率者，服言禮有刷巾，事無所出。」左傳疏卷五　今據說文，知服虔古注，與許相合，許亦當言「禮有刷巾」，蓋古左氏家說禮有言刷巾者也。凡此皆許稱禮而與右左氏說相應者也。它如說文金部：「鋝，十銖二十五分之十三也。从金，寽聲。周禮曰：重三鋝。北方以二十兩爲鋝。力輟切」所引重三鋝句，爲考工記冶氏文，北方云云，不見於三禮，蓋今文家說禮制之文。考周禮職金疏云：「古尚書說百鍰，鍰者率也。一率十一銖二十五分銖之十三，百鍰爲三斤。」鄭玄引說文云：鋝、鍰也。則許所訓蓋本諸古尚書家說，今說文十一銖脫一字。而北方以二十兩爲鋝者，鄭玄稱「今東萊以鍰重六兩大半兩」，夏侯歐陽說謂「古以六兩爲率。」率即鍰，亦即鋝也。夏侯歐陽說乃舉其約數，鋝重六量大半兩，則三鋝爲二十兩，許書當云「二十兩爲三鋝」，脫三字，據賈疏所引，乃知許君用古尚書說，又兼存今尚書說也參見贖刑條。

說文亦有並存禮緯之說者，其例甚尠，皆單稱禮，謂禮家有此說也，此則與引經文證字義之例，當有所別。

案如說文示部：「祫，大合祭先祖親疏遠近也。从示合。周禮曰：三歲一祫（侯夾切）」又「禘，諦祭也。从示帝聲。周禮曰：五歲一禘。（特計切）」周禮皆無此文。南齊書禮志上王儉引禮緯稽命徵云：「三年一祫，五年一禘。」似許引爲禮緯之文，然初學記十三、藝文類聚三十八、太平御覽五百二十八引許君五經異義曰：「三歲一祫，此周禮也。五歲一禘，疑先王之禮也。」（參見禘祫條）許言周禮，蓋別於夏殷之禮而言，非謂周官經也。疑許於三歲一祫上本作「周禮」二字，蓋謂周代之禮。五歲一禘上本作「禮」字，蓋指禮家有此說，校者並改爲「周禮曰」，與五經異義不合，而許書之例亦淆雜矣。後漢書張純傳曰：「禮：三年一祫，五年一禘。」單稱禮，是其證也。而公羊文公二年傳何注曰：「殷，盛也。謂三年祫，五年禘。」是今文家以禘祫爲殷大之祭，所言年期，並與許君合。又說文木部：「欒，木似欄。从木、䜌聲。禮：天子樹松，諸侯柏，大夫欒，士楊。（洛官切）」所引乃禮緯之文，白虎通崩薨篇曰：「含文嘉曰：天子墳高三仞，樹以松。諸侯半之，樹以柏。大夫八尺，樹以欒。士四尺，樹以槐。庶人無墳，樹以楊柳。」（盧文弨白虎通校勘本曰：「含文嘉之上舊有春秋二字，案含文嘉係禮緯，但周禮冢人疏引此文作春秋緯，或後人校此書者旁注此二字。」）是許引爲禮緯之文，周官春官冢人曰：「以爵等爲丘封之度與其樹數。」下賈疏亦引此文，是周官亦有封樹爲識之說。又說文土部：「墀，涂地也。从土、犀聲。禮：天子赤墀。」段玉裁疑此出於禮緯含文嘉之文，蓋含文嘉多言天子諸侯制度之差等。考張衡西京賦：「青瑣丹墀。」李善注引漢官典職曰：「以丹漆地，故稱丹墀。」與許書正合，疑此係禮緯據漢制爲說者，正如三歲一祫，五歲一禘，爲叔孫通所訂之漢禮也（見五經異義許君謹案引叔孫通說）。三歲一祫之制，創自漢代，古史無徵，乃秦漢間今文家作緯書者始倡其說（見周何著春秋吉禮考辨）者也。以上四條，皆所以存漢制，與引經文證字義之例，判然有別，本不得羼入說文引經之條者也。

至於說文有譌奪，遂令語義蹇滯，師法恍惚莫詳者，前賢斠理略備，今復爬羅稽考，一廓清之，乃知許書之例，皆井然有法，許書所釋，實綴稡古訓者也。

案如說文示部：「禬，會福祭也。从示，从會，會亦聲。周禮曰：禬之祝號。（古外切）」所引蓋約取春官詛祝文，彼云：「詛祝掌盟、詛、類、造、攻、說、禬、禜之祝號。」言此八者之辭，乃詛祝所掌。又春官大祝掌六祈：「一曰類、二曰造、三曰禬、四曰禜、五曰攻、六曰說。」鄭注引鄭司農曰：「類造禬禜攻說皆祭名也。」司農又釋類爲師祭，造則于祖，禜則日月星辰山川之祭，獨未釋禬字。然秋官庶氏注引司農解詁曰：「禬、除也。」是司農以禬爲除祭。而天官女祝鄭玄注云：「除災害曰禬，禬猶刮去也。」當卽本先鄭意而申之者，然與許訓禬爲會福祭不合。桂馥曰：「會福祭也者，初學記引說文同。藝文類聚引說文云除惡之祭。按類篇禬、除殃之祭。又引說文：會福祭也。玉篇：禬，除災害也。會福祭也。馥謂唐本說文各異，故歐陽與徐氏所引不同，玉篇則兩存之。…鄭注云除災害曰禬，鄭司農云禬除也。馥謂此皆言除惡祭也，會福之祭未聞。」（說文義證）今謂藝文類聚引說文作除惡之祭，而玉篇並存除惡會福兩義，疑古本說文即兩義並存，除惡即所以會福，金鶚曰：「禬刮聲相近，故鄭以刮訓之，說文云：禬，會福祭也，謂除去疾殃所以會福也。」（求古錄禮說）金說是也。周禮大祝掌六祝之辭，經言所以「祈福祥，求永貞。」是言「祝」本有祈福之義，則「禬之祝號」，雖曰除惡，其為祈福可知。且大祝掌六祈，鄭玄注曰：「祈，嗚也。謂為有災變，號呼告于神，以求福。…禬、禜告之以時有災變也。…禬未聞也。造、類、禬、禜，皆有牲，攻、說用幣而已。」鄭云禬未聞者，謂禬祭祝號之辭未聞也，非謂其禮未聞，鄭注於此已明言除災變以求福矣，故知許書本釋禬為「除惡會福祭也」，鄭注本與許同，幸藝文類聚所引尚存，而玉篇類篇猶可為旁證也。今奪去除惡兩字，遂使許鄭異義，疑竇叢滋矣。

又說文火部：「爟，取火於日官名，舉火曰爟。周禮曰：司爟掌行火之政令。从火雚聲。烜，或从亘。（古玩切）」所引為夏官司爟文，唯鄭注引先鄭解詁云：「鄭司農說以鄹子曰：春取榆柳之火，夏取棗杏之火，季夏取桑柘之火，秋取柞楢之火，冬取槐檀之火。」是爟為取火於木之官，非取火於日之官。秋官司烜氏掌取明火於日，則司爟司烜分職，今說文列為重文，乃合而一之，諸家於此，各有所見。今考說文繫傳於重文下曰：「臣鍇按說文烜字在爟字下，注曰或從亘，今此特出而注云：或與爟同，又別無切音，疑傳寫之誤。」據是則徐鍇所見烜字不在爟字下，特出於火部之末，既脫說解，又無切音，故曰：「說文烜字當在爟字下，注曰或從亘。」今繫傳又奪「當」字，遂使小徐之本有二，而語句亦鮮通矣。鍇之校語如此，故鉉從之，改部末之烜爲爟之重文矣。席世昌曰：「鍇所傳之說文，即鉉所解之說文也，鉉所解之本，悉本于鍇，凡鍇意所疑，鉉即改古本以从鍇，今以兩書相校，其跡顯然，故繫傳、徐氏之舊本也，解字、徐鉉因鍇意而多所更改之本也。鍇本烜或與爟同，而在火部之末，乃是說文原本，但脫去烜字正解，單存別說四字耳。徐鉉不察其義，竟以烜字移置爟字之下，而改注文云：或从亘，于是爟烜二字竟合爲一矣。」（讀說文記）爟烜二篆併合之故，席氏所言最確，惟席氏不明鍇案語奪「當」字，謂此必非徐鍇說，則其誤與苗夔（繫傳校勘記）王筠（繫傳校錄）相同。徐鍇所以疑部末之烜，當爲爟之重文者，蓋二徐之前，烜字正解已脫去，今疑爟下「取火於日官名」一句，本爲烜篆之正解，「擧火曰爟」一句，本爲爟篆之正解，爟烜本連篆（玉篇爟烜連篆），鈔者幷書烜之正解於爟下，而脫烜篆。後人乃補於部末，見爟爲取火於日官名，遂謂「或與爟同」，而未能復烜之正解於舊觀，鍇見烜在部末，又無說解音切，乃疑特出非例，謂當在爟下爲重文，大徐從之，遂成今本之謬。今考慧琳音義九十四卷四頁爟注引說文，但訓火擧也，與二徐本異，即其證也，玉篇爟亦只訓擧火，廣韵爟下無烜字重文，亦其旁證。又周禮夏官序官鄭注云：「故書爟爲燋。杜子春云：燋當爲爟，書亦或爲爟，爟爲私火。」是爟之異文作燋，不作烜，杜云私火，明與司烜氏所取之火不同參見賈疏，爟下「取火於日官名」一句，原必爲烜下之文錯出於上耳。至於淮南子氾論篇「祓之以爟火」句下高誘注，與今存說文說解同，于大成蓋已辨其誤見淮南子校釋。段玉裁謂「高注亦當爲譌字」，並改說文日字作木，段氏猶未能詳知說文譌亂之故。

又說文水部：「泐，水石之理也。从水，从阞。周禮曰：石有時而泐。盧則切」所引爲考工記文，彼云：「天有時以生，有時以殺，草木有時以生，有時以死，石有時以泐，水有時以凝，有時以澤，此天時也。」鄭注引司農解詁曰：「泐讀如再扐而後卦之扐，泐謂石解散也。夏時盛夏大熱則然。」先鄭以泐爲石解散，與說文所訓邈乎無涉，今考玉篇零卷引說文曰：「泐，水凝合之理也。」乃知今本說文奪凝字，又譌合爲石字，段玉裁說文注曰：「𠂤部阞，地理也，從𠂤。木部朸，木之理也，從木。然則泐訓水之理，從水無疑矣。」段氏以泐爲水理，刪石字，正與新出玉篇零卷合。然「水凝合之理」與「石解散」，義猶舛互，今復考賈公彥疏曰：「先鄭云泐讀如再扐而後卦之扐者，此扐謂揲蓍之法，故易云：分之爲二以象兩，卦一以象三，揲之以四以象四時，歸奇於扐以象閏，五歲再閏，故再扐而後卦，象其合集。」周禮疏卷三十九據此知先鄭讀泐爲扐，極爲重要，前儒多忽之！由賈疏知先鄭讀泐爲扐，意實訓爲「集合」，今，今訓爲「解散」者，注文有譌奪也，賈公彥所見先鄭解詁必訓泐爲集合。今復考考工記經文天有時生殺，草有時生死，水有時凝澤，文皆駢偶，獨石有時以泐，不成駢偶，知考工記文亦有闕脫也。當作「石有時以泐，有時以解。」故先鄭本當云：「泐讀如再扐而後卦之扐，泐謂石凝合，解、散也。」賈疏乃據此注以申之，謂讀如扐者乃集合之意，泐謂石凝合，與說文訓水凝合之理正合，先鄭就經文言石作詁，故曰「石」，說文就字形从水作訓，故曰「水」，非有異也。校者不知考工記奪「有時以解」四字，遂謂先鄭「泐謂石凝合解散也」八字句不可通，而刪「凝合」兩字，不知賈疏猶訓泐爲「合集」也。今玉篇零卷泐字下引考工記「石有時以泐」句，泐上空白一字，而引先鄭注則已譌作「謂石有時解散也」，是唐前已有闕脫之本矣。生當千載以下，經文、注文、說文並遭訛改，鉤覈固已爲難，幸賈疏、玉篇零卷尙無誤，而許書之例又日見發明，故能一廓清之，如霞明空中，絕少蒙翳矣。

又說文示部：「禜，說緜蕝爲營以禳風雨雪霜、水旱厲疫於日月星辰山川也。从示、榮省聲。一曰禜衛使灾不生。禮記曰：雩禜祭水旱。（爲命切）」所引爲禮記祭法文，唯小徐本於禮記曰上有「臣鍇案」三字，明所引非許君原文，嚴可均曰：「禮記乃小徐通釋所引，議刪。祭法作雩宗，鄭破讀爲雩禜。許在鄭前，不得豫依鄭改，且許敍篇偁儀禮爲禮記，其今之禮記，但謂之禮，說文自有大例矣。」（說文校議）田吳炤亦云：「大徐本有禮記曰雩禜祭水旱，本小徐所引，大徐往往采用小徐，必加徐鍇以別之，此當脫徐鍇曰三字。」（說文二徐箋異）嚴徐二說皆是也。禮記曰云云非許書原文，今考許君釋禜字，實本先鄭之說，周禮春官大祝掌六祈，四曰禜句下，鄭注引鄭司農曰：「禜，日月星辰山川之祭也。春秋傳曰：日月星辰之神，則雪霜風雨之不時，於是乎禜之；山川之神，則水旱癘疫之災，於是乎禜之。」許訓正同此，故設若許君引禮，自有周禮可引（若禬下引周禮），而說解又自有先鄭解詁可依，許君不必引禮記也。

又有許書引禮之條，其師法旣陸離莫辨，考其所引經字，又或與今本不同，此非許君故爲樸遬，轉致支離者也。說文以本字是從，所引必爲本字，故其間有不嫌甄采今文者。

案如說文玉部瑁篆引周禮曰天子執瑁四寸。今本考工記玉人瑁作冒，瑁爲玉器，字當从玉，作冒者非本字也。又久部久篆引周禮曰久諸牆以觀其橈。今本考工記廬人久作灸，久字象人兩脛後有距，有柱距之義，作灸者非本字也。又邑部郙篆引周禮曰任郙地，在天子三百里之內。今本地官載師郙作稍，故書或作削。郙爲國甸，大夫所食邑，字當从邑，作稍作削皆非本字也。又鼎部鼏篆引周禮廟門容大鼏七箇。今本考工記匠人箇作个，鼏作扃，說文不收个字，蓋不以爲是正字。鼏爲以木橫貫鼎耳而舉之，字當从鼎爲正，作扃非本字也。又㝱部㝱篆引周禮以日月星辰占六㝱之吉凶。今本春官占夢㝱皆作夢，㝱从疒，爲寐而有覺。夢爲不明，作夢非正字也。又頁部顅篆引周禮數目顅脰。故書考工記梓人顅作牼，鄭司農本作牼，而讀爲鬝。說文鬝爲鬢禿，牼爲牛厀下骨，許作顅者，以鬝爲俗語（見賈疏），牼非本字，故經文正字當定作顅，顅字从頁，爲頭鬢少髮之正字。又鬼部魃篆引周禮有赤魃氏，今本秋官之屬魃作犮，魃爲旱鬼，字當从鬼。作犮非本字也。又火部熑篆引周禮曰煣牙外不熑。今本考工記輪人煣作揉，熑作廉。煣爲以火槁之，則作揉非本字；熑爲火煣車網絕，則字當从火，作廉非本字也。又土部垗篆引周禮曰垗五帝於四郊，今本春官小宗伯垗作兆，垗爲四時界祭其中，乃祭壇之界畔，字當从土，作兆非本字也。又几部几篆引周禮髹几素几，今本春官司几筵髹作漆，髹卽桼也，从髟者取美飾之意，而漆則爲水名，髹几字作漆，非本字也。又斗部斞篆引周禮曰桼三斞（今桼譌作求，據集韵類篇引訂），今本考工記弓人桼作漆，漆爲水名，非桼三斞之本字。又車部軓篆引周禮孤乘夏軓，今本春官巾車軓作篆，故書或作緣，軓爲車約軓，字當从車，篆爲引書也，緣爲衣飾也，於此皆非本字也。又車部輥篆引周禮曰望其轂，欲其輥，今本考工記輪人輥作眼，輥者轂齊等不橈減之意，作眼非本字也。又酋部尊篆引周禮六尊有犧尊，今本春官小宗伯及司尊彝犧作獻，考今出土犧尊作牛形，爲酒器，作獻字者，鄭志答張逸問已謂犧尊作獻字者，齊人之聲誤（見禮記明堂位孔疏引），而鄭司農亦讀獻爲犧，則作獻非本字也。又玉部瓚篆引禮上公用駹，四玉一石。今本周禮考工記玉人駹作龍，鄭司農曰：龍當爲尨，尨爲雜色。則作龍固非本字，許亦不從先鄭作尨者，尨爲犬之多毛，與玉雜色之義引申不可通，駹爲馬面顙皆白，與四玉一石，玉石色混之意引申可通，故不以尨龍爲正字也（詳見異義論玉之尊卑條）。又日部晢篆引禮曰晣明行事。今本儀禮士冠禮晢作質，晢者昭晢而明也。質者以物相贅，贅者以物質錢，故作質非本字也。又鹿部麗篆引禮麗皮納聘，今本儀禮士昏禮及聘禮麗皆作儷。麗者鹿皮也。儷者棽儷，儷非麗皮之本字也。又金部鉉篆引禮謂之鼏，謂鼏鉉二字，然今周禮考工記不作鼏、儀禮士冠禮不作鉉（鄭玄注今文扃爲鉉），皆作扃。鼏字於舉鼎之義，字當从鼎爲正（參見前鼏字條），鉉字从金於舉鼎之義亦合，扃爲冂之重文，蓋同音假借字，非本字也。又艸部芐篆引禮記羊芐，今本儀禮公食大夫禮記芐作苦，芐爲地黃，苦爲苦荼，許以羊用地黃，故从芐爲正字。鄭玄注云：「今文苦爲芐。」是許苟得厥衷，不以從今文爲嫌也。又人部偭篆引少儀曰尊壺者偭其鼻，今禮記少儀偭作面。偭者向人之意，从人蓋爲正字，作面非本字也。又舟部舫篆引明堂月令曰舫人。今本禮記月令舫人作漁師，鄭玄注云：「今月令漁師爲榜人。」是許不從榜人而作舫人。舫爲船師，字當从舟，作榜非本字也。又雨部䨘篆引明堂月令曰淫雨，鄭玄注曰：「淫、霖也。雨三日以上爲霖，今月令曰衆雨。」是許不從衆雨而作䨘雨。䨘爲小雨，字當从雨，作衆非本字也。

至於許書引禮，其字與今本不同，而二字列以爲重文者，則不分正字借字，此又許書之通例也。

案如許書副疈二字爲重文，於副下引禮作副，鄭玄本則作疈，疈爲籀文副，疈副於判義皆非假借，許君引禮於副下，非以疈字爲假借也。鄭司農云故書作罷，罷於判義則爲假借，故許君不從故書。又鉉鼏二字爲重文，於鼏下鉉下引禮並作鼏，鼏爲古文，鉉爲今文，然鼏鉉二字於舉鼎之義皆非假借，許於鉉下稱易謂之鉉，亦不以禮謂之鼏爲假借也。又骴胔二字爲重文，於骴下引明堂月令作骴，鄭玄本則作胔，骴胔二字於鳥獸殘骨之義皆非假借，許於骴下引明堂月令，亦不以胔爲假借也。又若爟烜爲重文，則係後人所牽合，凡此均已分別證於前文矣副見杜子春條，鉉見本字條，骴見鄭玄與許相合條；爟見譌奪條今復考說文㫃部：「旃，旗曲柄也。所以旃表士衆，从㫃、丹聲。周禮曰：通帛爲旃。旜，旃或从亶。諸延切」所引爲春官司常文，今周禮旃作旜，即許君所列之重文。干旄毛傳云：「注旄於干首，大夫之旃也。」則古毛詩說正作旃。鄭玄訓旜云「通帛爲大赤，從周正色無飾。」陳奐謂「通帛之旃，充幅皆赤」者是也。鄭自色訓旜，許以旜旃爲重文，旃字从丹，則大赤之義不訓自明，故就其形制言之，訓爲曲柄旗者，禮經未有明文，桂馥曰：「旗曲柄也者，廣韻：世本曰：黃帝作旃，曲柄旗，以招士衆也。漢書田蚡傳：立曲旃。如淳曰：旃，旗之名也。通帛曰旃，曲旃，僭也。蘇林曰：禮：大夫建旃，曲，柄上曲也。」說文義證據是則旃自色言爲通帛大赤，不復畫之者，自形制言乃曲柄之旗，大夫所建者也。蘇林注亦稱禮，蓋禮家本有曲柄之說，故許君憑之，今禮注簡略，故其師法難資符驗，然許於旃下引禮，亦不以作旜爲假借字也。馬宗霍謂「許以旃爲正字」者，蓋承舊說，以重文之字，在上者爲正字，未爲閎通之論也。許於經文中異字，凡同義而俱非假借者，始采合爲重文，故時或今文家之本在上，列古文家之本爲重文；或古文家之本在上，列今文家之本爲重文，其上下二字不分正借，要亦無義例於其間，前文已屢及之矣。至於篆文、古文、籀文列爲重文，則許書以篆文在上，下列古文、籀文，然亦不以古文、籀文爲假借，許君全書義例賅貫，今執此榘矱，以考前儒擘求許例之說，繩愆糾違，莫不停當。陳壽祺嘗云：「說文引經，因文散舉，雖繁簡錯綜，皆可尋其條理。」左海文集陳氏語固不虛，惜其所撰經郛條例、及左海經辨中所撰說文經字考、說文偁禮考等文，於說文引經之微恉，猶未能覘識也。

許愼之經學

許氏春秋學第五

黃永武學

許君五經無雙，爲世儒所服膺，尤以左氏爲專門名家之學。

案前漢儒林，以顓門名家爲夥，後漢碩學，始盛兼通數家之風，論東京翹秀，學貫五經，以許鄭爲最，鄭君盡注三禮，淹貫博奧，成古今絕學（朱子語，見朱子全集答李季章書。）前賢有「禮是鄭學」之譽（見孔穎達月令疏，而明堂位疏、雜記疏屢言之），是鄭所尤長者在禮；而許君博學經籍，瀏明淵源，雖嘗臧否五經傳說之不同，然范書爲許立傳，以服（子愼）潁（子嚴）謝（文儀）許相次，數君皆善明春秋而富傳述者也（服有左氏傳解，潁有左氏條例，謝有左氏謝釋），是范意以許所尤長者在春秋左氏也。後漢書儒林傳許君傳曰：「許愼字叔重，汝南召陵人也。性淳篤，少博學經籍，馬融常推敬之，時人爲之語曰：五經無雙許叔重，爲郡功曹，舉孝廉，再遷除洨長，卒于家。初，愼以五經傳說臧否不同，於是撰爲五經異義，又作說文解字十四篇，皆傳於世。」（卷七十九下）許君本傳，雖僅寥寥百字，時人既以「五經無雙」許之，可見推崇之高，許君爲馬所推敬，爲鄭之先進，考今存五經異義之佚文，以論述春秋之條最夥，且許從賈逵學，逵爲通人，尤明左氏傳（見逵本傳），知許君者固能承其師學，而匯爲大成者也。諸可寶曰：「許君固五經無雙者，而尤以左氏爲專門名家之學，范書專敘左氏學之次，即列許君傳，雖前有服潁謝三人（皆漢末人），其意自見。」（許君疑年錄）陶方琦氏亦云：「許君從逵受古學，必先通左氏春秋。」（許君年表考）諸陶二氏之說並是，今輯許書佚義，於此最多精湛之思，二氏之說，蓋可左證也。

春秋與禮，實相表裏，故異義所主左氏說，所商榷者多爲禮；而說文所引春秋傳文，其說解亦多與周禮家說相應。

案春秋與禮，本相表裏。故傳發凡，杜預謂皆周公禮典，韓起見易象春秋，亦謂周禮在魯，是左傳之事蹟，每得與禮相徵。今蒐輯五經異義之佚說，中論春秋之條過半，其間從左氏者又其泰半，然凡論春秋之條，即論禮制之條，鄭君博洽於禮，故於此駁論亦特多。至於說文引春秋傳，則專守左氏（明言引公羊者啻三條），異義早成（陶方琦謂作於建初四年後，約二十餘歲。諸可寶謂艸於章和初年，約三十四歲），其間有從左氏者（三十六條），有從公羊者（二條），有從左氏穀梁者（一條），有並從左氏與公羊者（二條），有從公羊與穀梁者（一條），又有總論大義或按語失考者（五條），乃攷詳白虎觀諸儒異同之論，退而撰成者，意在博通，故不泥執於一家。夫白虎觀之論經義，本以李育、賈逵爲首，李育習公羊春秋，亦頗涉獵古學，嘗作難左氏四十一事，育以公羊義難賈逵，所謂「往返皆有理」，許君與聞於斯，故記敍三傳異同亦特詳。至晚年撰定說文，已一意習古文之學，間引今文之字，則乃形從本字之故。許撰說文，折衷於逵，逵周禮學出杜子春，左氏學則本乎家傳，然杜子春與賈徽，並從劉歆受業，左氏周官二學，至子駿始粲然，故二書文義及訓解，自相融會，今考說文引春秋左氏傳，其說解亦每得與周禮家說互證。劉師培氏嘗曰：「左氏所載古禮，多與周官相合，若以周官證左氏，以周禮證魯禮，則事半功倍，且五經異義一書，所引古文家言，多左氏之佚禮，若能疏通證明，亦考古禮者所必取也。」(讀左箚記) 劉氏累葉治左，故深識眇旨，今理董異義之耑緒，一一爲之考訂，即師劉氏之意也。

許君異義主左氏說者，若論禘祭，依左氏說分爲大禘終禘，終禘者卽吉禘也，爲三年喪畢從吉之專祭，至於禘祫行祭之年，當謂三年一祫禘。鄭君本禮緯之說以駁之。

案許論禘祭之條，見於太平御覽、初學記、藝文類聚、通典所引，御覽於禮儀部七引：「異義：古春秋左氏說，古者先王日祭於祖考，月薦於曾高，時享及二祧，歲禱於壇，終禘及郊宗石室(終字據通典引補)。謹案：叔孫通宗廟有日祭之禮，知古而然也(藝文類聚引知古作自古)，三歲一祫，此周禮也；五歲一禘，疑先王之禮也。」(卷五百二十八禘祫類，謹案以下又見初學記卷十三禮部藝文類聚卷三十八) 而通典禮部九曰：「春秋左氏傳曰：歲祫及壇墠，終禘及郊宗石室。許愼舊說曰：終者，謂孝子三年喪終，則禘于太廟，以致新死者也。」(卷四十九吉禘祫上引博士徐禪議) 袁堯年謂「稱曰舊說者，蓋卽異義所引左氏說也，審其文義，當補錄於郊宗石室下」(補輯袁鈞本駁五經異義) 今恐袁說非是，徐禪議文既加「許愼舊說曰」以閡別上文，此或為許君謹案之文，許於此從左氏說，故以釋明左氏之說也。異義引左氏說之終禘，許君依先師舊說而釋為喪畢從吉之專祭，則此終禘唯天子崩、諸侯薨，孝子三年喪畢，始得一舉，是每世祇得一祭，祭無定時無常月者，與謹案下所論「五年一禘」之禘祭，自非一事，凡每舉之行年疏數有定期者，蓋為常祀之禘，非終禘也。周何詳考周代之禘禮，彼結論云：「周禘有二：曰大禘、曰吉禘。大禘有分有合，相歧而行，合者，已遷及未遷之主，皆共合食於大廟，或謂為禘之祫；分者，羣主先共合食於大廟，而存廟之主復有各於其廟之祭，或謂為禘之犆。犆祫皆非祭名，指言祭有分合之事而已。吉禘為三年喪畢之專祭，或以之牽合大禘者蓋非。」（春秋吉禮考辨第五章）周何復舉周代金文中所見禘（皆作啻）字，以證禘祭有二，如小盂鼎：「…用牲，啻周王，□王，成王……」（吳式芬攈古錄金文卷三之三）彼成王之上，當是文王武王。此云周王者，或以文王始有天下，時稱如此。成王之下，文有缺泐，不可辨識，然既合三王以上於一祭，必非吉禘；而所禘及乎文武成王，是為大禘之義可知。又如剌鼎：「唯五月，王才□，辰才丁卯，王啻，用牡于大室，啻邵王。」（吳大澂愙齋集古錄四冊廿一葉）彼邵王即昭王，大室者，春秋文公十三年經文有之，服虔注云：「大室，大廟之上屋也。」（見北史卷七十二引）又云：「大廟之室。」（明堂位孔疏引）服注蓋旁承鄭玄，上繼賈逵，與許君左氏之學蓋出一本（詳見後證），服云大室即大廟，故許亦云「三年喪終，則禘于大廟，以致新死者也。」服許同義，並受諸左氏先師者也。剌鼎所舉之禘，主為昭王，故云禘于邵王，其文與春秋閔公二年吉禘于莊公同例，春秋於禘上加吉字者，以別於大禘之稱禘也。擧禘主爲昭王，而非大禘之祭，當是昭王旣崩，穆王三年喪畢，將致主入於禰廟之祭也。故郭氏兩周金文辭大系曰：「此穆王禘祭其父也。」（第五十九頁釋文）於是三年喪畢之祭亦曰禘，可以確知無誤，金文所見禘祭有常祀、終禘之別，許君所云，恰與密合。常祀之禘，其行年疏數之期，許君謂「三歲一祫，此周禮也，五歲一禘，疑先王之禮也」者，擧疑似之說，蓋乏可信之徵驗也。鄭玄據禮緯之說以駁之，鄭駁見於毛詩長發孔疏所引：「鄭駁異義云：三年一祫，五年一禘，百王通義。以爲禮讖云：殷之五年殷祭，亦名禘也。」（詩疏二十之四，又見閟宮疏、玄鳥疏、禮記王制疏）許據古左氏說，鄭據今禮緯說，遂相聚訟，皮錫瑞謂左氏說傅會不經，鄭從公羊三年祫、五年禘之說爲正（見駁五經異義疏證），皮氏詆之雖力，奈辭理典據，皆無可觀，要不足取信。陳壽祺則曰：「蒙案藝文類聚、初學記、太平御覽並引五經異義云：三歲一祫，此周禮也；五歲一禘，疑先王之禮也。此文有譌脫，當作：三歲一祫、五歲一禘，此周禮也；三歲一禘，疑先王之禮也。冊府元龜掌禮部奏議十七引此作三年一禘，舊唐書禮儀志開元二十七年太常議曰：白虎通及五經通義許愼異義何休春秋賀循祭議並云三年一禘。是其顯據。何以言之，左氏說言禘祫有二義，一說歲祫及壇墠，終禘及郊宗石室，通典載晉徐禪、虞喜、袁準引左氏說是也。一說祫卽禘，通典載賈逵劉歆曰：禘祫一祭二名，禮無差降是也。然皆以禘爲三年一祭。禮記王制正義引左氏說，禘爲三年大祭，在太祖之廟，周禮鬯人疏引賈服以為三年終禘，遭烝嘗，則行祭禮是也。禮緯說則云：三年一祫，五年一禘。禮記王制正義、毛詩閟宮正義、及後漢書張純傳所引是也。許君從禮緯說，以三歲一祫為周禮，則不得以五歲一禘非周禮。說文第一上示篇：禘，諦祭也，從示帝聲，周禮曰：五歲一禘。祫，大合祭先祖親疏遠近也，從示合聲，周禮曰：三歲一祫。叔重援用禮說，目為周禮，其所撰異義，文雖殘闕不詳，要不得與說文乖違，明矣，此一證也。說文既稱周禮曰五歲一禘，祏字解又曰周禮有郊宗石室，此據周禮說而不據左氏說也。徐禪引許慎稱舊說曰終者孝子三年喪終，則禘於太廟，以致新死者，此則異義所引左氏說也，異義謹案，多從左氏，然獨於三歲一禘存疑，蓋其慎也，此二證也。歲祫終禘之說，本於周語歲貢終王，而周語稱歲貢終王曰：先王之訓也。故叔重疑三年終禘為先王之禮，此三證也。許惟以先王三歲一禘，故鄭駁謂三歲一祫、五歲一禘，百王通義。又引禮讖云：『殷之五年大祭亦名禘。』以破之。若異義謂五歲之禘為先王禮，則與禮讖正合，且以五歲之禘非周禮，則必以三歲之禘是周禮，鄭駁何為不援周禮以攻其非，轉援殷禮以伐其是乎？此四證也。後人習見五歲一禘之文，而不審左氏說有三歲一禘之解，采綴異義，遂併誤三為五，舛繆相仍，使學者無由考見許鄭異同之指。」五經異義疏證

今考陳說舉證稠疊，若為可信，然遽改許文，以就己說，不知許君云「三年一祫，五年一禘」，即本左氏先師說禘祫為一祭二名，三年一禘，即三年一祫也；五年一禘，即五年一

祫也。許或言祫、或言禘，實互文言之者，故云三歲一祫爲周禮，亦即謂周禮三歲一禘也；云五歲一禘爲先王之禮，亦即謂先王之禮爲五歲一祫也，禘祫爲一事耳。故異義左氏說但云禘，不曾云祫，而謹案云祫者，是祫即禘也。賈逵劉歆謂禘祫禮無差降，而以禘爲三年一祭，許君依之，故云三歲一祫，亦是祫即禘也。許君之意謂三年一禘祫爲周代之禮制；五年一禘祫爲先王之禮典，鄭識左氏禘祫同義之旨，而所以駁許曰三年一祫五年一禘爲百王通義者，鄭駁所用爲禮緯說，以爲禘祫爲不同之祭名，行年疏數亦不同，故以相難，不然許云三歲之祫爲周禮，五歲之禘爲先王之義，與鄭引禮緯說不亦相近乎？陳氏不知許君言祫言禘爲互文，祫禘是一祭二名（通典載賈逵劉歆說），言祫即是言禘，分禘祫爲二祭，實乃秦漢間今文家所爲，左氏先師無此說也。周何嘗詳論其故曰：「以祫爲宗廟大祭之專名，乃秦漢間今文家之所爲，彼見春秋書禘有分祭合祭之事，公羊於合祭之禘著有『大祫』之文，復忽於時享亦有祫事，乃專以祫與禘爲相對，注爲宗廟祭祀之尤大者。於是作緯書者始立『三年一祫、五年一禘』之文，而漢代創制立典者，爰以爲前有所本，因納諸宗廟常祀之列，奉行不忒。至後世之議者，或援緯說，或依漢制，咸以祫爲禮之定名而不之疑。然而古史無徵，載籍又皆質約，於是遠自漢室，說祫義者，大抵以今律古，率皆揣摩臆測，立論各安己意，遂致歧異紛舛，卒不可收拾也。」（春秋吉禮考辨）據此知周祫實非祭名，乃指言合祭之事，左氏先師謂祫禘一祭二名者，知祫即禘祭，非別有行年疏數不同之祫祭也，陳氏不曉許君禘祫互言之故，臆為改定，其失一也。又不明禘祭有大禘吉禘之別，大禘有合祭先祖之事，所以為祫，徐禪說『終禘』者即吉禘；賈劉說『禘祫一祭二名』者即大禘，其義未嘗歧二，陳氏謂左氏說禘祫有二義，其失二也。又舉說文禘下祫下引周禮，不知此「周禮」實乃今文家之禮說，意謂「周代禮制」如此，非指周禮家說也。說文以「周禮」為「周代禮制」或以「禮」為「禮典」者甚多，若祏下禘下祫下都下墀下縉下旒下欒下觚下觶下刷下廄下秏下等皆然，而禘祫墀欒四篆下，所引並為今文家之禮說（詳見後證），且異義與說文體例不同，間有牴牾者（已見前說），陳氏以為異義不得與說文乖違，引說文以改訂異義，謂許君獨於三歲一禘存疑，其失三也。今既明禘祫同義，許君謂三年一禘祫，是左氏先師之說，許君以為有據而從之，五年一禘祫，左氏無是說，為今文家說，許疑為先王之禮。鄭君以祫禘二祭不同，遂駁之，又引禮讖云：「殷之五年殷祭，亦名祭也。」陳壽祺改「亦名祭也」為「亦名禘也」，若是則殷人五年殷祭為禘，與許疑五歲一禘為先王之禮正合矣，又何為而駁之？其失四也。陳氏不明鄭君所引乃今文家說，禮讖與公羊合，公羊文公二年傳：「大事者何？大祫也。」又云：「五年而再殷祭」，是公羊之義以殷祭即祫，鄭謂「亦名祭也」當指「亦名祫祭也」，考諸殷契文字，殷並作衣，衣音同殷，殷祭即祫，且衣之與祫，其為合祭先祖之事亦同，卜辭之衣，即後世之祫，即禮讖之殷也（王國維殷代卜辭中所見先公先王考已云：衣者，古殷祭之名。郭氏卜辭通纂考釋亦云衣讀為殷祀之殷，周何更舉所見卜辭中衣字，確證為合祭先祖之義。鄭以祫禘爲二祭，故引禮讖云云，謂殷人五年而一殷祭，謂殷祭爲祫祭也，殷人五年一祫，非五年一禘，以此駁許耳。不知祫卽禘祭，禮讖云殷人五年殷祭，適足以證明許君所云五歲一禘爲先王之禮典耳。知許所從爲左氏說，於今文說則兼載而存疑，鄭駁所從爲禮緯及公羊說。左氏謂禘祫同義，今文謂禘祫異事，許鄭異同，遂洞然可見，復參以殷契卜辭及兩周吉金文字所見，知左氏所說爲合古制，彼千古紛紛，遂如雲霏乍開而見日出矣。

論祭天有尸否，許從左氏說謂祭天有尸，鄭君亦同。

案許論祭天有尸之條，見於禮記曲禮上「爲君尸者」句下孔疏所引，彼云：「若祭勝國之社稷，則士師爲尸，知者，（秋官）士師職文。故異義：『公羊說：祭天無尸。左氏說：晉祀夏郊以董伯爲尸。虞夏傳云：舜入唐郊以丹朱爲尸，是祭天有尸也。』許愼引魯郊祀曰：『祝延帝尸。從左氏之說也。』」禮記疏卷三　是許從左氏說謂祭天有尸，孔疏信其說，復云：「天子祭天地、社稷、山川、四方百物及七祀之屬，皆有尸也。故鳧鷖並云公尸，推此而言，諸侯祭社稷、竟內山川，及大夫有采地，祭五祀，皆有尸也。」禮記疏卷三　孔疏舉詩鳧鷖公尸爲證，而鄭玄箋彼公尸，卽以爲天地之尸，故孔廣林曰：「鳧鷖箋以公尸來燕來處爲天地之尸，是鄭君義亦與許君同。」袁堯年亦舉此箋，以爲鄭與許君同，其於異義當無駁，說皆是也。然孔廣林又曰：「尸、神象也。天無象，何以尸爲？況丹朱之不肖邪？郊之有尸，配帝之尸耳。舜郊嚳，丹朱於嚳爲孫，益知丹朱之爲嚳尸，非天尸矣。周官大祝大禋祀逆尸，卽配尸也，或援以證上帝有尸，誤。」通德遺書所見錄卷五十四 孔氏以爲天無象，不得爲之尸，故不信有天尸，皮錫瑞駁之云：「異義引公羊說，不見於傳，未知所說云何。孔廣林謂天無象，何以尸爲，其說非是。古者祭皆有尸，周禮家人祭墓爲尸，中霤禮祭竈先薦于奧，有主有尸，用特牲，迎尸以下，略如祭宗廟之禮，故鄭鳧鷖箋以次章爲喻祭四方百物之尸，三章爲喻祭天地之尸，四章爲喻祭社稷山川之尸，末章爲燕七祀之尸，若云天無象，不當立尸，社稷山川之類，又何以象之乎？孔云丹朱帝嚳之孫，舜郊嚳，以嚳配天，丹朱爲尸，是帝嚳之尸。其說雖可通，然禮疏引石渠論周公祭天，太公爲尸，太公非周之子孫，不得爲周配天之尸，則祭天有尸明矣。」駁五經異義疏證 皮氏申許鄭之指，以難孔氏，頗爲精審，唐仲冕亦謂郊祀有尸，廣舉大祭祀皆有尸，乃曰：「未見爲天神地示之無尸也，春官言尸出入，令奏肆夏，又逆粢盛逆送尸沃尸盥，皆承大祭祀言，固未嘗別白其辭矣。先王之制，祭祀索之冥冥，必求之昭昭，恐以虛無浩渺，致精誠之不專，故郊社皆以人鬼配，以爲自外入者無主不止，又必立尸，使心目中，若或相之，若或饗之…卜一人爲之，立神位之左側以爲神象，所以答祭者之精誠，使如在之敬，有所棲泊焉耳。」陶山文錄卷二 唐說與皮說相合，而朱琦氏又爲左氏公羊二家調合，彼云：「帝尸當謂配天之帝，董伯、夏裔也，故夏郊以爲尸，舜以堯配天，故丹朱爲尸，未必以人象爲天皇上帝之形，是左氏說仍與公羊說不相背也。若詩疏引石渠論，周公祭天，太公爲尸，尸多同姓爲之，而太公非同姓者，疑周公攝政祭天，爲告祭，非南郊之典，故異歟？」（小萬卷齋文稿卷三）朱氏以爲有配天之尸，卽是祭天有尸，不必象其形，故公羊自象天形言之，則祭天無尸，若自配天之尸言之，則祭天亦有尸，謂公羊左氏之義何嘗相背，惟祭天立尸，非必取配天之義，周公祭天以太公爲尸，竟用異姓，於配天之義不可解，朱氏釋爲告祭之故，頗乏典據，不若彼氏從許鄭之義爲達衢耳。孫詒讓氏亦謂祭天當有尸，彼云：「許說是也，大祝云：大禋祀逆尸，是祀昊天有尸，士師云：祀五帝則沃尸及王盥，是祀五帝有尸也。詩大雅既醉孔疏引石渠論云：周公祭天，用太公爲尸，亦郊祀有尸之證。竊謂古者祭天地以下外神，蓋所祭與配食者共一尸，猶通典吉禮引禘於太廟，逸禮云：毀廟之主升合食於太祖，而立二尸，毀主無數，而止以昭穆各立一尸，明祭禮不必一主立一尸矣。蓋凡祭天地以下諸外神，始祭時，兼設所祭與所配者之主，至迎尸，則止迎一尸，以其主二而尸一，故郊尸可以謂之帝尸，魯郊禮所云是也，亦可謂之配帝之尸，晉語董伯爲尸之文，承鯀爲夏郊之下，則董伯爲郊尸，卽爲鯀尸可知，董伯姒姓，正鯀後也。鄭於節服氏注云：尸服卒者之上服，則鄭以郊尸卽爲所配帝王之尸可知，若別有天神之尸，何得概云服卒者之上服乎？詩鳧鷖箋亦云：喩祭天地之尸以配至尊之故，其來燕似若止得其處，彼箋云：天地之尸配至尊，其兼爲配帝之尸，語尤明白，然則天地非無尸，但不立專尸耳。」（周禮正義卷五十九）孫說至爲圓融，據是則許信祭天有尸爲有據矣。

論社神，從左氏說。謂社神是上公非地祇。鄭君從今孝經說，以爲上公乃配食地祇者，故駁之。

案許論社神之條，見於禮記郊特牲疏及尚書召誥疏所引，禮記孔疏云：「異義：今孝經說曰：社者，土地之主，土地廣博，不可偏敬，封五土以爲社。古左氏說：共工氏有子曰句龍爲后土，后土爲社。許君謹案亦曰：春秋稱公社，今人謂社神爲社公，故知社是上公，非地祇。駁云：郊特牲云（四字據陳壽祺疏證補）：社祭土而主陰氣。又云：社者，神地之道，謂社神，但言上公，失之矣。今人亦謂雷曰雷公，天曰天公，豈上公也。」（禮記疏卷二十五）又尚書召誥正義云：「左氏說：社稷惟祭句龍后稷，人神而已。孝經說：社爲土神，稷爲穀神。句龍、后稷，配食者。」（書疏卷十五）此疏雖不言出異義，陳壽祺謂「案其文稱左氏說，是據許書」者是也。而鄭駁社神之條，又散見各書，如毛詩甫田孔疏云：「社者，五土之神，能生萬物者，以古之有大功者配之。」禮記郊特牲正義又云：「大司樂五變而致介物及土示，土示，五土之總神，即謂社也。」而周禮大司樂賈疏云：「五變而致土祇，祇者五土之總神，謂社，是以變原隰言土祇。」凡此散見各條，與前郊特牲疏所引駁異義之恉皆同，是鄭以社爲土神，句龍者所以配食土神者。而許則以社是上公，是人神。鄭說實本諸今文家說，考白虎通社稷篇曰：「王者所以有社稷何？爲天地求福報功地本作下，據北堂書鈔卷八十七，藝文類聚卷三十九引改，社者土也四字據後漢書光武紀李注補，人非土不生生本作立，據隋書禮儀志改，非穀不食，土地廣博，不可偏敬也。五穀衆多，不可一一而祭也。故封土立社，示尊土也此四字，劉師培氏據太平御覽卷五百卅二引改。稷，五穀之長，故封稷而祭之也。稷者得陰陽中和之氣，而用尤多，故稷爲長也稷字據續漢書祭祀志引補。」而周禮大宗伯疏引孝經緯援神契曰：社者，五土之總神，稷者原隰之神，五穀稷爲長，五穀不可偏敬，故立稷以表名。」周禮疏卷十八王紹蘭據此，謂班固同今孝經說見王氏經說，而陳壽祺則謂「白虎通及鄭駁，皆用孝經緯」，說皆是也，今復考公羊宣公三年傳云：「郊則曷爲必祭稷，王者必以其祖配之。」是以人鬼配食天神地祇之說，爲今文家所同者也。古文左氏說則不同，孫詒讓曰：「許君五經異義，則依古文左氏說，以社稷卽祭句龍、稷等，爲鄭所駁，王肅又申其說，與鄭學諸儒相難，難與許略同所難見禮記郊特牲疏。若賈逵馬融王肅之徒，以社祭句龍，稷祭后稷，皆人鬼也，非地神。唐郊祀錄引劉向說，並同賈馬許王義，續漢書祭祀志劉注引漢仲長統答荀或說社神，則以後鄭爲正；侍中鄧義又依賈馬等說難之。」周禮正義卷三十三據是知許君所主，實本乎賈，賈說又自出劉向，考左傳襄公七年曰：「孟獻子云夫郊祀后稷，以祈農事」，又昭公二十九年曰：「蔡墨曰：稷，田正也。有烈山氏之子曰柱，爲稷，自夏以上祀之；周棄亦爲稷，自商以來祀之。」是劉向之說，又源本於左氏傳文也。

論稷神，亦從左氏說，謂稷非穀神，實爲柱、后稷，人神而已。鄭君從今孝經說以爲稷是原隰之神，故駁之。

案許論稷神之條，見於禮記郊特牲疏所引，彼云：「異義：稷神，今孝經說：稷者，五穀之長，穀衆多，不可偏敬，故立稷而祭之。古左氏說：列山氏之子曰柱，死，祀以爲稷，稷是田正，周棄亦爲稷，自商以來祀之。謹案：禮緣生及死，故社稷人事之，既祭稷穀，不得但以稷米祭稷，反自食，同左氏義。」（禮記疏卷二十五）許以稷神是柱與后稷，皆人鬼，鄭君不從，故駁之，鄭駁之文散見於禮記郊特牲疏、毛詩甫田疏、毛詩信南山疏所引，其文或錯出、或約節，袁堯年氏重爲排比綴補，可覩舊觀：「駁曰：宗伯以血祭祭社稷、五祀、五嶽，社稷之神若是句龍、柱、棄，不得先五嶽而食。大司徒五地之物云：一曰山林，二曰川澤，三曰丘陵，四曰墳衍，五曰原隰。（疏本作又引司徒五土名，今據周禮補）此五土地者，吐生萬物，養鳥獸草木之類，皆爲民利，有貢稅之法，王者秋祭之，以報其功（以上七句，據毛詩甫田正義引補）。又（引）大司樂五變而致介物及土示，土示，五土之總神，即謂社也。是以變原隰言土祇（此八字據周禮大司樂疏引補），六樂於五地無原隰，而有土祇，則土祇與原隰同用樂也。（引）詩信南山云：曾孫田之，我疆我理，南東其畝，上天同雲，雨雪雰雰，益之以霢霂，既優既渥，既霑既足，生我百穀，疆埸翼翼，黍稷或或（禮記郊特牲疏節引此詩，據毛詩信南山疏引鄭駁異義，云引此詩以盡三章，則鄭本引此四十一字）。原隰生百穀，黍爲之長，然則稷者，原隰之神，若達此義，不得以稷米祭稷爲難。」孔疏既引此許論鄭駁，復析其異同曰：「社稷之義，先儒所解不同，鄭康成之說，以社爲五土之神，稷爲原隰之神，句龍以有平水土之功，配社祀之；稷有播五穀之功，配稷祀之，若賈逵、馬融、王肅之徒，以社祭句龍，稷祭后稷，皆人鬼也，非地神。」（禮記疏卷二十五）據此知許君之說，實本諸賈逵，而金鶚氏則謂賈許之說並誤，彼云：「社字从土，明是土神；稷字从禾，明是穀神。易云百穀草木麗乎地，故稷亦爲地示之屬，猶日月星辰皆爲天神也。穀爲土所生，故社尊於稷，而穀與土別，故稷可與社對。至許氏以自食爲疑，其說尤繆，夫祭稷者，祭稷之神，非祭稷也。天下有一物，必有一神主之，其神既主是物，正宜用是物以祭，報其生育之恩，安得謂自食乎？左氏謂稷田正也（昭二十九年傳），此言稷之所配食者爲田正之官，許氏即以田正爲稷，與賈逵等同其誤矣。」（求古錄禮說九）金氏專就今文家說申說，故鄭康成引周禮大司徒以證今文說，金氏亦糾其誤，以爲稷既與社相對，若原隰已在五土之中，既總祭五土之神，何必又別祭原隰，原隰又何可與五土總神相對乎。由金氏所析，乃知古今二說，判然不合，率爾牽引，轉生轇轕，周予同氏就今古文家制度之不同，嘗列一表，以社稷所奉享皆天神爲今文說，以社稷所奉享皆人鬼爲古文說（見經今古文學），推其意，即今文說謂祭天無尸，古文說謂祭天有尸，其理亦自通貫。至許君撰說文，訓社爲地主也，訓稷爲五穀之長，皆兼采今文孝經說，段玉裁謂「許君異義先成，說文晚定，往往有說文之說早同於鄭君之駁者。」（說文社下注）社稷之例，即其一耑也。

其謂諸侯有德祖天子，大夫亦得祖諸侯，從左氏之說。鄭氏無駁，與許同也。

案許論諸侯祖天子之條（按此標題據王謨輯本立），見於禮記郊特牲孔疏所引，彼於「諸侯不敢祖天子，大夫不敢祖諸侯」句下疏云：「（鄭君）知魯得立文王廟者，案襄十二年秋，吳子壽夢卒，臨於周廟，禮也。注云：周廟謂文王廟也。此經云：『諸侯不敢祖天子』，而文二年左傳云：宋祖帝乙，鄭祖厲王。『大夫不敢祖諸侯』，而莊二十八年左傳云：凡邑有宗廟先君之主曰都。與此文不同者，此據尋常諸侯大夫，彼據有大功德者。故異義：『禮戴引（此）郊特牲云（孔廣林曰此下引當是諸侯不敢祖天子以下，但不知至某句止耳）：諸侯不敢祖天子，大夫不敢祖諸侯（陳壽祺王復王謨黃奭皆謂所引當即此二句）。又匡衡說：支庶不敢薦其禰，下士諸侯不得專祖於王。古春秋左氏說：天子之子，以上德爲諸侯者，得祖所自出，魯以周公之故，立文王廟。左傳宋祖帝乙，鄭祖厲王，猶上祖也。又曰凡邑有宗廟先君之主曰都，以其有先君之主。公子爲大夫，所食采地，亦自立所出公廟。其立先公廟，準禮，公子得祖先君，公孫不得祖諸侯。許愼謹案：周公以上德封於魯，得郊天，兼用四代之禮樂，知亦得祖天子。諸侯有德祖天子者（盧文弨曰德當作得），知大夫亦得祖諸侯。』鄭氏無駁，與許氏同也。」（禮記疏卷二十五）鄭君不駁，與許同義，孔疏蓋親見其書而云然，孔廣林氏復證之曰：「喪服傳云：公子不得禰先君，公孫不得祖諸侯。鄭注云：『不得禰、不得祖者，不得立其廟而祭之也。』據尋常諸侯大夫言，其都宗人（按周禮春官）注云：『王子弟立其祖王之廟。』家宗人（按亦周禮春官）注云：『大夫若先王之子孫，亦有祖廟。』則據有大功德者言，是鄭同許義也。」通德遺書所見錄卷五十四　鄭注儀禮據尋常諸侯大夫言，謂不得祖天子諸侯，注周禮乃據有大功德者言之，故云可祖天子諸侯，鄭注禮記郊特牲明言「魯以周公之故立文王廟」，即同乎許說矣。胡培翬亦謂儀禮鄭注之義，與許說不悖，彼於喪服傳「諸侯之子稱公子，公子不得禰先君，公子之子稱公孫，公孫不得祖諸侯」句鄭注下曰：「鄭恐人疑公子公孫不得以諸侯爲父祖，故特解之，謂傳所云禰與祖者，謂不得立禰廟祖廟而祭之也。郊特牲曰：諸侯不敢祖天子，大夫不敢祖諸侯，而公廟之設於私家，非禮也。即其義也。左傳宋祖帝乙，鄭祖厲王。又云凡邑有宗廟先君之主曰都，此謂有大功德者，詳郊特牲孔疏所引五經異義。」儀禮正義卷二十三　據是則今禮戴說蓋就尋常諸侯言，左氏說則就有大功德者言，義並可通。孫詒讓氏更反覆推詳之曰：「通典吉禮引鄭志張逸問：許氏異義駁衞孔悝之反祏有主者，何謂也？答：禮大夫無主，而孔獨有者，或時末代之君賜之，使祀其所出之君也。諸侯不祀天而魯郊，諸侯不祖天子而鄭祖厲王，皆時君之賜也。詒讓案：異義謂諸侯有上德乃得祖天子，然則王子弟有大功德出封畿外者，乃得立先王廟，鄭志亦謂鄭祖厲王，爲時君之賜，而鄭周禮春官都宗人注謂畿內都家有祖王廟，則與異義及鄭志說殆不盡同。竊謂祭僕云：凡祭祀，王所不與，則賜之禽。後鄭亦云：王所不與同姓有先王之廟。若非祖王之廟，則王本無與法，何假設不與之文？以彼證此，則都家王子弟有得立祖王廟者，殆無疑義。左襄十二年傳，說魯臨諸侯之喪，云同姓於宗廟、同宗於祖廟。是故魯爲諸姬，臨於周廟，邢凡蔣茅胙祭，臨於周公之廟。杜注云：宗廟，所出王之廟，祖廟，始封君之廟。又昭十八年傳說鄭人救火，云使祝史徙主祏于周廟，此並侯國立所出王廟之明文，則畿內王子弟采邑，可以例推。」（周禮正義卷五十三）孫氏之說，旣會許鄭之恉，亦通周禮左氏之義矣。

其論逆祀爲大惡，從左氏說。鄭君從公羊董仲舒說，以逆祀爲小惡。今謂逆祀之事，非關昭穆廟次，蓋指禘祫合祭之時，閔僖因昭穆之位本同，而列次先後乃有順逆耳。左氏以爲親親不得害尊尊，故以爲大惡。

案許論逆祀之條，見於禮記禮器孔疏所引，禮器云：「孔子曰：臧文仲安知禮，夏父弗綦逆祀而弗止也。」鄭玄注曰：「文二年八月丁卯，大事于太廟，躋僖公，始逆祀，是夏父弗綦爲宗人之爲也。」孔穎達疏云：「按外傳云（國語爲春秋外傳）：躋僖公，弗綦云明爲昭，其次爲穆。以此言之，終文公至惠公七世，惠公爲昭，隱公爲穆，桓公爲昭，莊公爲穆，閔公爲昭，僖公爲穆，今躋僖公爲昭，閔公爲穆，自此以下，昭穆皆逆。故定公八年順祀先公，服（虔）氏云：自躋僖公以來，昭穆皆逆，是同國語之說，與何休義異。『公羊董仲舒說躋僖公逆祀，小惡也。左氏說爲大惡也。許君謹案：同左氏說。』鄭駮之云：『兄弟無相後之道，登僖公主於閔公主上，不順，爲小惡也。』如鄭此意，正以僖在閔上，謂之爲昭，非昭穆也。」（禮記疏卷二十三）按逆祀之意，本未自昭穆廟次而言，鄭云「登僖公主於閔公主上」，亦未自昭穆而言，孔氏誤信服氏「昭穆皆逆」一語，以爲左氏所謂大惡，鄭氏所謂僖在閔上，乃昭穆之逆，不省服虔所云「自躋僖公以來，昭穆皆逆」乃穀梁傳之說，穀梁傳云：「躋，升也。先親而後祖也，逆祀也。逆祀則是無昭穆也，無昭穆則是無祖也。無祖則無天也，故曰文無天。無天者，是無天而行也。君子不以親親害尊尊，此春秋之義也。」（文公二年傳）穀梁但謂逆祀則無昭穆，服氏乃據之以爲躋僖公之逆在昭穆之次，自後晉范寧（穀梁文公二年傳注），唐孔穎達、賈公彥（周禮春官冢人疏），宋孫覺（春秋經解卷十四）、胡安國（春秋傳卷十四）皆從其說，清初毛奇齡氏更申其意，謂「據傳僖公是兄，閔公是弟。而閔先兄立，其于四親廟中已在禰廟。今僖將入祔，而宗伯夏父弗忌欲依兄弟爲先後，因易其昭穆，今閔仍在穆，而升僖公于昭廟，謂之躋僖，然而逆矣。」（春秋傳卷十八）言之鑿鑿，近人張其淦氏仍主其說（見左傳禮說）；賈公彥則又倡「臣子一例」之義，謂「兄死弟及，俱爲君，則以兄弟爲昭穆，以其弟已爲臣，臣子一例，則爲父子，故別昭穆。」（周禮冢人注）孔廣森深信之，以爲臣子一例，蓋得經理，且曰：「僖之先閔，非直以臣越君，乃即以子越父，以穆越昭，以禰越祖。」（公羊通義）皮錫瑞謂孔氏通義之說是也，更論斷之曰：「據春秋經所書逆祀，確是亂昭穆，穀梁傳明曰無昭穆，國語亦曰非昭穆也，穀梁今文說，國語古文說，是今古文義同，皆謂兄弟是異昭穆，而當時昭穆皆倒易，不止略移上下次序，乃漢人解三傳，皆謂兄弟不異昭穆，非惟違傳，且背經矣。」異義引左氏說，躋僖公爲大惡，蓋以爲亂昭穆，故服虔說自僖公以來，昭穆皆逆，是左氏說不誤也。韋昭解國語亦不誤，解公羊者，則自董子已失之，何（休）鄭（玄）二君，皆沿其誤。」（駁五經異義疏證卷六）皮氏以左穀同義，故不從解公羊者之說。然淩曙則謂「注三傳者，初不主兄死弟及而昭穆異」，以爲「父子異昭穆，兄弟昭穆同。」（公羊禮說）陳立亦以爲「鄭駁異義以爲小惡，明止登僖主於閔主上爾，不必如服氏說。」（公羊義疏）淩陳二氏不信服虔說，實從何休說，何休以爲「閔僖當同北面西上」，則以爲兄弟同昭穆，所謂逆祀，則不過略移其次序耳。諸家聚訟，妄眞難判，今欲辨兄弟昭穆之制，明逆祀之實，苟無確信不移之證，不足鑑別得失，指白是非。今者周何撰成春秋吉禮考辨，於此別白精審，洵多愜心饜理之論，彼謂終春秋之世，閔公實未嘗立廟，所謂躋僖公者，蓋合祭於大廟之時，閔僖之位序失次耳，彼云廟主昭穆之序制，大成於周，然據呂氏春秋有始覽諭大篇云：「商書曰：五世之廟，可以觀怪」，則殷時蓋已當有宗廟之初制，再觀卜辭云：「甲辰卜貞，求且乙、且丁、且甲、康且丁、武乙衣，亡尤？」（後編上二〇．五片）王國維殷禮徵文引此辭，曰：「且乙當即小乙，且丁當即武丁。」又卜辭凡當庚丁之世次，皆曰康且丁，蓋以別於他且丁也，康从庚聲，知史遷班固之作庚丁者，或形之省，而康且丁即史漢之庚丁，若以卜辭所載五世之名，合諸史漢觀之：

（卜辭）且乙　且丁　且甲　康且丁　武乙

（史漢）小乙—武丁—祖庚

祖甲—廩辛

庚丁—武乙

此辭於武乙以上皆稱祖，則武乙爲禰可知，是卜於文武丁時也（按殷王祖世系可據殷虛卜辭綜類）。祖甲爲祖庚之弟，庚丁爲廩辛之弟，故自小乙至武乙凡七王，實祗五世，乃知殷末於其先祖之祀，蓋依世次爲準，每世祗祀一王，大丁既卜祀五世之祖，而不取祖庚廩辛者，蓋以其後不有天下，乃不及之，是周人繼世爲宗之制度蓋已隱然存焉。且卜辭有云「在大宗卜」（南北明氏七二九片）、「在祖乙宗卜」（粹編十二片）、「在父丁宗卜」（摭佚續六四片），卜辭未見廟字，宗卽宗廟也，大丁之卜祀，蓋廟祭也，於兄弟相代，其後不有天下者，已不入祀典，殷周禮制因革，損益可知，故周人一世數王，兄弟相繼，其後不爲君者，亦不爲立廟，非無稽之說矣。卽以春秋閔僖之事言之，若果使僖公直奉閔公於禰廟，遷莊公於祖廟，於莊閔之次雖順，然而父而爲祖、弟而爲父，於名義不得其順矣。且果如此，是視昆弟爲父子矣，則閔公始薨，僖公不爲服昆弟之期服，而必爲之服斬衰之喪，哀毀三年，亦情理所必不可也。故衡諸禮法情理，可推閔公蓋無廟矣。然而僖公於閔公之主，終當有以處之，禮記曲禮云：「禮曰：君子抱孫不抱子，此言孫可以爲王父尸，子不可以爲父尸。」鄭注：「以孫與祖昭穆同。」又曾子問：「孔子曰：祭成喪者必有尸，尸必以孫」，祭統云：「夫祭之道，孫爲王父尸。」祖孫昭穆同，故孫可以爲王父尸，父子昭穆異，故死亦不得同廟，檀弓下云「明日祔于祖父」是也。由知閔公無廟，其主當依昭穆之班，祔於其祖桓公之廟，廟無二主（禮記曾子問引孔子語謂廟有二主爲非禮），閔公以孫從王父而祔於桓公之廟，其廟仍以桓公爲主，閔公從食而已。若是則桓閔同爲穆，莊爲昭，僖亦爲穆，桓僖同爲穆，其廟相近，故復以春秋經文驗之，尤覺有據，考哀公三年經曰：「五月辛卯，桓宮僖宮災。」凡昭穆相同，立廟必相依傍，火之爲災，亦必以次延及，若謂廟次以傳位先後爲準，分列昭穆，則桓閔同向，莊僖相次矣。而桓之與僖，當昭穆不同，宮廟遙隔，不在同側，是災延所不可及矣。若謂兄弟相代，立廟無限數，則桓閔僖廟櫛次相連，今經惟云桓僖災，火不當越閔宮而災桓僖之廟，益知桓僖之間，必無廟以祀閔公者矣。又左傳云：「孔子在陳，聞火，曰：其桓僖乎？」杜注：「言桓僖親盡而廟不毀，宜爲天所灾。」孔子之言不及閔者，足知終春秋之世，閔公實未嘗有廟也。經云「大事于大廟，躋僖公」者，謂行大禘合祭之禮於大廟也（大事非吉禘，周何業已確證之），其時羣昭穆咸集於一堂，故閔公雖終無廟，而其主亦當各以昭穆之班，列聚於大廟，逆祀云者，蓋即在大廟合祭之時，其兄弟同昭穆之位者，當別其先後之次，以見尊卑上下之差，祭統云：昭爲一，穆爲一，昭與昭齒，穆與穆齒，此之謂長幼有序」，是依一昭一穆及年齒長幼爲準者。閔僖爲兄弟，昭穆之位同，依年齒，僖長閔少，僖宜先閔；然閔實先立，僖嘗爲臣，臣不可以先君，僖不可以先閔，正所謂不以親親害尊尊也，今宗伯夏父弗忌欲依年齒長幼而尊僖公，故云「吾見新鬼大，故鬼小，先大後小，順也。」左傳云「君子以爲失禮」，謂其實不順也。今升僖退閔，而云逆祀者，必以位次因年齒長幼與立君先後有歧，非關昭穆及廟次之序也。許論鄭駁云云，其事本爲合祭之時，閔僖位次先後顛倒，非關昭穆之廟次，故董仲舒以爲小惡，然終以親親而害尊尊，故左氏說爲大惡。周文甚詳，不及備載，今略撮要言如上，固抉邪祛惑之論也。乃知公羊家謂閔僖同北面西上，逆祀者不過略移其次序者，其論去古不遠，而漢書五行志引左氏說曰：「太廟，周公之廟。祀、國之大事也。惡其亂國之大事於太廟，故言大事也。躋、登也。登釐公於愍公上，逆祀也。」釐公卽僖公，愍公卽閔公，左氏說原以躋僖公爲「登釐公於愍公上」，未嘗言亂昭穆廟次，且又明言祭祀於周公之太廟，則爲禘祫羣祖無疑，所謂逆祀，指禘祭時僖閔之位次，公羊與左氏釋逆祀當同，所異者在小惡大惡耳。

論閏月亦當朝廟告朔，不則爲棄時政，許君從左氏說，唯謂朝廟而因告朔，不顯朝廟告朔之異，故鄭君駁之，鄭君以爲朝廟小而告朔大，經所以譏者乃是行朝廟而不告朔，公羊家言閏月不朝廟者固非，左氏說謂朝廟在先，因而告朔者亦非。

案許論閏月告朔之條，見於禮記玉藻孔疏及太平御覽禮覽禮儀部所引，玉藻云：「玄端而朝日於東門之外，聽朔於南門之外，閏月則闔門左扉立于其中。」鄭玄注云：「閏月、非常月也。聽其朔於明堂門中。」孔疏曰：「云閏月非常月也者，按文六年云：閏月不告月，猶朝于廟。公羊云：不告月者何？不告朔也。曷爲不告朔？天無是月也。閏月矣，何以謂之天無是月？是月非常月也。何休云：不言朔者，閏月無告朔禮也。穀梁之義，與公羊同。左氏則閏月當告朔。按異義：『公羊說：每月告朔朝廟，至于閏月不以朝者，閏月殘聚餘分之月，無政，故不以朝。經書閏月猶朝廟，譏之。左氏說閏以正時，時以作事，事以厚生，生民之道，於是乎在。不告閏朔，棄時政也。許君謹案：從左氏說。』不顯朝廟告朔之異，謂朝廟而因告朔。孔廣林將此上二句附誌於末，王紹蘭謂此非許君謹案之原文，乃正義約引故鄭駮之，引堯典以閏月定四時成歲，閏月當告朔。又云：『說者不本於經所譏者，異其是與非，皆謂朝廟而因告朔，似俱失之。朝廟之經，在文六年冬，閏月不告月，猶朝於廟。辭與宣三年春郊牛之口傷，改卜牛，牛死乃不郊，猶三望同。言猶者，告朔然後當朝廟，郊然後當三望，今廢其大，存其細，是以加猶譏之。論語曰：子貢欲去告朔之餼羊，周禮有朝享之禮祭，然則告朔與廟祭異，亦明矣。』如此言，從左氏說，又以先告朔而後朝廟，鄭以公羊閏月不告朔爲非，以左氏告朔爲是，二傳皆以先朝廟而因告朔，俱失之也。」禮記疏卷二十九又太平御覽禮儀部朝聘類引曰：『五經異義曰：古春秋左氏說：閏月正時，時以作事，事以厚生，生民之本於是乎在，不告閏朔，弃時政也。弃時政，則不知其所行。陳壽祺袁堯年並謂此所引文有錯互脫漏，自此以下非左氏說，乃公羊說故閏月不以朝者，諸侯歲遣大臣之京師，受十二月之正，還藏於太廟，月旦朝廟存神，有司因告曰：今月當行某政，至於閏月分之朔，無正案即政也，故不以朝。經書閏月猶朝廟譏之者是也陳壽祺袁堯年並謂末句朝下當補廟譏二字，今據玉藻疏補之。」卷五百三十八許論鄭駁之異，孔疏已闡述之，陳立又云：「閏月告朔，許鄭皆從左氏說，鄭之所駁，謂告朔當先、朝廟當後，與許異耳。」公羊義疏孔疏及陳氏所舉許鄭異同並是，鄭君謂告朔與朝廟非一事，且謂告朔事大，朝廟事小，當先告朔而行朝廟，不得先朝廟而因告朔。陳壽祺氏作五經異義疏證，既證穀梁與公羊同義，然非許鄭所從；復證左傳與玉藻同義，而鄭義尤合古制，彼云：「左傳文六年正義云：『告朔、視朔、聽朔；朝廟、朝享、朝正，二禮各有三名，同日而爲之也。』玉藻說天子之禮云：聽朔於南門之外，諸侯皮弁，聽朔於太廟，鄭玄以爲南門之外，謂明堂也。朝享即月祭是也。祭法云：王立七廟：曰考廟、王考廟、皇考廟、顯考廟、祖考廟，皆月祭之，二祧享嘗乃止。諸侯立五廟：曰考廟、王考廟、皇考廟，皆月祭之，顯考廟、祖考廟享嘗乃止。然則天子告朔於明堂，朝享於五廟；諸侯告朔於太廟，朝享自皇考以下三廟耳。皆先告朔、後朝廟，朝廟小於告朔，文公廢其大而行其小，故云猶朝于廟。」卷一王紹蘭氏亦謂閏月天子有聽朔，即知諸侯當告朔，公羊云閏月無政不以朝，失其義矣。然謂朝享與朝廟不同，朝廟非即月祭，以此糾孔疏玉藻疏及左氏文六年疏及陳氏之失，王氏云：「告朔之祭，亦名朝享論語皇氏義疏，非祭法之月祭，亦非司尊彝禘祫之朝享。鄭以說者皆謂朝廟而因告朔，不顯朝廟告朔之異，故引論語告朔，又以周之禮有朝享，因別之曰：告朔與朝廟祭異，以明二事在一時，且在一廟，其禮因告朔而有朝廟，告朔即朝享，與朝廟異祭，而重於朝廟。玉藻孔疏乃引祭法月祭，司尊彝朝享之文，爲朝廟之證，陳氏亦仍其誤，假令朝廟即月祭，則月祭非因告朔而設，且魯即不告朔，豈得幷廢月祭，經何以書猶以爲譏？司尊彝注：朝享謂禘祫。則非月祭，更非告朔，皆失之。」（王氏經說卷四）王說是也，唯陳王所說，並以鄭君爲得實。

論脤爲社祭之肉、膰爲宗廟之肉，許鄭與左氏並同義。

案許論脤膰之條，唯存異義左氏說，見於周禮大宗伯疏所引，彼疏於周禮大宗伯「以脤膰之禮親兄弟之國」鄭注「脤膰、社稷宗廟之肉，以賜同姓之國，同福祿也。魯定公十四年，天王使石尚來歸脤」句下，云：「兄弟之國，謂同姓諸侯，若魯衛晉鄭之等，凡受祭肉者，受鬼神之佑助，故以脤膰賜之，是親之，同福祿也。鄭揔云脤膰、社稷宗廟之肉，分而言之，則脤是社稷之肉，膰是宗廟之肉。是以成十三年，成子受脤于社，不敬。注云：脤、宜社之肉也，盛以蜃器，故曰脤。又案異義：『左氏說：脤、社祭之肉，盛之以蜃，宗廟之肉，名曰膰。』以此言之，則宗廟之肉曰膰、社稷之肉曰脤之驗也。而公羊穀梁皆云：生居俎上曰脤，熟居俎上曰膰，非鄭義耳。」（周禮疏卷十八）據此疏知異義或本從左氏說，亦嘗並擧公穀之說以考其得失，孔疏引許說以證鄭注，且謂公穀非鄭義，則鄭於許論無駁可知也。知許君謹案當從左氏說者，蓋說文示部祳，訓社肉盛以蜃，故謂之祳，天子所以親遺同姓，引春秋傳曰：石尚來歸祳。字作祳者，說文肉部無脤字，蓋以祳爲正字，脤當是失收之重文。又炙部𦢊，訓宗廟火孰肉，引春秋傳曰：天子有事𦢊焉以饋同姓諸侯。字作𦢊者，左僖二十四年傳釋文云：「膰，周禮又作𦢊字，音義皆同。」說文肉部無膰字，蓋亦失收之重文也。說文祳𦢊之下，並從左氏說，而左氏周禮，誼並相應也參見引經服虔及鄭玄條。馬宗霍曰：「杜預左傳注曰：『脤，祭社之肉，盛以蜃器，以賜同姓諸侯親兄弟之國，與之共福。』蓋兼許鄭之義。孔穎達正義申注，以爲先儒及杜並如此解，所云『先儒』，謂賈服也。漢書五行志中之上：『成肅公受脤於社。』注引服虔曰：『脤，祭社之肉也，盛以蜃器，故謂之脤。』此卽服氏左傳注之文，與杜解正合。」說文解字引春秋傳考　馬引服虔注，與許君及杜注並同義，或皆本之賈侍中也。劉文淇氏亦引服虔此注及前所引孔疏，推論之曰：「據異義，許君從左氏說，鄭君禮注與許同，無駁。彼疏引本傳注，未顯何人之注，其文與杜注同，杜用服義。惟祭社作『宜社』，又解『宜』名云：『宜、出兵祭社之名。』案服注當作宜社，傳寫失之，知者，五行志注先引服注，又引師古說云：脤，讀與蜃同。以出師而祭社謂之宜。脤者，卽宜社之肉也。蜃、大蛤也。師古謂祭社有宜，脤卽宜社之肉，乃申服義。杜云：宜、出兵祭社之名。亦是服說可知。本疏云：釋天：起大事、動大衆、必先有事於社而後出，謂之宜。孫炎云：有事祭也，宜，求見祐也。陳壽祺云字作祳蓋古文，則賈君說此傳與服同。」春秋左氏傳舊注疏證　據是則許君與服杜之說，或並出於賈，馬國翰輯劉歆氏章句二十節，其說多與賈逵並引（見輯佚書春秋左氏章句序），且師承劉氏者，其說每與周禮互發，具見古文之家法（見輯佚書春秋牒例章句序），乃知以膰為宗廟祭肉，以脤為宜社所祭之肉，與周禮亦相應，賈君蓋又本諸左氏先師劉歆之說歟。

其論作主之時，謂祔而後作主，從左氏說。鄭君雖謂作主在虞後祔前，意與許通，故不駁。

案許論作主之時，見於禮記曲禮、檀弓孔疏所引，曲禮下「措之廟立之主曰帝」鄭注：「春秋傳曰：凡君卒哭而祔，祔而作主」下孔疏所引較詳，彼云：「異義云：『古春秋左氏說：既葬反虞，天子九虞，九虞者以柔日（孔廣林曰此九字當作八），九虞十六日也。諸侯七虞，十二日也。大夫五虞，八日也。士三虞，四日也。既虞然後祔死者於先死者，祔而作主，謂桑主也。期年然後作栗主。許慎謹案：左氏說與禮記同。』鄭君不駁，明同許意。」（禮記疏卷四）考曲禮疏又云：「案說公羊者，朝葬，日中則作虞主。」則許論此條，當在辨作主於何時也。檀弓疏引「異義公羊說虞而作主。」又云：「許慎謹案：『左氏說與禮同。』鄭氏不駁，則是從左氏之義，非是虞祭之日即作主也。」（禮記疏卷九）是此條所辨者為作主於何時耳。蓋主之用木，虞主用桑，練主以栗，公羊與周禮說同（參見周禮學主木條），非所辯難者。周何嘗曰：「左氏云：『祔而作主。』謂既祔之後，始為新死者立主，是立主惟一也；公羊云『虞主用桑，練主用栗』，穀梁云：『喪主於虞，吉主於練』，是皆謂虞時已有一主，練時復有一主，立主凡二，此三傳之說不同也。」春秋吉禮考辨第六章 案周氏此說，若謂三傳之異在於公穀有用桑用栗之文，左氏立主唯一，故爾不同者，此說雖本諸孔疏左傳，不省異義引左氏說明云虞而祔用桑主，期年後用栗主，用桑用栗，亦古文家劉歆等所主參見陳立公羊義疏，故禮記祭法疏、通典吉禮七並引古周禮說：「虞主用桑，練主以栗。」參見周禮學主木條，故知此條所辯，不在主一主二，實在作主於何時不同耳。故曲禮孔疏云：「檀弓云：重、主道也。鄭注引公羊傳云：虞主用桑，練主用栗。則似虞已有主，而左傳云：祔而作主。二傳不同者，案說公羊者：朝葬，日中則作虞主。若鄭君以二傳之文雖異，其意則同，皆是虞祭捴了，然後作主。以作主去虞實近，故公羊上係之於虞作主，謂之虞主；又作主爲祔所須，故知左氏據祔而言，故云祔而作主。故鄭注檀弓云：重既虞而埋之，乃後作主。是捴行虞祭竟，乃埋重作主耳。下檀弓云：虞而立尸，有几筵，卒哭而諱，生事畢而鬼事始，已既卒哭，宰夫執木鐸以命於宮中曰：舍故而諱新。鄭云：故謂高祖之父當遷者，據檀弓文句相連，鄭又以爲人君之禮，明虞唯立尸，未作主也。」禮記疏卷四 孔疏就此解析之中，摘引異義云云，尤知異義所論在作主之時有異同耳。公羊說謂「虞主」，似虞已有主；左氏說謂祔而作主，虞在祔前，似二傳有不同，許從左氏，而鄭則以爲公羊雖云「虞主」，又云「虞而作主」，作主實在虞後，虞唯立尸，未作主也，謂「虞主」者，周禮左氏皆然，非謂虞已有主也。主作於虞後，虞祔時相接，虞後卽祔前，祔時須主，故鄭以左氏謂「祔而作主」，義與公羊相通，孔疏申鄭意如此，亦已詳矣，唯王紹蘭氏謂孔疏曲解鄭意，其言曰：「檀弓：重、主道也。鄭注云：重，既虞而埋之，乃後作主。是謂作主在虞後祔前，與公羊左氏兩家皆異。孔疏云異義鄭氏不駁，則是從左氏之義。非是。虞祭之日卽作主，故此注云：埋重之後，乃作主也。其卒哭之祭已用主，必知然者，以卒哭曰成事，以吉祭易喪祭，故知與虞異也。孔仲達欲會合兩家之說，故云其義不異。但既稱卒哭之祭，已用主，既夕云：三虞卒哭，明日以其班祔。鄭注：虞、喪祭名；卒哭、三虞之後祭名；祔、卒哭之明日祭名。檀弓云：卒哭曰成事，是日也，以吉祭易喪祭，明日祔于祖父，祔在卒哭之明日，若祔而作主，則卒哭之祭，不得有主，故鄭謂埋重後作主，明與左氏不同。孔以異義無駁，謂從左氏之義，非鄭意矣。」（王氏經說卷六）王氏謂鄭以作主在虞後祔前，不必從左氏說，說固然矣，唯謂鄭與公羊左氏兩家皆異，則公羊亦謂「虞而作主」，何曾有異，然鄭君不駁異義，爲孔氏所親見，孔氏推闡其故，要亦可信者也。鄭孔於公羊左氏兩說，雖加彌縫調合，然異義既並列爲爭論之一端，則必有是非存焉，夏炘氏以爲左氏義長，彼云：「喪禮未葬以前，奠而不祭，因無尸也；至虞則有尸矣。卒哭以後，祔死者於廟，祔者迎尸而祔之，未嘗有主也。」又云：「按禮於卒哭之後，有餞尸之祭，凡人有遠行曰餞，餞者尸也，祔者亦尸也；餞無主，則祔亦未必有主矣。」（學禮管釋卷十四釋祔）周何亦以左氏爲得古禮之本，故彼云：「

虞前用重，祔前有尸而無主，祔有餞尸之祭，祔時以尸不以主，至祔後始作主於寢，以備喪祭，故服虔云：『特祀于主，謂在寢』（士虞記孔疏引），杜預云：『以新死者之神，祔之於祖。尸柩已遠，孝子思慕，故造木主，立几筵焉。』（左氏僖公三十三年傳注）云祔之以『神』，亦以尸象之之意，不以主也，蓋深得左氏之旨，古禮之本矣。」又云：「左氏所謂卒哭而祔，既祔而後作主，獨得其實。」（春秋吉禮考辨）夏周二氏之說，並足以申許義。沈欽韓氏亦曰：「孔穎達欲調停兩家之說，然公羊義非也。檀弓云：葬日虞，是月也，以虞易奠，卒哭曰成事，是日也，以吉祭易喪祭。又云：虞而立尸，有几筵，卒哭而諱，生事畢而鬼事始已。蓋前此皆以生時養禮，至卒哭後始鬼神祭之，則知卒哭後方作主，有主以象之，祭祀方成，故曰成事，自九虞以至士之三虞，卒哭通不用主，何得云虞而作主乎?」（左氏傳補注）沈說精核，劉文淇氏駁之，非也。

左氏說謂君薨朞年卽行烝嘗禘于廟，蓋以諸侯以上，卒哭除服卽吉，三年喪終爲全吉。左氏得古禮之實，杜注又得左氏之實，許君於此，亦從左氏說。

案許論君薨期年卽行烝嘗禘于廟之條，見於周禮鬯人疏所引，賈疏於春官鬯人「廟用脩。」鄭注：「玄謂廟用脩者謂始禘時。」下申其意云：「玄謂廟用脩者謂始禘時者，謂練祭後遷廟時，以其宗廟之祭，從自始死以來無祭，今爲遷廟，以新死者木主入廟，特爲此祭，故云始禘時也。以三年喪畢，明年春禘爲終禘，故云始也。鄭知義遷廟在練時者，案文二年穀梁傳云：作主壞廟，有時日，於練焉壞廟，壞廟之道，易檐可也，改塗可也。爾時木主新入廟，禘祭之，是以『左氏說：凡君薨，祔而作主，特祀主於寢，畢三時之祭，朞年然後烝嘗禘於廟。許愼云：左氏說與禮同。』鄭無駁，明用此禮同義，與穀梁傳合。賈服以爲三年終禘，遭烝嘗則行祭禮，與前解違，非鄭義也。」（周禮疏卷十九）袁堯年謂據此則異義當有禮說，今在亡佚之中。王紹蘭則以爲此條與前條及論木主之用木等，宜併合爲一，如王說則異義所引禮說，蓋猶約略可見。今考賈疏之意，知許鄭同義，許從左氏說，謂祔而作主，特祀主於寢，知喪祭也；朞年烝嘗禘於廟，本吉祭也，傳有「凡君薨」（見僖公三十三年傳）三字，則是傳義謂天子諸侯之禮，實有除服即吉以變通制宜之事，終喪須待三年，而烝嘗禘祭，不必待終喪而卽行於廟（案此禘爲大禘，非三年終喪之吉禘），許鄭二君考諸春秋紀實之文，禮制如此，故從左氏說。然左氏僖公三十三年傳文「烝嘗禘于廟」之上，並無「朞年」二字，故服虔注云：「烝嘗禘于廟者，三年喪畢，遭烝嘗，則行祭皆于廟焉。」（儀禮士虞禮疏引）而鬯人賈疏亦謂「賈服以爲三年終禘，遭烝嘗，則行祭禮。」若是則賈服所說必待三年然後行吉祭，與異義所引古左氏說相悖矣。陳壽祺爲調協之云：「周禮鬯人無禘祭明文，鄭云始禘，亦指喪畢明年之禘，非練後也。竊意左氏說祀主而畢三時之祭，則已踰期矣，自是而復期年，則三年喪終矣，自是而烝嘗禘，正合三年終禘之說，未有兩歧，賈疏誤認爲君薨之期年，故生異論耳。」（五經異義疏證），陳氏以畢三時之時爲一年，又以期年加之，爲三年喪終，似能合古左氏說及服注爲一義，然但就文義立巧辭，未以行事爲考驗，恐亦不足傳信於後，他如沈欽韓（左氏傳補注）、李貽德（左傳賈服注輯述）、竹添光鴻（左傳會箋）等，皆主持賈服義，會箋云：「新死者但有主而無廟，練祥禫等，皆特祀于主，至三年喪畢行吉禘禮，新主乃與羣主合祭于大廟，所謂烝嘗禘于廟也。詳考傳文，次第明晰，絕無可疑者：祔後言祀，非小祥、大祥、禫祭而何？既禫則純吉矣，然後言烝嘗禘於廟，是三年服畢始禘也。」（左氏會箋第七）竹添氏不解禘祭有二，大禘合祭于大廟，吉禘爲三年喪終之禘，不得牽混，左傳云「烝嘗禘于廟」，蓋大禘，非吉禘也。周何已嘗辨之曰：「於傳之禘文，解爲三年終喪之吉禘，則猶未能盡得傳意也。蓋吉禘者三年喪畢之事，無緣得於此作主之時言之，且烝嘗爲四時常祀，吉禘爲終喪之特祀，禮不相類，豈得併爲一談？又吉禘重在致新死之主入廟，烝嘗所祭爲諸廟先祖，雖皆云廟，而廟實有異，是則『烝嘗禘于廟』之禘，蓋指大禘之常祀也。大禘者，宗神系統之總祭也，宗廟之禮，莫大於此，其次即四時之享也。傳文既言祔後祭事，吉喪分列，於吉祭之中，復特舉烝嘗，自不當獨遺此猶大於烝嘗之禘而不言也。」（春秋吉禮考辨第六章）竹添氏謂傳文此禘爲吉禘，蓋本諸杜預注文，周氏摘抉隱微，以正杜注，亦即駁正會箋及諸家之謬矣，且周氏以此禘非吉禘，正與異義稱「朞年」然後禘祭之古左氏說闇合，知服虔以爲此是三年喪畢之禘祭，非即左氏說之定論。劉文淇謂「異義載朞年烝嘗禘，亦左氏舊說」（春秋左氏傳舊注疏證），說較持平，然猶未察此說乃得古禮之實耳。杜預嘗曰

：「舊說以為諸侯喪，三年之後乃烝嘗，按傳襄公十五年冬十一月，晉侯周卒，十六年春葬晉悼公，改服修官，烝於曲沃，會于溴梁，其冬，穆叔如晉，且言齊故，晉人答以寡君之未禘祀，其後晉人徵朝于鄭，鄭公孫僑曰：溴梁之明年，公孫夏從寡君以朝于君，見于嘗酎，與執膰焉。此皆春秋之明證也。」（春秋釋例卷四）案溴梁之明年，魯襄公之十七年也，其夏猶未至終喪吉禘之期，而云見于嘗酎，與執膰者，是諸侯朞年後已有宗廟之祭祀，釋例正與異義所引古左氏說合，李貽德謂「杜解不獨與禮經相違，且與傳文相戾。喪既畢，主遷於廟，烝嘗禘乃在廟，皆就作主立說，杜泛及四時常祭，非傳意也。」（左傳賈服注輯述七）李氏不悟此四時常祭所以與禘並舉，正指此禘非吉禘，李氏泥於喪畢之見，故爾枝格難通，不知杜氏實得左氏古義，左氏又實得古禮之實況。皮錫瑞氏復信李說，謂「左氏所載之事，多春秋衰世之事；左氏所言之禮，亦多當時通行之禮，本不盡與古禮合，杜氏藉以申其短喪之邪說，尤不可訓。」（駁五經異義疏證）皮說非也，「短喪」之誣，解已見前。復謂左氏所載乃衰世之事，不與古禮合，然左氏與禮，實相表裏，苟舍春秋行事紀實之文而不顧，反取信乎秦漢儒者說禮之書，謂合古禮耶？況三傳所解者為春秋，春秋所載本為衰世之事，苟左氏所載不合古禮，則公穀釋經又反合古禮耶？且制喪三年，起於何時不可考，所謂三年之喪，通乎天下，百王所同，或出儒家隆禮矯俗之美意，當時所行，已不盡同，況以實情衡之，天子諸侯居喪三年，時政不修、百事俱廢，若謂尊卑不得損益，絕無通變之道，恐非古聖因事制宜之節，喪禮吉凶之變所以有漸者，蓋卽稱情立文之微意，今者周何曾審檢春秋行事，及諸書紀實之文，凡陳八證，確證當時天子諸侯之禮，實有除服卽吉以通變制宜之事，除服之後，終喪以前，除婚娶純吉之事，其時可早可晏，不可於喪中卽行者外，他者朝聘會盟，統軍施政，卽位視朔，乃至不得已而接聞於宴樂諸事，皆與常人無異，是則天地社稷宗廟之常祀，其有定時者，至此亦固當行之如舊也。周氏舉證繁富，既析疑似，已獲眞詮，以文長不及盡錄（可參春秋吉禮考辨），唯周氏未嘗以所證與異義古左氏說相印證，今取以參互加覈，信見關節開解，繆異可紬矣。

左氏說以虞主所藏，無明文可考，鄭君駁之，以爲當埋於道左，據是則許君或本從左氏說。

案異義論虞主所藏之條，見於禮記檀弓下孔疏及太平御覽居處部、禮儀部所引，以御覽所引補足禮疏，其義較備。鄭君駁文亦見檀弓疏所引，檀弓下「重、主道也」鄭注「始死未作主，以重主其神也，重、既虞而埋之，乃後作主」句下孔疏云：「案既夕禮：將葬，甸人抗重出自道，道左倚之。鄭注云：重既虞將埋之。是鄭埋重於門外之道左也。若虞主亦埋之於祖廟門外之道左。案異義：『戴禮及公羊說：虞主埋於壁兩楹之間，一說埋之於廟北墉下，北方無事，虞主亦無事也（以上十字據御覽卷百八十八居處部窗類引補）。春秋左氏傳曰：徙主祏于周廟，言宗廟有郊宗石室，所以藏栗

主也 以上二十字據御覽卷五百三十一禮儀部神主類引補 。虞主所藏，無明文也。』鄭駁之云：『案士喪禮：重與柩相隨之禮：柩將出，則重倚於道左；柩將入於廟，則重止於門西。虞主與神相隨之禮亦當然。練時既特作栗主，則入廟之時，祝奉虞主於道左，練祭訖乃出就虞主而埋之，如既虞埋重於道左。』是鄭既練埋虞主於廟門之道左也。」禮記疏卷九 鄭駁據埋重之禮，推知埋虞主之所，孔疏引既夕禮鄭注相證者，蓋鄭注周禮引既夕禮卽稱士喪禮下篇 鄭君三禮目錄亦謂既夕爲士喪禮之下篇 。陳壽祺謂「鄭駁據埋重之禮，以爲埋虞主於廟門之道左，義證最確。」五經異義疏證 然鄭據重以推虞主，猶不得謂虞主所藏有明文也。許君異義擧公羊及左氏說，左氏說謂虞主所藏無明文，許君於此不加謹案者，非兩存其說，未有定論之意，蓋以無明文可軒輊舊訓，正與左氏同義。鄭君以爲埋重有既夕禮可證，則藏虞主亦如之，以是駁許，尤足證許君之義本同左氏也。孔廣森於公羊文公二年傳「主者曷用？虞主用桑，練主用栗」何休解詁：「埋虞主于兩階之間」下曰：「何氏所稱，殊非師說，鄭司農云埋于廟門外之道左，尤似渫瀆不合禮意。」公羊通義卷六 孔氏以異義所引公羊舊說，謂虞主埋在壁兩楹之間或廟北墉下，何氏謂在兩階之間，已覺渫瀆，鄭氏以在道左，則尤爲渫瀆。道左者，主人之位，胡培翬曰：「道左卽門東，主人出門接賓之位恒在此，重有主道，故於此倚之。」儀禮正義卷三十 依此則鄭云藏虞主於道左，蓋卽門東，故孔以爲渫瀆。何休以爲兩階間，陳立氏亦以爲渫瀆，彼云：「鄭駁據埋重之禮，以爲埋虞主於廟門之道左，亦以意言之耳。穀梁引徐邈注與何休同，按何氏謂兩階間，不必定在堂下，或亦卽異義所稱之兩楹間與？然堂上堂下，皆行禮趨走之處，以先人精神所依之主埋之其下，誠孔氏所謂渫賤也，似以一說埋之北墉者爲近理。」公羊義疏是則虞主埋於道左、兩階間堂下、兩楹間堂上，皆嫌渫賤，謂埋諸北墉下，亦無典據，許君之時，說左氏者已謂無明文可證，許君亦闕疑以從左氏說，今姑具列衆說以俟考焉。

左氏說以未踰年之君，不論有子無子，皆當立廟，許君從之。鄭君從公羊說，以爲未踰年之君無子者，不序於昭穆，不當立廟，考諸古史，鄭說爲長。

案許論未踰年之君立廟不，見於通典凶禮十五所引，云：「異義：未踰年之君立廟不？春秋公羊說云：未踰年君，有子則書葬立廟，無子則不書葬，恩無所錄也。左氏說云：臣之奉君，悉心盡恩，不得緣君父有子，則爲立廟，無子則廢也。或議曰王復輯本引袁鈞原注云闕文，諸家並同許君案：禮云：臣不殤君，子不殤父，君無子而不爲立廟，是背義棄禮，罪之大者也。鄭玄駁云：未踰年君者，魯子般子惡是也，皆不稱公，書卒弗諡，不成於君也。廟者當序於昭穆，不成於君，則何廟之立，凡無廟者爲壇祭之，近漢諸幼少之帝，尙皆不廟祭，而祭於陵，云罪之重者，此何故不罪？殤者十九向下，未踰年之君，未必未冠，引殤欲以何明也？」卷九十三許君謹案云云，實從左氏之義，而鄭君引春秋及漢禮以駁之，陳壽祺曰：「公羊傳莊三十二年曰：未踰年之君，有子則廟，廟則書葬；無子不廟，不廟則不書葬，異義引公羊說，卽此。而無子下無不廟之文，寫脫耳。何休曰：未踰年之君，禮臣下無服，故無子不廟，不廟則不書葬，是一年不二君也。疏曰：案喪服不杖期章有爲君之長子，況爲嗣君？而言無服者，未踰年之君，臣下皆爲前君服斬，寧得更爲之服乎？若還服期，卽是廢重服輕，若爲斬衰三年，卽違一年不二君之義故也。又案蔡邕獨斷云：殤冲質三少帝，皆以未踰年而崩，不列於宗廟，四時就陵上祭寢而已。續漢書祭祀志亦云然。通典引蔡邕云：見孝殤孝冲孝質皇帝，以幼弱在位，未踰年，不列於廟，太尉司徒分祀三陵，皆宗廟典制也。」（五經異義疏證）陳氏列舉漢時典禮以證公羊說爲可信，而皮錫瑞氏亦舉後漢北鄉侯立爲天下，未踰年薨，不列昭穆，當時周舉卽舉春秋王子猛不稱崩、魯子野不書葬爲證，並以公羊爲古今通義。今案諸家所論，皆着眼於在位時日之短長，未審立廟與不，其關鍵乃在此未踰年君有子與否，有子而繼有天下，則當爲立廟，否則不序於昭穆也。前「逆祀」條已舉卜辭爲證，凡兄弟相代，其無後以繼有天下者，殷人不入祀典，殷周禮制相沿，僖公代閔公而立，閔公無後，不爲立廟，祔于其祖桓公之廟而已（參見前證），而秦漢之制，又因於周禮，漢諸幼少之帝不廟祭，皆沿循古制，乃知公羊家所說未踰年君有子則書葬立廟，無子則不書葬者，與殷周及漢禮合，說較左氏爲長。

其論未踰年之君繫父不，從左氏說，以爲未踰年之君，父未葬則繫於父稱子，父既葬，成爲君則不繫於父，鄭君駁文未見，或所主與許同。

案許論未踰年之君繫父不之條，見於通典凶禮十五所引，彼云：「異義：未踰年之君繫父不？公羊說云：未踰年之君，皆繫於父。晉里克殺其君之子奚齊是也。左氏說：未踰年之君，未葬繫於父，殺奚齊于次時，父未葬。雖未踰年，稱子。成爲君，不繫於父，齊公子商人殺其君舍，父已葬。謹案：禮制君喪未葬已葬，儀各有差，嗣君號稱亦宜有差，左氏說是也。」卷九十三 許君從左氏說，以爲君喪未葬，此未踰年之君未成爲君，但稱子，故里克殺奚齊，不稱弒君，稱殺其君之子。若君已葬，則嗣君已成爲君，故商人弒舍，稱殺君也。公羊說謂未踰年之君皆繫於父。鄭君駁文未見，孔廣林、陳壽祺並以爲鄭從公羊說，黃奭、皮錫瑞等從之，孔廣林曰：「案坊記注云：春秋傳曰：諸侯於其封內，三年稱子；至其臣，子踰年則謂之君矣。是鄭從公羊說也。蓋未葬稱子某，已葬稱子，是其差也。莊三十二年冬十月子般卒時，莊公未葬。文十八年冬十月子卒，則文公已葬矣。未踰年總不得稱君也。況齊昭公以五月葬，舍以七月弒，昭公葬無明文，以禮言之，固未葬也。卽實如左氏說，亦不合稱君，云弒其君者，正舍位，以正商人之弒耳。」通德遺書所見錄卷五十九 孔謂公羊義長，鄭君所從爲公羊說，陳立白虎通疏證亦據坊記注，以鄭君從公羊說。今案公羊之說，合前條觀之，信較左氏爲近古制，唯據坊記注文，卽謂鄭從公羊說，恐未必然，考通典凶禮二載諸侯踰年卽位乃奔天子喪一節，卽引鄭駁異義云：「春秋莊三十二年子般卒時，父未葬也。子者，繫於父之稱也。言卒不言薨，未成君也。未成君猶繫於父。」卷八十是鄭箸駁異義時，明從左氏之義，故於此不駁，非駁文遺佚也。至鄭君注禮時，復以公羊家說爲長而采之，猶說文之說解與異義不同耳。亦或注禮在前李雲光謂鄭君始注禮記年方二十餘，其時依循舊本，未至馬氏門下受古學參見三禮鄭氏學發凡，故於記此注從今文，及從馬融游，其後所論，復與記注不同。考詩南陔及燕燕孔疏云：「鄭志：答炅模云：爲記注時，就盧君耳，先師亦然。後乃得毛公傳，既古書，義又當。然記注已行，不復改之。」是鄭見毛傳後，所主已有與記注相異者，故不得據記注，即謂是鄭君之定說，而駁異義之撰成年代苟未能考定，亦不得據記注之文，以爲即是鄭駁異義所主也。

其說諸侯之訃辭稱卒，從左氏說，謂卒者終也，是終沒之辭。鄭君駁之。

案許說訃辭之條，見於禮記雜記上「君訃於他國之君，曰寡君不祿，敢告於執事；夫人，曰寡小君不祿」鄭注：「君夫人不稱薨，告他國君謙也」句下孔疏所引，孔疏云：「按下曲禮云：諸侯曰薨。夫人尊於君同也。今夫人與君同不稱薨者，以告他國之君及夫人，自謙退，是不敢從君及夫人之禮也。按下曲禮篇云：士曰不祿。今雖謙退而同士稱者，按異義：『今春秋公羊說：諸侯曰薨，赴於鄰國亦當稱薨，經書諸侯言卒者，春秋之文，王魯，故稱卒以下魯。古春秋左氏說：諸侯薨，赴於鄰國稱名，則書名稱卒，卒者終也，取其終身，又以尊不出其國。許君謹按：士虞禮云：尸服卒者之上服，不分別尊卑，皆同言卒者，卒、終也。是終沒之辭也。鄭駁之云：按雜記上云：君薨，訃於他國之君，曰寡君不祿，敢告於執事（按鄭駁又見穀梁隱三年范寧集解所引，此上五字據范注引補）。曲禮下曰：壽考曰卒，短折曰不祿。今君薨赴而云不祿者（赴字據范注引補），言臣子於君，義雖有考終眉壽，猶若其短折然，痛傷之至也（此上五字據范注引補）。若君薨而訃者曰卒，卒是壽終矣，斯無哀惜之心，非臣子之辭。鄰國來赴，書以卒者，言無所老幼，皆以成人之稱（此句亦據范注引改，本作皆終成人之志，則皆終聯上讀），所以相尊敬。』如異義所論，是君稱不祿之意。若杜元凱注左氏傳，則與此異。按隱三年聲子卒，傳云：不赴，故不曰薨。杜云：鄰國之赴，魯史書卒者，臣子惡其薨名，改赴書也。如鄭此云不祿，謂赴者口辭矣。春秋所云薨，謂赴書之策。所以不同者，言壽考曰卒，短卒曰不祿，杜以為禮記後人所作，不正與春秋同，杜所不用也。」（禮記疏卷四十）據孔疏此文，知古來說訃辭所稱，所見紛歧，孔列公羊、左氏、許、鄭、杜五說，許氏引禮以證左氏，袁堯年謂「據謹案文亦許君申左氏說」者是也。然杜解左氏，謂鄰國赴文稱薨，魯史惡薨名與魯君尊同，故改訃書，錄於史曰卒，以示異於諸侯。杜說與異義左氏說不合，考穀梁傳隱公三年范寧注云：「天子曰崩，諸侯曰薨，大夫曰卒，周之制也。春秋所稱，曲存魯史之義，內稱公而書薨，所以自尊其君，則不得不略外諸侯書卒以自異也。」范注正本杜意，又考公羊隱公三年何休注曰：「不言薨者，春秋王魯，死當有王文，聖人之為文辭，孫順不可言崩，故貶外言卒，所以褒內也。」何說與異義公羊說合，杜注唯王魯而不可言崩之意不若何注之詳，其餘與何休同義，知杜注非古左氏說也。至於鄭駁所主，陳壽祺謂「鄭據禮爲斷，不從公羊說赴於鄰國稱薨，亦不從左氏說赴於鄰國稱卒也。」（五經異義疏證）是鄭君又別樹一幟，許君不以稱卒爲使諸侯下魯義，故從左氏說。

左氏說天王喪，諸侯使上卿弔及會葬，許君從之。許以千里外異姓諸侯不奔天王之喪爲近禮，鄭君駁之。

案許說諸侯不爲天子奔喪之條，見於禮記王制孔疏及通典凶禮二所引，考王制「天子七月而葬」鄭注「天子七月而葬，同軌畢至」下孔疏云：「其諸侯奔喪，按異義：『公羊說：天王喪，赴者至，諸侯哭，雖有父母之喪，越紼而行事，葬畢乃還。左氏說：王喪，赴者至，諸侯既哭，問故，遂服斬衰，使上卿弔，上卿會葬。經書叔孫得臣如京師葬襄王，以爲得禮。許愼謹案：易下邳傳其容說（陳壽祺改其爲甘，謂易下邳傳者，甘容所著易傳名，通典引作甘，孔廣林亦作甘是也。盧文弨云傳其當作侍其，複姓也。今考惠棟校宋本，亦定作甘，盧云作複姓侍其，蓋誤以七錄「後博士侍其生」爲人名，不省侍其生乃傳其書之譌）：左氏之說：諸侯，蕃衛之臣，不得棄其封守，諸侯千里之內奔喪，千里之外不奔，四方不可空虛，故遣大夫也（以上四十一字據通典卷八十引補，袁堯年氏考定此左氏之說即容說是也）。若同姓，千里外猶奔喪，親親也。容說爲近禮。（若同姓句上有與所補通典引文重複者，已節去）鄭駮之云：天子於諸侯無服，諸侯爲天子斬衰三年，尊卑有差，案魯夫人成風薨，王使榮叔歸含且賵，毛伯來會葬，傳曰禮也。襄王崩，叔孫得臣如周葬襄王，則傳無言焉（以上五字據通典引補）。天子於魯，既含且賵，又會葬，爲得禮，則是魯於天子，一大夫會葬而已（葬而已三字據通典引補），爲不得禮可知。昭三十年，晉侯去疾卒，秋，葬晉頃公，傳曰：鄭游吉弔，且送葬，魏獻子使士景伯詰之（以上三十二字據通典引補），鄭游吉云：靈王之喪，我先君簡公在楚，我先大夫印段實往，敝邑之少卿也，王吏不討，恤所無也。晉人不能詰（以上五字據通典引補）。豈非左氏諸侯奔天子之喪及會葬之明文，說左氏者云：諸侯不得棄其所守奔喪，自違其傳，同姓雖千里外奔喪，又與禮乖。』鄭之所駮，從公羊之義，又以左氏傳諸侯亦奔喪，但說左氏者自違其傳，云不奔喪。又難許愼云：千里外同姓猶奔喪與禮乖也，此是鄭氏之意。」（禮記疏卷十二）是許從左氏說，鄭從公羊說也。公羊之說，見於白虎通者甚詳，彼云：「王者崩，諸侯悉奔喪何？臣子悲哀慟怛，莫不欲覲君父之柩，盡悲哀者也。又爲天子守蕃，不可頓空也，故分爲三部：有始死先奔者，有得中來盡其哀者，有得會喪奉送君者，七月之間，諸侯有在京師親供臣子之事者，有號泣悲哀奔走道路者，有居其國哭痛思慕、竭盡所供，以助喪事者，是四海之內咸悲，臣下若喪考妣之義也。葬有會者，親疎遠近盡至，親親之義也。童子諸侯不朝而來奔喪者何？明臣子於其君父，非有老少也。亦因喪質無般旋之禮，但盡悲哀而已。」而公羊隱公三年傳曰：「天子記崩不記葬者，必其時葬也。諸侯記葬，不必有時，諸侯爲有天子喪尚奔，不得必以時葬也。」何休注曰：「設有王后崩，當越紼而奔喪，不得必其時。」是白虎通與何注與異義所引公羊說合，謂諸侯皆當奔天子之喪，陳立白虎通疏證又據鄭駁云云，謂「今古文春秋皆以天子崩諸侯悉奔喪」，且舉證以申其說云：「顧命：成王之喪，太保率西方諸侯入應門左；畢公率東方諸侯入應門右。下康王之誥云：王若曰：庶邦侯甸男衛。非千里外諸侯奔喪之明證乎？禮記檀弓曰：唯天子之喪，有別姓而哭。注：使諸侯同姓異姓庶姓相從而為位，別于朝覲來時。非異姓奔喪之證乎？」（卷十一）陳氏所證，謂公羊左氏同義，皆謂諸侯悉來奔喪，獨杜預氏春秋釋例云：「萬國之數至衆，封疆之守至重，故天子之喪，諸侯不得越竟而奔，修服於其國，卿共弔葬之禮，既葬卒哭而除凶，魯侯無故，而穆伯如周弔，此天子崩，諸侯遣卿弔葬之經傳也。」於是陳壽祺、徐乾學（讀禮通考）、陳立、皮錫瑞等並起而攻杜氏，至斥為「戾經蔑禮之尤」，不知杜說與異義所引古左氏說合，左氏本不主諸侯悉來奔喪之說，鄭駁所舉王吏不討鄭少卿弔靈王事者，蓋謂不討其以少卿弔，原當以上卿弔，今恤其上卿守國，不得往弔耳，非恤其君不得往弔也。劉師培氏所說最為平允，彼云：「荀子禮論云：天子之喪，動四海，屬諸侯（此文釋同軌畢至），似同軌畢至，本兼諸侯奔喪言，故尚書顧命，亦有諸侯奔喪禮。左氏家以為君弗親行者，則以四海諸侯，不當同時并棄封守，故以使上卿為得禮，按之情勢，自以不親行為允。鄭君駁異義膚引游吉之言，不知傳云敝邑少卿，則非上卿甚明，蓋君行師從，仁守義行，上卿守國，故以少卿會葬，此據上卿蒞事言，非謂簡公在國必當親往也。鄭謂左氏自違其例，似未足從。」（春秋左氏傳答問）據此知鄭駁云云，不足以難許，左氏說本圓融，非自相矛楯者也。左氏隱公元年曰「天子七月而葬，同軌畢至」者，軌者車轍也（本疏引服虔注與許慎說文同），同軌爲所屬諸侯，然未必卽諸侯親往也，卽顧命云諸侯齊集，恐亦別有其故，竹添光鴻曰：「同軌畢至，謂四方諸侯遣使會葬。先儒多說天子之崩，諸侯親往，援顧命爲據，然顧命成王崩于乙丑，癸酉康王定位，相距僅九日耳。五服羣辟，豈能聞訃並集？意是適當入覲諸侯，召畢二公得率之以見，如日聞訃而來，則封域有遠邇，訃至有先後，斷不能羣集于九日之前也。」（左氏會箋）據是則顧命所云尚不足爲諸侯親奔之證矣。

左氏說諸侯自相奔喪禮，遣士弔、大夫會葬。公羊則以爲諸侯親往會葬。許從左氏說，鄭君不駁。

案許說諸侯自相奔喪禮，見於禮記王制「諸侯五日而殯五月而葬」鄭注：「春秋傳曰：諸侯五月，同盟至」下孔疏所引，彼疏云：『其諸侯自相奔喪禮，按『公羊說：遣大夫弔，君會其葬。左氏說：諸侯之喪，士弔，大夫會葬。文襄之霸，令大夫弔，卿共葬事。許慎謹案：周禮無諸侯會葬義，知不相會葬，從左氏義。』鄭氏無駁，與許同。」（禮記疏卷十二）是許從左氏說，謂諸侯不親往會葬，鄭與許當同。鄭注王制引春秋左氏傳「同盟至」者，孔廣林謂「同盟至不必君親會其葬」者是也。劉文淇曰：「荀子禮論篇：諸侯之喪動通國，屬大夫。屬謂付託之，使主喪也。通國謂通好之國也。荀子所云通好之國，卽傳之同盟也。」春秋左氏傳舊注疏證 據是則諸侯之喪，同盟之國王喪者爲大夫耳，荀子未嘗謂諸侯親往也。竹添光鴻氏謂「同盟情親，吉凶相告，故遣使會葬」，稍近情實，陳立則主公羊之說，彼云：「左氏隱元年傳云：諸侯五月同盟至，則未必非會葬也。定十五年邾婁子來奔喪。傳云奔喪非禮者，彼注云：禮：天子崩，諸侯奔喪會葬，諸侯薨，有服者奔喪，無服者會葬。邾婁與魯無服，故以非禮書也。按何氏用公羊先師義，故與異義所引公羊說合，左傳隱元年衛侯來會葬，則當時諸侯有會葬者矣。」公羊通義 案陳說據證脃弱，左隱元年衛侯來會葬，正是非禮見書，故杜注云：「諸侯會葬，非禮也。」若會葬是諸侯常禮，何以見書而獨書衛侯？固不得據是謂諸侯有親往會葬之禮。竹添光鴻氏曰：「案朝覲之禮，四方諸侯從四時分來，而又有遠近疏數之制，恐煩擾也。傳所云同軌畢至、同盟至者，亦謂其使，非諸侯親來也。若七月之內，同軌諸侯畢至，天下殆爲之騷然矣。方嶽諸侯，爲數亦多，每一侯卒，盡來會葬，無乃疲於奔命乎？聖王制禮以安天下，必不建此煩擾之禮，以困四海也。又考之經傳：宣十年經書秋七月公如晉，傳云：冬葬晉景公，公送葬，諸侯莫在，魯人辱之，故不書，諱之也。若諸侯會葬爲先王之禮，魯人雖以爲辱，豈有諱而不書之理哉？」左氏會箋 所說甚諦，設若諸侯皆相會葬，是不遑國政而常在路矣，既知諸侯於天子之喪亦不親奔，則於諸侯之喪，自不必親往矣。

左氏說諸侯夫人喪，遣士弔、士會葬。許君從之。公羊說以爲君自會葬，鄭駁以爲士弔、大夫會葬，乃爲禮之正。

案許論諸侯夫人喪葬之禮，見於禮記王制孔疏及公羊文公六年徐疏所引，彼孔疏云：「其諸侯夫人喪，『公羊說：卿弔、君自會葬。襄三十年，叔弓如宋葬宋共姬，譏公不自行也（以上十八字，見公羊文六年徐疏所引，袁堯年以爲當補於此是也）。左氏說：諸侯夫人喪，士弔、士會葬，文襄霸，士弔、大夫會葬。叔弓如宋葬宋共姬，上卿行，過厚非禮。許愼謹案：公羊說同盟諸侯薨，君會葬。其夫人薨，君又會葬，是其不違國政而常在路。』公羊左氏說俱不別同姓異姓，公羊言當會，許以爲同姓也；左氏云不當會，據異姓也。（陳壽祺謂自公羊左氏說俱不別同姓異姓以下皆檃括異義文）鄭駁之云：『按禮，君與夫人尊同，故聘禮：卿聘君、因聘夫人。凶時會弔，主於相哀愍，略於相尊敬，故使可降一等，士弔、大夫會葬，禮之正也。周禮：諸侯之邦交，歲相問也，殷相聘也，世相朝也。無異姓同姓親疏之數。云夫人喪士會葬，說者致之，非傳辭者（孔廣林謂者當作也）。』鄭氏意引周禮無同姓異姓之別者，破許愼云同姓則會、異姓則不會。鄭又云夫人喪士會葬說者致之，非傳辭，破異義左氏說夫人喪士弔士會葬之文也。按左氏昭三年傳云：君薨，大夫弔；夫人，士弔。無士會葬之文，故云說者致之，言士會葬，實非本傳之辭也。則鄭氏以爲古者君薨，士弔，大夫會葬，文襄之霸，君薨，大夫弔，卿會葬。其夫人之喪，則古及文襄之時，皆士弔，大夫會葬。故鄭云士弔大夫會葬，禮之正。」禮記疏卷十二是許君從左氏說，謂諸侯夫人葬禮，但士弔士會葬而已，鄭亦從左氏說，唯所釋左氏之義與許不同，但士會葬之說，無明文可證，又引周禮以破許說。今考左昭三年，鄭游吉如晉送少姜之葬，晉大夫梁丙曰：「甚矣哉，子之爲此來也。」蓋卿共妾葬，過禮之甚，故梁丙有甚矣之歎。而游吉曰：「將得已乎，昔文襄之霸也，其務不煩諸侯，今諸侯三歲而聘、五歲而朝、有事而會、不協而盟。君薨，大夫弔，卿共葬事；夫人，士弔，大夫送葬。足以昭禮命事謀闕而已，無加命矣，今嬖寵之喪，不敢擇位，而數於守適，唯懼獲戾，豈敢憚煩，少姜有寵而死，齊必繼室，今茲吾又將來賀，不唯此行也。」游吉之意謂晉嬖寵之喪，鄭視適夫人之喪更爲煩密，鄭不敢擇弔葬者之位，所以卿自親來，視同夫人，杜預所謂「時俗過制」者是也。時俗過制，文襄乃節之以「君薨，大夫弔，卿共葬事；夫人，士弔，大夫送葬。」杜預注所謂「文襄雖節之，猶過於古」者是也。知夫人喪士弔大夫送葬之制「猶過於古」者，左昭三十年游吉對魏獻子之詰，謂「先王之制：諸侯之喪，士弔，大夫送葬。」此即左氏所主諸侯相爲之禮也，文襄所節時俗過制，夫人下君一等，故推知夫人之喪士弔士送葬爲先王之制也。許君之意當同左氏，故鄭君舉聘禮以駁之，謂君與夫人尊同，亦當以士弔大夫會葬爲正禮，鄭氏之意以文襄所節夫人下君一等爲非古制耳。至於公羊所說，傳亦無明文可證，蓋據諸侯薨君自會葬之義推衍而得之，其說或爲時俗過制之事，非禮之正，說已具前。至其舉宋共姬事以爲例證，則公羊自有「稱謚、賢也」之義，故皮錫瑞亦疑「是春秋特筆如此，未必他國君夫人薨皆然」者是也。苟如公羊之說，諸侯薨而君會葬，夫人薨而君又會葬，則不遑國政，相率於路，豈聖人制禮之意哉。

左氏說諸侯未踰年以王事出可稱爵，許君從之；公羊說以爲當稱子，鄭君從公羊而駁許。

案許論諸侯未踰年自稱如何之條，見於通典凶禮十五所引：「五經異義云：諸侯未踰年出朝會與不出朝會，何稱？春秋公羊說云：諸侯未踰年，不出境，在國中稱子，以王事出，亦稱子。非王事而出會同、安父位不稱子、鄭伯伐許，未踰年，以本爵，譏不子也（據此云譏之文，則「鄭伯伐許」句上當有「皆譏」二字，文義始順，曲禮疏約引此有之）。左氏說：諸侯未踰年，在國內稱子，以王事出，則稱爵。詘於王事，不敢伸其私恩，鄭伯伐許是也。謹案（劉文淇曰此下皆許君語也，奪謹案二字，今據補。袁孔陳氏說並同）：春秋不得以家事辭王事，諸侯蕃衛之臣，雖未踰年，以王事稱爵是也。」鄭駁之文亦見通典，又約引於禮記曲禮孔疏，通典曰：「鄭玄駁云：昔武王卒，父業既除喪，出至孟津之上，猶稱太子者，是爲孝也。今未除喪而出稱爵，是與武王義反矣。春秋僖九年春三月丁丑，宋公御說卒，夏，公會宰周公、齊侯、宋子、衛侯、鄭伯、許男、曹伯于葵丘，宋子即未踰年君也（未字舊脫，據孔廣林陳壽祺說補），出與天子大夫會，是非王事而稱子耶？」（卷九十三）曲禮孔疏約引異義鄭駁云：「左氏公羊二傳不同也，公羊以成四年鄭伯伐許，非王事、未踰年、而稱爵，譏之也。左氏則以鄭伯伐許爲王事，雖未踰年，得稱爵。當與公羊異。鄭駁異義從公羊義，以鄭伯伐許爲非禮及公羊未踰年爲王事皆稱子，即宋襄公稱子、陳共公稱子是也。左氏未踰年爲王事皆稱爵，鄭駁異義引宋襄公稱子，從公羊說，以爲稱子禮也。」（禮記疏卷五）據是知公羊左氏之異者，公羊在國及出會皆稱子，左氏則在國稱子，出會當稱爵，公羊擧鄭伯伐許，以爲稱爵是譏，左氏以鄭伯伐許，例得稱爵，二傳不同如此。許則從左氏說，鄭則從公羊說。

今復考曲禮孔疏於公羊左氏二傳此義，已詳加推闡，疏云：「桓十一年鄭忽出奔衛，先君既葬，而尙稱名者，公羊云：何以名？伯子男一也，辭無所貶。何休曰：直以喪降稱名，無餘罪致貶。凡以王事出會，未踰年，皆稱子。僖九年會於葵丘，宋襄公稱子。僖二十八年會於踐土，陳共公稱子。定四年會召陵，陳懷公稱子，皆未踰年會王事而稱子也。若未踰年，非王事而稱爵者，皆譏耳，成四年鄭伯伐許是也，皆公羊之義也。其左氏之義：君薨未葬，未行即位之禮前，稱子某，子般子野是也。其出會，諸侯未葬之前稱子，故僖九年左氏傳云：凡在喪，王曰小童，公侯曰子。葵丘之會，宋襄公稱子；踐土之會，陳共公稱子是也。葬，雖未踰年則稱君，則晉里克弒其君卓，齊商人弒其君舍是也。文十八年子惡卒，先君葬後稱子者，杜預云：時史畏襄仲，不敢稱君，故云子也。其王事出會，則稱爵，成四年鄭伯伐許是也。案桓十三年（十字誤衍）經書衛惠公稱侯，成十三年經書宋公衛侯，此並先君未葬而稱爵者，賈服注譏其不稱子，杜預云：非禮也。僖二十五年會衛子莒慶盟於洮，時先君已葬，衛成公猶稱子者，杜預云：善其成父之志。故上繫於父而稱子。服虔亦云：明不失子道。成十年晉侯伐鄭，時厲公父景公惠未薨，而厲公出會稱爵，譏其生代父位，不子也。此皆左氏之義。」（禮記疏卷五）孔疏列證稠疊，唯考公羊家所謂未踰年稱子者，皆先君未葬之故，若僖九年葵丘之會，時宋桓公未葬；二十八年踐土之會（陳壽祺曰當作會于溫，正義誤），時陳穆公未葬；定四年召陵之會，時陳惠公未葬，未葬則當上繫於父而稱子，故宋襄公、陳共公、陳懷公皆稱子，若既葬則可稱爵，鄭伯伐許，時鄭襄公已葬，雖未踰年，得稱爵。至於桓十三年衛惠公稱侯，成三年經書宋公衛侯，時宋文公衛穆公未葬而稱爵，故賈服注以爲譏其不稱子，此仍本乎左氏之說，劉文淇謂「王事出會稱爵，爲左氏義，見五經異義。則賈服之譏衛侯不稱子，違於左氏家說矣，賈服蓋亦用公羊說」者，可謂逐影失形，眯其本末者矣。劉氏又云：「未葬以王事出稱子，已葬以王事出當稱爵，然以此從左氏說證之，則桓十三年敗燕，成三年伐鄭之役，宋衛稱爵合于王事之義；洮之會，衛不稱爵，非矣。賈服諸君說蓋又與古左氏說異。」（春秋左氏傳舊注疏證）案劉說非也，賈服之說，與古左氏說實同，洮之會衛不稱爵者，杜預云：「衛文公既葬，成公不稱爵者，述父之志，降名從未成君，故書子以善之。」又云：「衛文公將平之，未及而卒，成公追成父志，降名以行事，故曰脩文公之好也。」杜氏所注，正與服虔所謂「明不失子道」之訓相應，而杜服所說，又有左傳之文可證，僖廿五年左傳曰：「衛人平莒于我，十二月，盟于洮，脩衛文公之好，且及莒平也。」是傳意已明言盟洮平莒是追成父志，竹添光鴻氏謂「降名行事，並杜撰」者非也。盟洮既是特筆如此，固不得以此疑杜、疑賈服、疑古左氏說矣，乃知陳立所謂「異義所載左氏說，不知何人臆見，致杜預輩得以彌縫其無父無君之見」者（見公羊義疏），尤爲黑白迷色，南朔易向之談矣。竹添光鴻氏又曰：「諸侯之會，雖未葬既踰年則稱爵，詳僖九年，由此推之，雖既葬，未踰年則仍稱子。稱爵繫乎踰年未踰年，而不在乎葬與未葬也。杜既葬除喪之說，於此而窮，故以傳言修衛文公之好，借云述父之志，不過遁詞耳。」（左氏會箋第六）所說亦非也，踰年稱爵，公羊左氏皆無異詞，豈能據以類推未踰年皆不稱爵乎？竹添氏爲左氏作箋，此所取乃公羊之說，彼於古左氏說一貫之道蓋猶有未達者，前所證君薨朞年即行烝嘗禘于廟，知朞年之後，除婚娶純吉之事，須待喪終全吉而後行之外，朝聘會盟，宗廟享祭皆與常人無異（參見前證），故雖未葬既踰年而稱爵，亦左氏說所主，與既葬除喪之說何嘗相悖？且前證古左氏說謂未踰年之君，父未葬則繫於父稱子，父既葬，成爲君則不繫於父，可稱爵，是稱子稱爵，明以葬與未葬爲未踰年諸侯稱謂之標準（參見前證），古左氏之說本出一貫，後人乘瑕抵隙，以爲文例多迂，適足自擾耳。

左氏說妾子爲君，有妾母喪，則不出朝會，許君從之。公羊說以爲得出朝會，而鄭君於兩說皆有駁難。

案許論諸侯有妾母喪得出朝會否之條，見於通典凶禮十五所引，彼「諸侯爲所生母服議」條云：「後漢許愼五經異義云：『諸侯有妾母喪，得出朝會否？春秋公羊說：妾子爲諸侯，不敢以妾母之喪廢事天子大國，出朝會，禮也。魯宣公如齊，有妾母之喪，經書善之。左氏說云：妾子爲君，當尊其母，有三年之喪而出朝會，非禮也，故譏魯宣公。按：禮，妾母無服，貴妾子不立而他妾子立者也。不敢以卑廢事尊者，禮也。卽妾子爲君，義如左氏。』」下復引鄭駁及鄭志云：「鄭玄駁云：『喪服緦麻：庶子爲後爲其母，此義自天子下至庶人同，不得三年。魯襄公所以得尊其妾母敬嬴爲夫人者（孔廣林謂宣譌作襄是也），以夫人姜氏大歸齊不反故也。因是言妾子立，母卒，得爲之三年，於禮爲通乎其服之間。其出朝會、無王事，與鄭伯伐許何異？』鄭志：『趙商問云：按許氏異義駁以爲：妾子爲其母，依喪服庶子爲後爲其母緦麻三月，檢魯禮：春秋昭公十一年夏五月，夫人歸氏薨。十三年五月大祥，七月釋禫。公會劉子及諸侯于平邱，八月歸，不及於祫，冬，公如晉，明十四年春歸祫，明十五年春乃禘（以上三十五字，據魏書禮志熙平二年王澄崔亮奏引鄭志補，檢魯禮三字亦據改），是得爲妾母三年，經無譏文，得合下禘祫之數。若不三年，則禘祫事錯。鄭玄答云：春秋經所譏所善，皆於禮難明者也。其事著明，但如事書之，當按禮以正之。今以不譏爲是，亦寧有善之文歟？』」（卷九十三）據是知許君所主與左氏同義，謂妾子爲君，妾母之喪有三年之服，禮謂妾母無服者，蓋貴妾子不立而他妾子立，故不敢以卑廢事尊者，若妾子爲君，則以左氏義長。鄭君舉喪服庶子爲後爲其母緦麻，以證不得三年，是不從左氏說，又謂若嫡夫人大歸不反，而妾子立，母卒則得爲之三年，此蓋就特例通變者，故若出朝會無王事，則與鄭伯伐許何異，公羊家旣以鄭伯伐許爲非禮（參見前條），則魯宣如齊，亦非王事而出，依公羊之禮爲當譏，反言經書善之則不當，是鄭於左氏公羊二家並有駁難者也。故鄭志云云，仍不偏主公羊左氏一家，陳壽祺引鄭志云云曰：「此鄭依左氏以齊歸爲妾，而仍不以三年之服爲禮也，若依公羊，則齊歸本嫡夫人，得合禘祫之數，無虧於禮。」（五經異義疏證）是鄭志不以二傳於禮盡合，鄭君嘗準春秋而作禘祫志，本有「得禮則善、違禮則譏」之文，故趙商疑爲無譏即是善，而鄭君答以所譏所善，皆於禮難明，故又謂當案禮以正之，蓋謂案古禮以正其失，不得因春秋無譏文而以爲是也（參見皮錫瑞鄭志疏證）。鄭君糅合三禮以成一家之說，又欲通諸三傳，斯亦難矣，鄭舉儀禮今文家言，固與左氏古文家說不合，又兼綜左氏之意，與公羊家說枝格矣。即同爲今文家說，錯襍難曉者亦所在多有，若喪服庶子爲父後者爲其母緦麻，鄭注云：「君卒，庶子爲母大功；大夫卒，庶子爲母三年。」張爾岐曰：「言庶子爲母大功及三年者，皆謂不承後者，若承後則皆緦。」（儀禮鄭註句讀）陳祖范氏據此以疑公羊云：「是不承後者，義得伸也。一承父後，皆厭降而爲緦，夫承後則子貴矣，子貴而其母之服益輕，非輕其母，所以尊先君也，而公羊傳云：母以子貴，何其違反乃爾。」（讀禮叢鈔）（經咫摘錄之十）據此則鄭駮舉喪服以難左氏說，於公羊之義又何嘗相合乎。

左氏說諸侯有功德於王室，京師乃有朝宿之邑，泰山乃有湯沐之邑，其餘則否。許君從左氏，鄭亦不駁。

案許論諸侯朝宿湯沐邑之條，見於禮記王制孔疏、穀梁隱八年集解、及左傳隱八年孔疏所引，王制疏最詳，王制云：「方伯爲朝天子，皆有湯沐之邑於天子之縣內。」孔疏云：「異義：『公羊說：諸侯朝天子，天子之郊，皆有朝宿之邑，從泰山之下，皆有湯沐之邑。左氏說：諸侯有大功德於王室（大字據左隱疏引補），京師有朝宿之邑，泰山有湯沐之邑。魯、周公之後，鄭宣王母弟，此皆有湯沐邑，其餘則否。許愼謹案：若令諸侯京師之地皆有朝宿之邑（若令諸侯及之五字，據穀梁集解引補。孔廣林曰：令本譌今，據釋文改），周有千八百諸侯，京師之地不能容之（上之字及上句有字並據穀梁集解引補），不合事理之宜。』是許愼不從公羊之說，鄭无駮，當從許說。」（禮記疏卷十三）孔疏謂鄭同許說，孔廣林氏更從而證之曰：「王制云：方伯爲朝天子，皆有湯沐之邑於天子之縣內，視元士。特云方伯，知羣侯不得有矣。覲禮云：天子賜舍。若皆有朝宿邑，何必每朝更致？鄭君注賜舍云致館，不別爲之說，是同許君義也。」（通德遺書所見錄卷五十九）據是則公羊之說與王制覲禮且不合，更無論與左氏說矣。然說公羊者若何休曰：禮四井爲邑，邑方二里，東方二州，四百二十國，凡爲邑廣四十里，袤四十二里，取足舍止共稾穀而已。」（隱八年傳解詁）皮錫瑞據之，以爲此乃何氏陰破許君之疑，陳立氏更據而演算，謂天子圻內千里，足容千八百諸侯。然陳氏但據開方之數以計其里數，恐亦非彼時之實情。竹添光鴻氏曰：「周初封建之制，五等之國，皆有天子之地在其境，王十二年一巡狩，益地、益以此也。削地、歸於此也。損益予奪，惟天子制之，有功德於王室者，於近京師有朝宿之邑，於近四嶽有湯沐之邑，蓋亦皆取就近之地以畀之，其見于經傳者：鄭之祊、衛相土之東都，湯沐之邑也。魯之許田、衛有閻之土，朝宿之邑也。他國亦多有之，傳無因而見耳。東遷後天子不巡狩，諸侯不朝京師，湯沐朝宿之邑，皆為虛設，於是遂有彼此相易以便其私者，春秋魯史，得記魯鄭相易之事，其他或相易、或相侵奪，皆事之所有，傳不能悉記也。」左氏會箋第一 謂周初建國之時，五等之國，皆有天子之地，而有功德之諸侯，天子賜以朝宿湯沐之邑，迨至東周，侵奪相貿，已所剩無幾，且名存實亡，所說或較近實耳。

左氏說唐虞之制實有萬國，公羊家以為殷周諸侯不過三千，萬國為虛增而非實數。許從左氏，鄭君駁文雖調合今古兩說，實則亦從左氏說。

案許論鄭駁唐虞制萬國之條 按此標題據王謨漢魏遺書鈔立，見於禮記王制孔疏所引，彼王制「凡九州千七百七十三國」鄭注曰：「春秋傳云：禹會諸侯於塗山，執玉帛者萬國，言執玉帛，則是惟謂中國耳。中國而言萬國，則是諸侯之地，有方百里，有方七十里，有方五十里者，禹承堯舜而然矣。要服之內，地方七千里，乃能容之，夏末既衰，夷狄內侵，諸侯相并，土地減，國數少，殷湯承之，更制中國方三千里之界，亦分為九州，而建此千七百七十三國焉。周公復唐虞之舊域，分其五服爲九，其要服之內，亦方七千里，而因殷諸侯之數，廣其土、增其爵耳。」其下孔疏引異義及鄭駁云：「異義：公羊說：殷三千諸侯，周千八百諸侯。古春秋左氏傳說：禹會諸侯於塗山，執玉帛者萬國，唐虞之地萬里，容百里地萬國，其侯伯七十里、子男五十里，餘爲天子閒田。許愼謹案：易曰萬國咸寧，尚書云協和萬邦。從左氏說。鄭駁之云：而諸侯多少（袁堯年謂而字衍當刪），異世不同，萬國者，謂唐虞之制也。武王伐紂，三分有二，八百諸侯，則殷末諸侯千二百也（阮元校勘記謂閩監本毛本二並作八），至周公制禮之後，準王制千七百七十三國而言周千八百者，舉其全數。」（禮記疏卷十一）是許舉書易云云以證古左氏說，而左氏以爲唐虞之地萬里，實容萬國。鄭君此注及駁異義所云，謂諸侯多少，異世不同，公羊家謂殷三千諸侯，周千八百諸侯，乃殷周之制，而唐虞則確有萬國，是鄭駁以爲古今兩說可通，而左氏實有萬國之說，亦鄭所深信。且此萬國之說，與中國經略萬里之說須相應，許鄭並以五服相距萬里，從古尚書說（參見書學第二五服里數條）。今尚書歐陽夏侯說以爲中國方五千里，則與此公羊說相應，非許鄭所從者也。今考漢書地理志曰：「周爵五等，而土三等，蓋千八百國。」又曰：「昔在黃帝作舟車以濟不通，旁行天下，方制萬里，畫野分州，得百里之國萬區，是故易稱先王以建萬國親諸侯，書曰協和萬國，此之謂也。」據是則許鄭所主，蓋與班孟堅同。今文說所不同者，在謂書易所云萬國爲夸飾之辭，非實有之數，若王充論衡藝增篇曰：「尚書協和萬國，是美堯德致太平之化，化諸夏并及夷狄也。

言協和方外可也，言萬國，增之也。夫唐之與周，俱治五千里內，周時諸侯千七百七十三國，荒服、戎服、要服及四海之外不粒食之民，若穿胸儋耳焦僥跂踵之輩，并合其數，不能三千。天之所覆，地之所載，盡於三千之中矣。而尙書云萬國，褒增過實，以美堯也。欲言堯之德大，所化者衆，諸夏夷狄，莫不雍和，故曰萬國，猶詩言子孫千億矣。」（卷八）黃暉氏注釋之曰：「此今文書說也，王制疏引五經異義曰：今尙書歐陽夏侯說，中國方五千里。古尙書說，五服旁五千里，相距萬里。書虛篇：舜與堯共五千里之境，同四海之內。談天篇：周時九州東西五千里，南北亦五千里。別通篇：殷周之地極五千里。宣漢篇：周時僅治五千里內。難歲篇：九州之內五千里。又御覽六二六引孫武曰：帝王處四海之內，居五千里之中。並今文說也。今文家不以爲實有萬國，故不以爲實有萬里也。」（論衡校釋），是王仲任據今文家說謂萬國爲虛數；而皮錫瑞亦云：「淮南子曰：禹平治水土，定千八百國。是漢時今文說以爲禹時亦止千八百國，無萬國矣。王肅難鄭云：傳稱萬盈數也，萬國據盈數而言，非謂其數滿萬也。據今文說駁古文也。」（駁五經異義疏證）復考王制鄭注引孝經說曰：「周千八百諸侯，布列五千里內。」凡此皆今文家所主，異義公羊說但言殷周諸侯之數，彼於唐虞諸侯之制，當與彼今尙書、今孝經說等合，謂唐虞諸侯之數亦僅止此，故許從左氏說以違之耳。公羊說殷三千諸侯者，逸周書殷祝解：「湯放桀，而復薄三千諸侯大會」「湯以此三讓，三千諸侯莫敢卽位」，與公羊所言合。至於唐虞制萬國之數，鄭玄注尚書咎繇謨，推算最詳，鄭云：「輔五服而成之，至于面方各五千里，四面相距爲方萬里，九州州立十二人爲諸侯師，以佐牧，堯初制五服，服各五百里，要服之內，方四千里，曰九州。其外荒服，曰四海，此禹所受地記書曰（江聲曰：禹受地記書之事，未詳何出，或即見于地記書歟？抑或別有所見，鄭君自有據也。劉淵林吳都賦注亦云禹所受地記書云云，是古書實有明文）：崑崙山東南地方五千里，名曰神州者。禹弼五服之殘數，亦每服者合五百里，故有萬里之界，萬國之封焉，猶用要服之內爲九州，州更方七千里，七七四十九，得方千里者四十九，其一以爲圻內，餘四十八，八州分而各有六。春秋傳曰：禹朝羣臣于會稽，執玉帛者萬國。言執玉帛者：則九州之內諸侯也，其制特置牧，以諸侯賢者爲之師，蓋百國一師，州十有二師，則州千二百國也，八州凡九千六百國，其餘四百國在圻內。」（書疏卷五益稷疏引）孫星衍氏闡明鄭義曰：「鄭意以州有千二百國，以八乘千則八千，以八乘二百則千有六百，故八州凡九千六百國，計滿萬國之數，當更益以四百國，故云其餘四百國在圻內。鄭志答趙商云：公卿大夫有田祿者其四百國，非采地爲何？是鄭以采地在四百國之數也。王制疏引異義古春秋左氏說云云，其說略與鄭同。」（尚書今古文注疏卷五）是鄭以八州及圻內采地適當萬國之實數，此數於里地恰合，故古文家信之。迨清江聲氏，又別爲之計算，亦證九州之內，足容萬國（參見尚書集註音疏），以增成鄭君之誼，皆有助於古文家說之闡揚。唯地域里數雖合，建國之數或不若里數之分劃井井，且山川所在不啻居半，不食之地亦所在多有，故萬國之說是否顧實，則猶待實證。且書易云萬國，與左傳執玉帛之萬國，是否可採合爲證？若然，則詩桓曰綏萬邦、烝民曰揉此萬邦，豈周之建國亦復有萬乎？凡此諸疑，王肅注禹貢時已難之矣（見書疏卷五益稷疏引），王從今文說，亦非全無理據者也。（輓近屈翼鵬先生古籍導讀考定周禮天子邦畿方萬里，乃戰國以來之思想，而陳槃庵先生於不見于春秋大事表之春秋方國敍論中曰：「古代方國數字，今未知其所由來，必欲摭據故記，或不切實際之五服九服，以求吻合，誠爲荒唐可笑。」則今文家說爲可信矣。）

其論盟詛，從左氏義，謂諸侯有盟詛之禮。鄭君不駁。

案許論盟詛之條，見於禮記曲禮下孔疏所引，禮記曲禮曰：「諸侯約信曰誓，涖牲曰盟。」其下孔疏云：「異義云：『禮約盟不？今春秋公羊說（今本作令，孔廣林疑爲今字是也。）：古者不盟，結言而退。故穀梁傳云：誥誓不及五帝，盟詛不及三王，交質子不及二伯，詛盟非禮（陳壽祺曰：詛舊作且，譌。）故春秋左氏云（皮錫瑞曰：故春秋之故即古字）：周禮有司盟之官，殺牲歃血，所以盟事神明。又云：凡國有疑，盟詛其不信者，是知於禮得盟。』許君『謹案：從左氏說，以太平之時，有盟詛之禮。』鄭氏不駁，從許愼義也，盟詛不及三王，非鄭所用。」（禮記疏卷五）孔廣林曰：「廣林竊疑太平以下九字，蓋左氏說，其周禮至得盟三十五字，乃謹案語，疏本文錯爾。」又曰：「鄭爲周禮學，故從左氏說，與許君同也。」（通德遺書所見錄卷五十九）孔說是也，古左氏說謂太平之時有盟詛之禮，許君舉周禮說以證之，鄭君意與許同，故不駁。考鄭注曲禮「涖牲曰盟」曰：「涖、臨也。坎用牲，臨而讀其盟書。」又注周禮秋官司盟掌盟載之灋云：「盟者，書其辭於策，殺牲取血，坎其牲，加書於上而埋之，謂之載書。春秋傳曰：宋寺人惠牆伊戾坎用牲加書，爲世子痤與楚客盟。」鄭君舉襄二十六年左傳以證周禮。又注周禮「盟萬民之犯命者，詛其不信者亦如之」下云：盟詛者，欲相與共惡之也。犯命，犯君教令也，不信，違約者也。春秋傳曰：臧紇犯門斬關以出，乃盟臧氏。又曰：鄭伯使卒出豭、行出犬雞，以詛射潁考叔者。」鄭又引此左襄二十三年傳及左隱十一年左傳以證周禮，卽與許君舉周禮以證左氏說同意。至於公羊說詛盟非禮，周禮則屢言詛盟，秋官司盟外，春官詛祝亦掌盟詛之事，鄭注詛祝云：「盟詛主於要誓，大事曰盟，小事曰詛。」賈疏云：「盟者盟將來，春秋諸侯會，有盟無詛，詛者詛往過，不因會而爲之。」周禮疏卷廿六賈疏謂有盟無詛，詛者詛往過，不因會而爲，恐非鄭意，鄭蓋謂諸侯相會有盟詛之禮參見孫詒讓周禮正義卷五十，左傳言盟詛者多矣，古文家深信古有盟詛之禮。公羊家以爲春秋爲衰世之事，古禮則不然，故魯桓公三年「齊侯衞侯胥命于蒲」，公羊傳曰：「相命也。何言乎相命？近正也。古者不盟，結言而退。」穀梁傳亦云：「相命而信諭，謹言而退，以是爲近古也。」是公羊穀梁並以不盟爲近古禮，故廖平曰：「古帝王無盟，春秋惡盟無信，故美胥命而惡累盟。」穀梁春秋經傳古義疏是公穀並以古者不盟，荀子大略篇曰：「誥誓不及五帝，盟詛不及三王，質子不及五伯。」卽與穀梁說同。楊倞注荀子，卽引禮記「殷人作誓而民始畔」以證誥誓不及五帝，則誥誓起於殷人，而盟詛之起則當晚於殷人，是「盟詛不及三王」之三王，當指夏禹商湯周文王據孟子告子趙注，而謂盟詛起於文王之後也。於是主穀梁者以爲周禮周公所定，正在文王之後，蓋逆知人心不古而制盟詛，以示要約，與檀弓「周人作會而民始疑」正合，與周禮言有司盟之官又何嘗相背乎（見侯康穀梁禮證）。又有以爲今之周禮，未必無周公舊制，而晚周改作，漢初采集，皆當有之，盟詛之屬，必非周公之意（見鍾文烝穀梁補注）。今謂周禮一書之眞僞，學者多疑之，至清姚際恒氏，直斷周禮作於西漢末年（見古今僞書考），張心澂氏輯自宋以還辨僞之書，攻周禮者無慮數十家（見僞書通考），至今人屈翼鵬先生始持平衆說，據地域廣狹、地名沿革、諸侯僭越、及五行五嶽等之思想、與夫文辭之淺易等，推定周禮非周公所作；又以漢文帝時竇公獻大司樂章、齊高祖時襄陽古冢所得考工記爲科斗文，與夫虣、𢿍、𩙻皆說文及他書不見之字，獨見於周官，而偏與殷契文鐘鼎文相合，又推定非漢人所僞造，乃證得周禮作於戰國之世（見古籍導讀）。而錢穆氏又自祀典、刑法、田制、封建、軍制、外族、喪葬、音樂諸方面推考，得證何休所云「周官乃六國陰謀之書」一語最爲近情，謂周官成書於戰國晚葉（見兩漢經學今古文平議・周官著作時代考）。案周禮之成書固在戰國之世，而其取材實多傳自上古者，如所載卜契之事，與今出土之甲骨相合（參見禮學第四），即虣𢿍𩙻諸字之見於金文甲骨，足證周禮中未嘗無殷周之舊制，故以周禮一書爲周公所作固非，以周禮所載皆出戰國人陰謀者亦非，即如盟詛之事，周禮載之，若據周禮一書非周公所作，即斷定盟詛之事非周初宜有，亦恐不然，蓋周初銅器已屢見盟字，說文盟爲盟之重文，盟字於今考之，非僅見於金文，亦且見於甲骨，後編下載：「☐巳卜☐貞盟☐☐牡」（下三十·十七）又「己卯卜大貞盟☐☐牡」（後下、三九、十七）商承祚釋之曰：「盟，周禮曰：國有疑則盟。殺牲歃血，朱盤玉敦，此象以皿盛血歃之意也，囧作☐，刀筆之便耳。」（殷虛文字類編）葉玉森亦曰：「盟盟當爲一字，諸家釋盟爲盟，至塙。公羊隱元年傳：盟者殺生歃血詛命相誓以盟約束也。盟必歃血，盟正象皿中有牲血形。」（殷虛書契前編集釋卷四）李孝定氏亦云：「甲編二三一之☐，其辭云：『☐示壬盟一牛☐☐宰一月』又它辭云：『辛丑卜盟三羊冊五十五牢』（佚八七三），辭例全同而字作盟从囧，固不得釋血，此當卽用盟之本義。」（甲骨文字集釋）據是則盟冊並言，必殷人已有盟事，穀梁云「盟詛不及三王」，固無待論，卽公羊家謂周禮不出周公之手，亦無補於盟詛周初有無之爭論矣。

左氏說謂諸侯是天子之蕃衞，故是純臣。許君引易禮以證左氏說。鄭則從公羊說，謂諸侯不純臣，故駁之。

案許論諸侯純臣及鄭駁之條，見於毛詩周頌臣工孔疏所引，臣工詩曰：「嗟嗟臣工，敬爾在公，王釐爾成，來咨來茹。」鄭箋云：「臣謂諸侯也，釐、理；咨、謀；茹、度也。諸侯來朝，天子有不純臣之義，於其將歸，故於廟中正君臣之禮，勑其諸官卿大夫云：敬女在君之事，王乃平理女之成功，女有事當來謀之、來度之於王之朝，無自專。」鄭君箋詩主諸侯不純臣之說，故孔疏詳闡其義云：「言諸侯朝天子，有不純臣之義者，以秋官大行人掌大賓之禮與大客之儀。注云：大賓、要服以內諸侯；大客、謂其孤卿。然則天子之於諸侯，謂之爲賓，賓者敵主之辭，是不純臣之義也。異義：『公羊說：諸侯不純臣。左氏說：諸侯者，天子蕃衛，純臣。謹案：禮：王者所不純臣者，謂彼人爲臣，皆非己德所及。易曰：利建侯。侯者王所親建，純臣也。』『玄之聞也，賓者，敵主人之稱。而禮：諸侯見天子稱之曰賓，不純臣諸侯之明文矣。』唯鄭據大行人之文，以爲不純之證也。以賓客之文，明不純臣之義，則謂天子與諸侯，對爲賓主行禮，是爲不純臣。君與朝廷之臣行禮饗燕，則使人爲主；諸侯燕其臣，使宰夫爲獻主，不與臣對行禮，是純臣之也。大行人又云：九州之外，謂之蕃國，世一見。注云：謂其君爲小賓，臣爲小客。小行人云：凡四方之使，大客則擯，小客則受其幣聽其辭，見於夷狄君臣，亦稱賓客，則四夷諸侯亦不純臣也，此則天子於諸侯之義耳。若諸侯於天子，皆純臣矣（案謂諸侯之心則當純臣於天子）。北山云：率土之濱，莫非王臣。皐陶謨云：萬邦黎獻，共惟帝臣。是彼於王者皆純臣也。書傳：周公謂越常氏之譯曰：德澤不加焉，則君子不享其質；政令不施焉，則君子不臣，明政令之所及，盡爲純臣，故此所以正臣之禮也。」（詩疏十九之二）疏引異義鄭駁並闡義極詳，末又調合爲說，袁堯年謂「據謹案文，許君從左氏義」，皮錫瑞謂「鄭駁異義從公羊說，故箋詩引公羊之文」者皆是也。唯細繹鄭箋詩之意，實已采合此古今兩說，故云「於廟中正君臣之禮」，究公羊家之意，直謂諸侯不純臣而已，如隱公元年秋七月，天王使宰咺來歸惠公仲子之賵。何休解詁云：「稱使者，王尊敬諸侯之意也。王者据土與諸侯分職，俱南面而治，有不純臣之義，故異姓謂之伯舅叔舅，同姓謂之伯父叔父。」又白虎通王者不臣篇曰：「王者不純臣諸侯何？尊重之，以其列土傳子孫，世世稱君，南面而治，凡不臣者，異於衆臣也（上四字據盧文弨本補），朝則迎之於著，覲則待之於阼階，升降自西階，爲庭燎，設九賓，享禮而後歸，是異於衆臣也。」凌曙據之爲公羊之禮徵，是何氏說及白虎通皆主諸侯不純臣，但謂「享禮而後歸」，鄭氏始倡「於廟中正君臣之禮」之說，是鄭已兼綜古今兩說，非公羊之本義矣，孔疏善會鄭恉，更爲之調協，乃謂天子賓敬諸侯，故不純臣，其諸侯之心，則當純臣於天子。又謂蕃國君臣，政令不施，則不純臣，政令所及，盡爲純臣。既與公羊之義不違，而與異義謹案所引禮說亦相合矣。逮王國維氏出，據金文作證，謂「古時天澤之分未嚴，諸侯在其國，自有稱王之俗。」又曰：「古諸侯於境內稱王，與稱君稱公無異。」（觀堂別集卷一）謂稱王亦非不臣之國也。郭某師其意，作周金中無五服五等之制說（見中國古代社會研究）及金文所無考（見金文叢考），而楊樹達復作古器物無五等爵稱說（見積微居金文說），舉例詳審，謂金文中原不分五等。陳槃庵先生據之，復證得五等之稱之初義：公與君無別、侯爲國君統稱，伯爲凡有邦國者之稱，子爲「大君之子」及「君子」之省稱，男爲力田之稱附庸之號。五等之名實可互稱，此五等之名自殷代即已有之，初非制度，迨西周禮典之制，雖欲序次其班位而實行之，而列國者多循舊俗，遽不能革。此五等爵制之錯亂，遂啓後人純臣不純臣之議，陳氏云：「春秋一書，于列國五等之稱，較爲畫一，而左傳則否矣。蓋前者爲魯史、官書，所記必據西周遺法，所謂『周禮盡在魯矣。』而左傳雜采列國之史，列國則固不盡依舊典，自成實錄。孔廣森謂『古者諸侯分土而守，分民而治，有不純臣之義』（公羊通義）是矣。禮記曲禮曰：『其在東夷北狄西戎南蠻，雖大曰子，於外，自稱曰王老。』豈但四裔而已，中國諸侯亦何不然？」（春秋大事表列國爵姓存滅表譔異後敍）據此則魯史本存純臣之遺法，東周諸侯自有不純臣之舊稱，王國維謂稱王亦非不臣之國者近是。至於陳氏謂左傳雜采列國之史，五等之爵制錯亂，說者乃創孔子貶爵及諸侯自貶之說云云，則又當別論矣。

許論卿得世不？從左氏說，以爲卿大夫得世祿，有功則得世位，鄭君不駁。

案許論卿得世不之條，見於毛詩大雅文王孔疏、禮記王制孔疏、左傳宣公十年孔疏、魏書禮志第四、玉海卷五十等所引，詩文王「凡周之士，不顯亦世」毛傳：「不世顯德乎仕者世祿也」句下孔疏云：「公羊傳曰：世卿非禮，則卿大夫正法不得世也。異義：『卿得世不（孔廣林曰不本譌又）？公羊穀梁說：卿大夫世，則權并一姓，妨塞賢路，專政犯君，故經譏尹氏齊崔氏是也（據王制疏引齊下刪氏字，增是字）。左氏說：卿大夫得世祿，不得世位，父爲大夫，死，子得食其故采地（據王制疏引補地字），而有賢才則復升父故位（王制疏引而作如，而如雙聲），故傳曰：官有世功，則有官族。謹案：易爻位三爲三公，二爲卿大夫，訟六三曰食舊德（訟六三三字孔疏所無，陳壽祺袁堯年皆謂當補，唯三爲三公之位，非卿大夫位，故許省之歟），舊德謂食父故祿也。尚書云（云字據王制疏引補）：古我先王暨乃祖乃父，胥及逸勤，予不敢動用非罰，世選爾勞，予不絕爾善。論語曰：興滅國、繼絕世。國謂諸侯，世謂卿大夫。詩云：凡周之士，不顯亦世。孟子曰：文王之治岐也，仕者世祿。知周制世祿也。』此許氏亦以卿大夫世祿爲常，雖以世祿爲常，而有大功德，亦得世位。故裳裳者華，刺幽王棄賢者之類、絕功臣之世。鄭箴膏肓云：公卿之世，立大功德，先王之命有所不絕者，是大功特命，則得世位也。白虎通曰：諸侯繼世者，南面之君，體陽而行，陽道不絕，大夫人臣，北面，體陰而行，陰道有絕故也，此託之陰陽之義，其實諸侯以大功而封故也，卿大夫本以佐君，欲令非賢不可，所以不世也，其得世者，又違常法，以大功而許之耳。」（詩疏十六之一）據是則白虎通從公羊穀梁之義，以卿不得世，又傅會以陰陽之義；左氏則以卿得世祿，不得世位，若有賢德，則可繼父位，故知無賢德而世位，三傳皆不從，唯左氏謂世祿則卿大夫皆有之，許從左氏義，且引易、書、論語、詩、孟子以證卿得世祿，鄭君義與許同，故王制孔疏於引此條異義之下云：「許從左氏義，鄭氏無駁與許同。」（禮記疏卷十一）是孔氏所見異義鄭駁之書，鄭氏無駁明甚。唯左宣十年孔疏又云：「鄭駁異義引尚書世選爾勞，又引詩刺幽王絕功臣之世。」又云：「何休膏肓以爲公羊譏世卿，而難左氏，鄭駁異義云云，然則興滅繼絕，王者之常，譏世卿之文，其義何在？」（春秋左疏卷二十二）此疏雖明言鄭從左氏，不從公羊，然有「鄭駁異義」四字，諸家誤以爲鄭君於此條亦駁許，故孔廣林曰：「廣林謹案：不顯亦世箋云：其臣有光明之德者，亦得世世在位。箴膏肓云：公卿之世立大功德，先王之命有所不絕者，是鄭以世祿其常，有功亦得世位，與許微異。王制正義云：鄭不駮。據世祿言，左傳正義又引駮義云云，則據世位也。」（通德遺書所見錄卷五十五）袁堯年氏襲其說，以爲王制疏與左疏語有兩歧，王制疏指世祿而言，左疏指世位而言，義各有取，而鄭與許微異（見重輯袁鈞本駁五經異義）。今謂孔袁二氏皆誤，此「鄭駁異義」四字，蓋指書名而言，非指鄭君之義而言，鄭書先列異義，後加駁文，故此云「鄭駁異義」即指許君所說而言，孔疏一時偶疏，舉許君語於鄭駁異義之書中，致誤會鄭君嘗駮許義耳。考鄭駮之引尚書即異義所有，鄭駮之引詩，即詩疏所引「裳裳者華，刺幽王棄賢者之類、絕功臣之世」，疑亦本是異義之文，且鄭所謂世祿其常，有功亦得世位，又與許全同，鄭於此既駁公羊而箴膏肓，爲左氏解難而斥譏世卿之文，則謂許鄭有「微異」者，此微異又何所指耶？皮錫瑞謂「孔氏袁氏發明許鄭異同可謂晰矣」者，直同瞽說耳。陳奐氏謂許鄭同義，又融貫毛傳鄭箋之義，謂毛詩義主不世位亦不世祿：「五經異義公羊說，春秋書尹氏、崔氏，爲譏世卿，世卿即是世位，是天子諸侯之大夫皆不世位也。左氏說卿大夫得世祿，不得世位，父爲大夫，死，子得食其故采，而有賢才，則復升父故位，是卿大夫不世位而世祿，有功德則亦世位，許鄭皆從左氏說。孟子梁惠王篇：仕者世祿。趙注云：賢者子孫必有土地。又滕文公篇：夫世祿，滕固行之矣。注云：古者諸侯卿大夫士有功德則世祿，賜族者也，官有世功也。其子雖未任居官，得世食其父祿，賢者子孫必有土之義也。趙亦與左氏說同。毛傳言世祿不言世位，有大功德皆世，無大功德則皆不世，何以明之？緇衣傳云：「有德君子宜世居卿士之位焉，是唯有德者世位，此卽王制所謂天子大夫不世爵之義；又干旄傳云：古者臣有大功，世其官邑。官邑卽是爵祿，是唯有功者世爵祿，此卽王制所謂諸侯之大夫不世爵祿之義。此傳云：不世顯德乎？士者世祿也，蓋有顯德必當世位，世祿實兼世位，故箋申之云：凡周之士謂其有光明之德者，亦得世世在位，重其功也。」詩毛氏傳疏 按陳謂許鄭同從左氏說者是也，謂古毛詩說以爲卿大夫無功則皆不世，引王制今文以合毛詩，反與古文左氏說歧互，恐非盡當，陳所據卿不得世祿者，僅干旄傳云「古者臣有大功，世其官邑」一語而已，此「臣」或指始封之人而言，非指世襲之子孫，不得據以謂卿大夫子孫無功不得世祿也，古毛詩與古左氏說所言實同，王制今文與公羊穀梁相合耳。

論天子親迎不，從左氏說，以爲天子無親迎之禮。鄭從公羊說，以爲自天子至庶人皆於婚娶當親迎，故駁許君。

案許論鄭駁天子昏娶當親迎不之條，諸書屢引，如禮記曲禮孔疏、禮記哀公問孔疏、毛詩大明孔疏、左氏傳桓八年孔疏、穀梁傳桓公八年集解、通典禮十八皆引及之。禮記哀公問「公曰：寡人願有言，然冕而親迎，不已重乎」句下孔疏云：「昏禮迎婦，異義：『禮戴說：天子親迎以上

（九字據禮記曲禮疏引補）。春秋公羊說：自天子至庶人娶皆當親迎（娶字當字據毛詩大明疏引補）。左氏說：天子至尊無敵，故無親迎之禮（毛詩大明疏引左氏說作王者尊無敵體之義故不親迎，禮記曲禮疏引左氏說作天子不親迎，使上卿引之，諸侯亦不親迎，使上大夫迎之。），祭公逆王后，未致京師而稱后，知天子不行而禮成也（以上三句據穀梁桓八年范寧集解引及通典禮十八引補）。諸侯有故，若疾病，則使上卿逆，上公臨之。公子翬如齊逆女，春秋不譏，知諸侯有故，得使親迎（以上四句，據通典禮十八引補）。許氏謹案：高祖時皇太子納妃，叔孫通制禮，以爲天子無親迎，從左氏義也。』駁之云：『太姒之家，在渭之涘，文王親迎於渭，即天子親迎之明文也（據穀梁桓八年集解引補之字），天子雖至尊，其於后猶夫婦也，夫婦判合，禮同一體，所謂無敵，豈施於此哉！禮記哀公問曰：寡人願有言，然冕而親迎，不已重乎？孔子愀然作色而對曰：合二姓之好，以繼先聖之後，以爲天地宗廟社稷之主，君何謂已重乎？（以上八十五字據毛詩大明孔疏引補）此言冕而親迎（據毛詩大明疏補此言二字），繼先聖之後，以爲天地宗廟社稷之主，非天子則誰乎？』如鄭此言，從公羊義也。又詩說云：文王親迎於渭，紂尚南面，文王猶爲西伯耳，以左氏義爲長，鄭駁未定。」（禮記疏卷五十）又左傳桓八年孔疏云：文王之迎太姒，身爲公子，迎在殷世，未可據此以爲天子禮也。孔子之對哀公，自論魯國之法，魯、周公之後，得郊祀上帝，故以先聖天地爲言耳，其意非說天子禮也。且鄭玄注禮，自以先聖爲周公，及駁異義，則以爲天子，二三其說，自無定矣。」（左疏卷七）據上孔疏所引及所評，許君異義從左氏說，以爲天子不親迎；鄭駁異義從公羊說，以爲天子親迎，唯鄭君注禮說詩，又以爲左氏義長，孔疏謂鄭君「二三其說」者，蓋鄭駁異義一書或早成於禮注詩箋（李雲光氏考定鄭君注禮記在師事馬融之前，師事馬融約在三十三四歲），或晚成於禮注詩箋（鄭珍鄭學錄年譜考定鄭君箋詩在五十八歲以後，高師仲華考定爲六十四歲），今未能碻定，唯爲學日有新知，昨非今是，固通儒所不免，亦猶許君異義早成，說文晚就（王鳴盛蛾術編曰：約計作異義必在三四十餘，復作說文久之，上進方卒，必六七十或七八十矣。），而異義與說文各持一解，不必追改者，此正東京通儒之風範也。即如鄭駁此云天子親迎，舉文王事爲證，實從公羊家說，皮錫瑞曰：「白虎通嫁娶篇曰：天子下至士，必親迎授綏者，以陽下陰也。欲得其歡心，示親之也。必親迎、御輪三周、下車曲顧者，防淫泆也。詩云：文定厥祥，親迎于渭，造舟爲梁，不顯其光。是班氏以爲天子必親迎，與公羊先師說同。引親迎于渭爲天子親迎之證，與鄭駁義說同。」（駁五經異義疏證）是鄭駁用白虎通說，白虎通從公羊家說，然引文王親迎于渭爲天子親迎之證，杜預氏已駁之，杜氏以春秋祭公逆王后于紀，傳曰禮也。劉夏逆王后，譏卿不行，皆不譏王不親行，明是天子不當親迎也，文王迎太姒身爲公子，迎在殷代，未可據以爲天子之禮。孔疏從之爲說以駁鄭，然江藩氏有公羊親迎辯一文，爲鄭解難曰：「鄭君引詩親迎于渭，公羊說也。班固白虎通說春秋，皆用公羊家言，其論昏禮云：『人君及宗子無父母，自定娶者，卑不主尊，賤不主貴，故自定之也。昏禮經曰：親皆沒，己躬命之。詩云：文定厥祥，親迎于渭。』據此則文王定昏在即位之後，非在爲公子時矣。孟堅之說，乃公羊先師之言，杜預不知有此一解耳。周家文王爲受命王，故公羊隱公元年傳：王者孰謂？謂文王也。武周繼述，改正朔、易服色，皆推本文王。蓋當時因文有親迎之事，遂制天子親迎之禮也。不然者，鄭君一代儒宗，豈不知文王爲殷之諸侯，而以爲天子哉？」（隸經文卷二）江氏以白虎通云親沒己躬命之而引文王親迎事爲證，是白虎通以爲文王親迎時親已沒，故文王已即位而非在公子時矣。然文王雖即位，猶爲西伯，何能比諸天子？故又爲解之，以爲文王爲受命王，推本文王親迎，遂制天子親迎之禮。其說詘曲求通，恐非篤論，故鄭君於注禮箋詩又別爲之說矣。白虎通有親沒自定娶之說，至元代敖繼公遂謂親沒子無所承命，故不親迎，爲不親迎作新解，其言曰：「不親迎，此指無父者也。記曰：父醮子而命之迎。昏義曰：子承父命以迎，無父則命無所承，故其禮宜廢。」（儀禮集說）皮錫瑞、盛世佐並以爲無父者告於廟而後迎，豈得以無所承命而廢之，故斥敖爲臆說無疑。清吳定氏仍信不親迎爲無父之故，而據敖說以脩正之，彼云：「不親迎誠指無父者，但必謂父沒無命可承，則非矣。禮凡大事必告廟，若受命於祖、受成於廟是也，況婚禮皆受諸禰廟乎？左氏傳載楚公子圍之娶婦也曰請以衆迎。又曰：圍布几筵告於莊共之廟而來，此無父者告廟而迎之證也。……然則以不親迎指無父者何也？曰此據免喪未久而納婦者言也。文公將免喪，使襄仲如齊納幣，則春秋譏之，以爲喪娶。故雖免喪可納婦，而不可遽欣然服爵弁、御婦車以親迎也。……餘哀慘怛不忍圖昏，孝子之道也。然禮於此必有兩盡以曲成其孝者，故女之父不必待壻親迎而歸其女焉，聖人之權也。」（紫石泉山房文集卷二）吳氏此說，舉孔子告曾子之語：「壻免喪，女之父母使人請壻弗取而后嫁之禮也」爲證，然遭喪不親迎，與天子不親迎之意不同，不容牽合爲證。左氏之意，謂天子至尊，故不親迎，諸侯則當親迎，與父之存歿不相涉也。劉文淇曰：「左氏說謂天子無親迎禮，異義謂諸侯有故，則上卿逆、上公臨，是諸侯得親迎降殺之義。異義所稱當爲賈君義矣。」（左傳舊注疏證桓八）據是則左氏說謂不親迎，但就天子爲說者，若諸侯，左氏說本主當親迎也。陳奐氏於詩齊風箸小序「箸，刺時也。時不親迎也」句下疏云：「古者親迎，天子以下達士皆行之。大明親迎于渭，天子親迎也。韓奕韓侯迎止于蹶之里，諸侯親迎也。周自文王及宣王時，其禮不廢，春秋隱二年九月，紀裂繻來逆女，譏不親迎，厥後桓八年，祭公逆王后于紀。襄十五年，劉夏逆王后于齊，天子不親迎矣；桓三年，公子翬如齊逆女。文四年，逆婦姜于齊。宣元年，公子遂如齊逆女。成十四年，叔孫僑如如齊逆女，諸侯不親迎矣。春秋正夫婦之始，天子諸侯，皆在所譏。正義以箸三章皆刺哀公，則春秋之前，哀公之世，親迎之禮已廢矣。詩人陳古義以刺今時，亦春秋之譏也。」（詩毛氏傳疏）陳氏通詩義於左氏，謂詩刺諸侯不親迎，即春秋之譏，其說舉例甚備，然謂「天子諸侯皆在所譏」，則非左氏家說，恐亦非毛詩之恉矣，毛傳以箸三章，一章象瑱瓊華爲士之服，二章青玉（石之似玉者）瓊瑩爲卿大夫之服，三章黃玉（石之似玉者）瓊英爲人君之服，陳奐氏云唯天子用白玉瑱，則此詩乃刺諸侯不親迎甚明，非並刺天子者，陳氏謂天子諸侯皆在所譏者，蓋已雜厠公羊家言以說毛詩，不覺淆亂古文家法矣。淸人治今文說而主天子親迎者，若凌曙（公羊禮說）、侯康（穀梁禮證）等，所據亦唯大明親迎于渭及哀公問冕而親迎二證而已。文王與魯公皆不得取證乎天子之禮，其故自杜元凱氏已論定之矣。

論人君年幾而娶，從左氏說，以爲人君早昏，不必三十始娶。鄭君亦同許說。

案許論人君年幾而娶之條，見於禮記昏義孔疏、毛詩召南摽有梅孔疏所引，禮記昏義篇題下孔疏云：「案異義：『人君年幾而娶（以上六字據詩摽有梅疏引補）？今大戴禮說（今禮二字據詩疏引補）：男三十，女二十，有昏娶，合爲五十，應大衍之數，自天子達於庶人同一也（自字譌目，今正）。故春秋左氏說（故即古字）：國君十五而生子，禮也。二十而嫁、三十而娶，庶人禮也。禮：夫爲婦之長殤（莊葆琛以爲此句誤，當是婦爲夫之姊之長殤。孔廣林疑當是爲夫姊，陳壽祺考盧植馬昭范甯杜佑皆引喪服「爲夫之姊之長殤」，謂皆本許氏異義，昏義疏引異義譌作夫爲婦之長殤，經無此文，義又大乖，其誤審矣。），長殤十九至十六，知夫年十四十五，見士昏禮也。許君謹案：舜生三十不娶謂之鰥（生字據詩疏引補，阮元校勘記謂宋板舜下有年字），禮文王世子曰（以上六字據詩疏引補）：文王十五而生武王，武王尙有兄伯邑考（武王二字據詩疏引補），故知人君早昏娶（故字據詩疏引補），不可以年三十，所以重繼嗣（此句本作非重昏嗣也，據詩疏引改）。』若鄭意依正禮，士及大夫皆三十而後娶（按詩摽有梅疏云鄭玄不駮。）……天子諸侯昏禮則早矣，如左氏所釋。」（禮記疏卷六十一）孔廣林曰：「詩迨其吉兮。箋云：謂年二十。周官媒氏注云：二三者天地相承覆之數。書金縢注云：文王十五生武王。是鄭君亦從左氏說：大夫以下，皆三十而娶，人君昏則早也。故不駮。」（通德遺書所見錄卷六十）孔說是也，故詩疏於引異義之下云「鄭君不駁，明知天子諸侯十二而冠，冠而生子。大夫以下，明從庶人法也。」是許鄭同從左氏說，謂人君有早昏之禮，譙周五經然否論曰：「國不可久無儲貳，故天子諸侯十五而冠，十五而娶，娶必先冠，以夫婦之道，王敎之本，不可以童子之道治之。禮十五爲成童，以次成人，欲人君之早有繼體，故因以爲節。書稱成王十五而冠，著在金縢。周禮媒氏曰：令男三十而娶，女二十而嫁。內則云：女子十五而笄，說曰許嫁也。是故男自二十以及三十，女自十五以及二十，皆得以嫁娶，先是則速，後是則晚。凡人嫁娶，或以方類，豈但年數而已，若必差十年乃爲夫婦，是廢賢淑方類，苟比年數而已，禮何爲然哉，則三十而娶，二十而嫁，說嫁娶之限，蓋不得復過此爾。故舜年三十無室，書稱曰鰥。周禮云：女子年二十未有嫁者，仲春之月，奔者不禁，奔者不待禮聘，因媒請嫁而已矣。」（穀梁文十二年范寧集解引）譙氏以人君當早昏，且謂三十而娶二十而嫁非嫁娶之定法，正申許鄭之義而駁大戴禮之說矣。范寧據其說而駁穀梁傳云：「寧謂禮爲夫之姊妹服長殤，年十九至十六，如此，男不必三十而娶，女不必二十而嫁明矣。」是范氏所從者爲左氏說，與許鄭同義矣。顧炎武謂「范寧不私於穀梁，而公言三家之失」者是也（見日知錄卷二十七），王應麟氏亦以范寧之學較杜預何休爲善者，卽據范氏能折衷三傳而言也（見困學紀聞卷七）。同門生王熙元亦云：「范氏之注穀梁也，於傳義每有駁難，或置疑議，蓋以是非爲準，而不曲從其說，故先儒頗稱善之。」（穀梁范注發微）王氏專精於穀梁范注，嘗撮擧范注對穀梁傳義之駁難十餘條，此條雖出其所舉之外，然亦足深信范氏乃權衡三傳，以左氏義長，故爾從古以違今者也。主男三十而娶、女二十而嫁者，除穀梁文十二年傳、大戴禮本命篇外，尚有禮記曲禮、內則，尚書大傳，及白虎通義，並有其文，白虎通最詳：「男三十而娶，女二十而嫁何？陽數奇陰數偶也，男長女幼者何？陽舒陰促，男三十筋骨堅強，任為人父；女二十肌膚充盛，任為人母，合為五十，應大衍之數，生萬物也。」說即與禮大戴合，又牽合陰陽為說，是以男必三十、女必二十為婚期也，前譙周所論，蓋已難之矣。陳奐曰：管子合獨，亦即行周禮會男女法，古者未三十，男亦行娶，未二十，女亦行嫁，三十二十為年盡，若踰時無夫家則為鰥寡矣。嫁娶以秋冬為正時，冰泮而殺止，仲春之月為期盡，周禮於仲春會男女之無夫家者，以年盡之男女，於期盡之月行之，此雖禮不備，而亦會而行之者也。」詩毛氏傳疏卷二 陳氏舉管子周禮以證古制，此二書皆可確信為先秦之典籍，較諸今文家各說未必出於先秦之典籍者為可信。據是則三十而娶蓋為期盡之年，非天下之通制也。廖平氏欲證穀梁古義，舉尹更始說「男三十而娶，女十五許嫁笄，二十而嫁」，復為之作調人曰：「按此今文說也，左氏不同。先師經說，從中立制，故曰三十而娶，二十而嫁。長者過此，少者不及，非執一拘定如此，左氏與今公羊穀梁說各明一義，實則相同，舊解強為分別，各欲自成一家，此說萬不能通者也。」重訂穀梁春秋經傳古義疏 按廖說強為會同，若天子年十五而娶，士庶三十而娶猶謂為從中立制，無乃太晚乎？兪正燮謂「三十二十之令，與奔者等，而引爲禮制，則徵事原義，宜不能通」者良是（見癸巳類稾三）。

論諸侯娶同姓不？從左氏說，謂五屬之內，乃當絕。否則不當譏。鄭君駁文未見，或與許不同。

案許論娶同姓之條，見於通典嘉禮五所引，云：「五經異義：諸侯娶同姓，今春秋公羊說：魯昭公娶於吳，爲同姓也，謂之吳孟子。春秋左氏說：孟子非小君也，不成其喪，不當譏。謹案：易曰：同人于宗，吝。言同姓相娶，吝道也。即犯誅絕之罪，言五屬之內，禽獸行，乃當絕。」（卷六十）通典所引甚略，故諸家或以爲許從公羊說，或以爲許從左氏說，如孔廣林曰：「案坊記注云：吳太伯之後，魯同姓也，昭公取焉，去姬曰吳而已，至其死亦略云孟子卒，不書夫人某氏薨，是從公羊說，與許君同。但鄭注同人于宗云：天子諸侯后夫人無子不出，似不作同姓相娶解也。」（通德遺書所見錄卷六十）孔氏以爲許從公羊說，鄭君與同，然又引鄭易注以相疑。不知許從左氏說，鄭從公羊說，故爾不同。陳壽祺氏擘析甚詳，彼云：「公羊春秋哀十二年夏五月甲辰，孟子卒。傳：孟子者何？昭公之夫人也。其稱孟子何？諱娶同姓，蓋吳女也。禮記坊記曰：魯春秋猶去夫人之姓曰吳，其死曰孟子卒，此謂不修春秋也。據坊記則魯春秋舊記當有夫人至自吳之文，聖人修之，深沒其文，直于薨也書孟子卒而已。白虎通義嫁娶篇曰：不娶同姓者，重人倫，防淫佚，恥與禽獸同也。論語曰：君取於吳為同姓，謂之吳孟子。何休公羊解詁曰：禮不娶同姓，買妾不知其姓則卜之。為同宗共祖，亂人倫，與禽獸無別。昭公既娶，諱而謂之吳孟子，春秋不稱夫人，不言薨，不書葬者，深諱之。何氏義與白虎通同，則白虎通亦公羊說也。異義所舉公羊說，當更有亂人倫、同禽獸之語，故謹案辨之，言五屬之內，禽獸行，乃當絕，許从左氏說也。通典所引異義不具，鄭注坊記云：吳太伯之後，魯同姓也，昭公取焉，去姓曰吳而已，至其死，亦略云孟子卒，不書夫人某氏薨，是鄭亦從公羊說，其于異義當駁，鄭又注易同人于宗云：天子諸侯后夫人，無子不出，不解為同姓相娶，與許君異義。」五經異義疏證陳說精湛，許君實從左氏說，謂五屬之內同姓不得通婚姻，故引易同人于宗，同宗通婚，乃有吝道，若非同宗之同姓相婚，不當譏也。公羊家以為百世而婚姻不通，故釋易同人于宗吝謂非指同姓通婚而言，若同姓通婚不啻吝道而已。鄭注禮記及易並從公羊家說，故與許不同，或本有駁文而今未見耳，亦或鄭作駁異義時亦從左氏說，以為非同宗之同姓相婚不當譏歟？唯公羊左氏之所謂同姓，與今人之卽氏卽姓者實有別，張伯行作同姓不為婚說，不別姓氏，固非考古之高論見正誼堂文集卷九，夫姓氏實有別，同出一祖者為同姓，而或異氏，如魯之孟季、晉之欒郤是也。不同出一祖者為異姓，而或同氏，如晉有欒，齊亦有欒；魯有季、楚亦有季是也參見朱軾朱文端公文集卷三。今人卽氏卽姓，故雖欲百世不通婚姻，恐亦難辨晰支系矣。陳立云：「禮言雖百世而昏姻不通者，周道然也，則夏殷以上有異。故御覽引禮記外傳曰：夏殷五世之後則通昏姻，周公制禮，百世不通。」白虎通疏證 似謂公羊左氏之說乃三代之異制，然文辭作於周人，許愼據同人于宗吝爲同姓通婚，則百世不通之說，亦非周代之通制也。

論公冠有樂否？從左氏說，謂冠若無樂則非禮義。鄭君同異，無明文以知之。

案許論公冠有樂之條，見於政和五禮新儀所引，云：「五經異義曰：公冠，記：無樂。春秋傳說：君冠必以金石之樂節之。謹案：人君飯有舉樂，而云冠無樂，非禮義也。」卷十二 袁堯年曰：「據謹案文，是許引春秋傳說，以證大戴禮公冠記之非，非申春秋傳說也，當入戴禮類。」袁氏重輯袁鈞本駁五經異義，以此入禮類，今謂許君謹案不從禮戴說，實卽從古左氏說，當歸類於此。云春秋傳說云云，卽左氏襄九年傳文，彼傳云：「晉侯曰：國君十五而生子，冠而生子，禮也。君可以冠矣，大夫盍爲冠具。武子對曰：君冠必以祼享之禮行之，以金石之樂節之，以先君之祧處之，今寡君在行，未可具也。請及兄弟之國而假備焉。晉侯曰諾。公還及衞，冠于成公之廟，假鐘磬焉，禮也。」是左氏有明文言公冠節之以樂者，許君從之。唯孔廣林曰：「公冠注云：成人代父，始宜盡孝子之感，不可以歡樂取之，其義甚明。故周官備詳樂事，而獨無冠樂，彼傳之云，乃衰世變禮耳，鄭爲禮學，必云無樂也。」通德遺書所見錄卷六十 孔以鄭必不從許說，然鄭君注禮與撰駁異義之年代不同，立論或未必一致，故陳壽祺改孔氏末二句爲「鄭君同異，無明文以知之」，其態度最爲審愼，皮錫瑞據孔說，以爲今文禮戴說爲長，彼云：「孔說是也，當從公冠記無樂爲正。冠昏皆屬吉禮，冠禮不當用樂，可以昏禮推之。曾子問：孔子曰：取婦之家，三日不舉樂，思嗣親也。注曰：重世變也。正義曰：所以不舉樂者，思念己之取妻，嗣續其親，則是親之代謝，所以悲哀感傷，重世之改變也。郊特牲曰：舅姑降自西階，婦降自阼階，授之室也。昏禮不用樂，幽陰之義也，樂、陽氣也。昏禮不賀人之序也。注曰：明當爲家事之主也，序猶代也。據此則昏禮不樂，雖有幽陰之義，實因嗣親之思，冠爲成人之始，亦當有嗣親之感，準以昏禮，亦不當舉樂。左氏所說，多當時所行之禮，不合古義，必謂金石之樂爲禮，則冠於成公之廟，假鐘磬焉，是何禮乎？許君例以人君飯有舉樂，比擬不倫，鄭駁義不見，故補之。」駁五經異義疏證 孔廣林引大戴禮盧辯注文，以爲冠無樂；皮氏復就昏禮不用樂推諸冠禮，謂冠亦無樂，今考大戴禮公冠第七十九曰：「公冠，自爲主，迎賓揖升自阼，立于席。既醴，降自阼。…公冠四加玄冕，饗之以三獻之禮，無介無樂，皆玄端。」盧辯注云：「入堂深，異於士，君尊，故其降也不使就賓階。無介者，於饗，而贊冠者退爲衆賓者，君禮於臣，本無介也王聘珍大戴禮記解詁曰：介、賓之輔。無樂，亦饗時也王聘珍曰：饗、饗賓也。冠禮，一舉樂可也，春秋左氏傳曰：以金石之樂節之，謂冠之時爲節也。皆玄端，君臣同服也。」是大戴禮所謂無樂，但謂饗時無樂，盧注引左傳蓋謂冠本有樂也。王紹蘭謂：「盧注云云，謂公冠饗時無樂，冠時以金石之樂爲節，同左氏說」者是也（王氏經說卷第四）。且公冠一文，首言迎賓揖升之事，迎賓揖升，豈能無樂？王國維氏釋樂次云：「凡樂，以金奏始（燕禮記曰以金鑮播之，鼓磬應之，所謂金奏也。即金石之樂），以金奏終，金奏者，所以迎送賓，亦以優天子諸侯及賓客，以爲行禮及步趨之節也。」又曰：「金奏既闋，獻酬之禮畢，則工升歌，歌升者，所以樂賓（祭祀則樂尸，尸亦賓類也）也。」又曰：「凡金奏之樂用鐘鼓，天子諸侯全用之，大夫士鼓而已。」（觀堂集林卷二）據王氏所說推之，則左傳所云公冠有樂，即指迎賓揖升之時，即所謂爲行禮及步趨之節也。公冠記所云無樂，即指饗之三獻之禮之時，即所謂金奏既闋，獻酬既畢之時，唯祭祀則繼之以樂賓之升歌，公冠則宜盡孝子之感，故爾無樂耳。竹添光鴻氏曰：「金石節之，謂冠時之樂，非祭祀之樂也，諸侯之冠禮亡，唯有士冠禮在耳。其禮亦行事於廟，而不爲祭祀。士無樂可設，而唯處祧同耳。」（左氏會箋第十四）所說與王紹蘭王國維二氏相應，冠樂與祭祀之樂不同，即在獻酬禮畢，無樂賓之樂，而士不得有金石之樂，故士冠自與公冠不同（王聘珍曰公謂諸侯也，諸侯有冠禮）。準斯以言之，禮戴及左氏說實可兩通，紛紛之議，胥可寢矣。

論譏二名，從左氏說，謂二名非禮，係指一人更名而言，公羊則以爲譏二名係指不以單字爲名而言，許駁公羊說，鄭君或與許同義。

案許論譏二名之條，見於禮記曲禮上孔疏所引，彼曲禮「禮不諱嫌名，二名不偏諱」下鄭注云：「爲其難辟也，嫌名謂音聲相近，若禹與雨、丘與區也。偏謂二名不一一諱也。孔子之母名徵在，言在不稱徵，言徵不稱在。」孔疏乃申注曰：「不偏諱者（阮元云經文作偏諱者誤），謂兩字作名，不一一諱之也（阮元云此義謂二字爲名，同用則諱之，若兩字各隨處用之，不於彼於此，一皆諱之，所謂不偏諱也）。孔子言徵不言在，言在不言徵者，案論語云：足則吾能徵之矣。是言徵也。又云某在斯。是言在也。案異義：『公羊說：譏二名，謂二字作名，若魏曼多也。左氏說：二名者，楚公子弃疾弑其君，即位之後，改爲熊居，是爲二名。許愼謹案云：文武賢臣，有散宜生、蘇忿生，則公羊之說非也，從左氏義也。」（禮記疏卷三）許駁公羊以從左氏，是以譏二名者謂譏一人更名爲二，非譏名有二字也。孔廣林謂曲禮鄭注雖以二名爲雙字成名，然不云二名非禮，故鄭君亦不從公羊說（見通德遺書所見錄卷六十一）。萬世美則謂黃帝名軒轅，堯名放勳，舜名重華，禹名文命，皆二名也，非所當譏。皮錫瑞則云：「孔萬二說皆不識春秋義者，春秋譏二名，乃孔子所立一王之法，孔子以前不妨有二名，如散宜生、蘇忿生，不足以難。若黃帝堯舜禹去孔子更遠矣，孔子作春秋，豈追譏黃帝以上乎。」（駁五經異義疏證）皮氏駁孔萬二氏，雖似近理，然猶不足折服人心，至王紹蘭氏說經，論稍持平，王云：「曲禮二名不偏諱鄭注云云，則二名謂二字作名，公羊說是。至云譏二名，即以春秋經考之，自仲孫何忌魏曼多外，尚有一百八人（如隱元年公子益師，二年無駭紀裂繻，四年衞州吁等等，案文長不及備載，可參王氏經說），皆不爲非禮，何獨譏此二人？且仲孫何忌，經凡十三見，如果當譏，則昭三十二年始見于經，即當書曰仲孫忌，否則始見存其二名，再見去其一字，以示變例，乃一見、再見、三見皆無異文，直至定六年圍運之役，名已四見，始書忌示譏，殊無例義，明是簡編朽爛，魯史仍其舊文，故三家經書何忌者十二，獨此經皆奪何字，即夫子所云史闕文，愼重之至，無它義也。魏曼多，惟哀七年一見，十三年一見，左氏穀梁，皆作魏曼多，惟公羊於十三年經無曼字，與左穀異，然則春秋以前，二名不譏，公羊說非也。左氏說以楚弃疾，改名熊居爲二名。曲禮：君子已孤不更名。鄭注云：亦重本。晉有趙鞅，後改志父，與弃疾正同。此是更名非二名，左氏之說，與禮相違。漢書王莽傳：遣使者重賂匈奴單于，使上書，聞中國譏二名，故名囊知牙斯，今更名知。亦可證二字爲二名，非以更名爲二名也（莽譏二名即本公羊說）。許叔重以散宜生爲二名，大戴禮帝系篇：堯娶于散宜氏。是散宜爲氏非名，古彝器有散氏盤，則宜生爲名，豈許說本之歟？」（王氏經說卷六）案王氏謂曲禮之二名不偏諱，二名指二字作名，然二字作名則不當譏，蓋春秋經中所見百餘，何獨譏仲孫忌魏曼多哉？是以公羊定六年譏仲孫忌二名非禮，哀十三年譏魏曼多二名非禮，皆公羊家之謬說。而左氏所云弃疾更名熊居，是更名，非二名，故王氏又謂左氏與禮相違。今謂左氏說之二名本指更名而言，非與禮相違，實則與禮諱爲二事，公羊家見文有遺脫，爲創義例，其與全經不合，王氏已確證之矣。春秋或本有譏二名之義，實指更名而有二名言，公羊家取曲禮二名爲二字爲名，故於經文偶脫處爲之發凡起例，已失春秋之指。曲禮云：君子已孤不更名。則已孤而更名，若弃疾者，左氏譏之，與禮本相合，故知左氏說爲可信矣。皮氏謂譏二名乃孔子所立一王之法，然三家經書獨公羊於彼一人脫奪數字以示譏，既與左氏穀梁不合，與公羊全書亦不合，皮氏所說固不足憑矣。許君欲示二字爲名，由來已古，非春秋所當譏，故特舉春秋以前之人名爲例，以破公羊一家之私說耳。今復考白虎通姓名篇曰：「春秋譏二名何？所以譏者，乃謂其無常也。」白虎通說春秋盡本公羊，謂譏二名乃謂其無常，實與左氏說近，恐公羊傳作仲孫何忌又作仲孫忌，作魏曼多又作魏多，即譏其名時用一字，時用二字，變易無常，故譏其非禮，其與左氏譏任意更名者同義。至許君時說公羊者乃取曲禮不偏諱之義，以爲二名爲二字作名，以致使三傳歧異。苟若是，則左氏不誤，公羊爲後人所誤耳。

論聖人皆有父，從左氏說，不信公羊家感天而生之說。鄭君駁之。

案許論聖人有父之條，見於毛詩大雅生民孔疏所引，生民一詩言后稷生於姜嫄，二章「以赫厥靈，上帝不寧，不康禋祀，居然生子。」鄭箋云：「康寧皆安也。姜嫄以赫然顯著之徵，其有神靈審矣。此乃天帝之氣也。心猶不安之，又不安徒以禋祀而無人道，居默然自生子，懼時人不信也。」鄭君箋詩，直謂聖人感天而生，無可疑者。孔疏乃引異義鄭駁以明諸家之不同：「異義：『詩齊魯韓、春秋公羊說：聖人皆無父，感天而生。左氏說：聖人皆有父。謹案：堯典以親九族，即堯母慶都感赤龍而生堯，堯安得九族而親之？禮讖云：唐五廟，知不感天而生。』玄之聞也：』諸言感生得無父，有父則不感生，此皆偏見之說也。商頌曰：天命玄鳥，降而生商。謂娀簡吞鳦子生契，是聖人感生（阮元曰案浦鏜云感下當脫生字，是也。今據補），見於經之明文。劉媼是漢太上皇之妻，感赤龍而生高祖，是非有父感神而生者邪（邪本作也，孔廣林謂非也二字必有一誤。陳壽祺曰也當作邪）。且夫蒲盧之氣，嫗煦桑蟲成爲己子，況乎天氣因人之精，就而神之，反不使子賢聖乎？是則然矣，又何多怪！」如鄭此言，天氣因人之精，使之賢聖，則天氣不獨生人，此姜嫄得無人道而生子者，言非一端也。彼以古今異說，言感生則不得有父，有父則不得感生，偏執一見，理未弘通，故鄭引蒲盧爲喩，以證有父得感生，非必由父也（非本作耳，阮元云浦鏜疑耳爲非字之誤是也）。所引吞鳦生契，卽是不由父矣，又何怪於后稷也。稷契等雖感天氣，母實有夫，則亦爲有父，繼父爲親，故稱嚳之胄。唐堯之親九族、立五廟，亦猶此也。」（詩疏十七之一）據是知今文學家以爲聖人無父，感天而生；古文學家以爲聖人皆有父。鄭君謂今古二說，各執一偏，謂有父亦得感生，感生並非無父，孔疏申鄭意，可謂極詳矣。鄭君駁文引史記劉媼感赤龍而生高祖事及蒲盧嫗煦桑蟲成己子事，前者本屬神話，後者乃觀察不精，離奇迷妄，駁之卽屬辭費矣。林師景伊曰：「漢初社會風氣，篤信騶衍陰陽之說，災異符瑞之變，五行生尅之理，深迷人心，故儒家者流，爲求發揚儒道，廣宣經義，不得不順從社會心理，附會讖諱，極言災異，使儒家之義，易爲天下所接受，蓋亦不得已也，借陰陽以宣教，此漢儒之深心，然其志在興廢繼絕。」（中國學術思想大綱）師說是也，秦時不焚陰陽家卜筮求仙方術之書，漢初蔚成風氣，至武帝初立五經博士，皆今文學家，爲求宣揚儒道，多接受災異生尅之謬說，迨太史公作高祖本紀，采今文家言，以爲聖人感天而生，載赤龍事以符合之（史記索隱引詩緯含神霧云：赤龍感女媼劉季興。），又載赤帝子代白帝子之事，以傅會生尅之說（史記索隱引春秋合誠圖云：水神哭子襃敗。秦爲金德抑或水德，說各不同，然此事當出緯書），蓋此類奇蹟，爲漢初之人所共信，至東漢鄭玄，猶信帝王之生，皆有神異。今人乃識其愚妄，然千載以上，左氏說已謂聖人皆有父，許君信之獨堅，亦可謂卓識矣。

論子不得拒父，從左氏說。謂雖爲公義而逆倫，亦是大惡，鄭君駁之。

案許論子不得拒父之條，見於禮記檀弓「子弒父，凡在宮（本或作官）者殺無赦」句下孔疏所引，彼疏云：「異義：『衞輒拒父，公羊以爲孝子不以父命辭王父之命，許拒其父，左氏以爲子而拒父，悖德逆倫，大惡也。』鄭駁異義云：『以父子私恩言之，則傷仁恩。』則鄭意以公羊所云，公義也；左氏所云，是私恩也。故知今子之報殺其父，是傷仁恩也。」（禮記疏卷十） 陳壽祺曰：「案正義引鄭駁不全，然據文意知許从左氏，鄭從公羊。」袁堯年說亦與陳同，謂許從左氏，以爲子不得拒父；鄭從公羊，許其拒父爲公義。然考公羊哀公三年傳：「蒯聵爲無道，靈公逐蒯聵而立輒，然則輒之義可以立乎？曰可。其可奈何？不以父命辭王父命，以王父命辭父命，是父之行乎子也。不以家事辭王事，以王事辭家事，是上之行乎下也。」何休解詁曰：「以父見廢，故辭讓不立，是家私事；聽靈公命立者，是王事公法也。是王法行於諸侯，雖得正，非義之高者也。」陳立據解詁，以爲鄭與何休同，云：「公羊亦不以輒可拒父，故下注云：雖得正，非義之高者也，謂僅能得不以父命辭王父命之正也。亦卽鄭氏傷仁恩之義。」公羊義疏陳氏謂鄭與何休皆同主公羊說，而公羊亦不以輒可拒父，似與異義所載公羊之指有別矣。今考鄭君義雖從何休解詁，然何氏之義未必實得公羊之本恉，故與異義所載公羊說不同。成瓘曰：「春秋哀公二年，晉趙鞅帥師納衛世子蒯聵于戚。公羊傳云：戚者何？衛之邑也。曷爲不言入于衛？父有子，子不得有父也。何氏解云：明父得有子而廢之，子不得有父之所有，故奪其國。蓋罪蒯聵也。穀梁傳云：納者何？內弗受也，以輒弗受也。以輒不受父之命，受之王父也。信父而辭王父，則是不尊王父也。其弗受，以尊王父也。蓋予輒也。公羊罪蒯聵，穀梁予輒，其意一而已矣。三年齊國夏、衛石曼姑帥師圍戚。公羊傳云云見前引，亦予輒也。穀梁傳云：此衛事也。其先國夏，子不圍父也，不繫戚於衛，子不有父也。曲以脫輒也。二傳之意，亦一而已矣。」籥園日札卷四成氏以穀梁證公羊，以爲公穀二傳，皆許輒而罪蒯聵，此當是公羊之古義，陳立謂公羊亦不以輒可拒父，乃何氏鄭氏之私說，故知鄭君實非從公羊者也。成氏又云：「哀公二年范氏穀梁注引鄭君曰：蒯聵欲殺母，靈公廢之，是也。若君薨有反國之道，當稱子某，如齊子糾也此用公羊例，君在稱世子，君薨稱子某，既葬稱子，踰年稱君也。今稱世子如君存，是春秋不與蒯聵得反立，明矣。據此則是康成不右蒯聵也。禮記檀弓孔疏述鄭駁異義云：以父子私恩言之，則傷仁恩。據此則是康成亦不右輒也。公羊意出於右輒。」同上成說是也，公羊說本右輒，今鄭君折衷公羊左氏二說，既不右蒯聵，亦不右輒，是鄭不盡從公羊說也。公羊之義實右輒，謝鴻儒氏嘗申公羊之義云：「蒯聵爲無道，靈公逐之而立輒，以爲輒爲有道也。假如輒以父命辭王父命，則必從父命，從父奔，是相率叛君父也。故不以父命辭王父命，以王父命辭父命。若曰：代父事王父命，若命輒奔，則必以爲不可事王父也。王父竟無子，吾父竟卒不能爲子，而子心傷，是父不能行乎子也。所謂是父不能行乎子者，不獨靈公逐子，輒能代父事王父，是蒯聵亦因而有子，故不從父奔而父子義行也。且春秋之例，國君一體，以父視子，則父重，以父視國，則國重也。故經於子弒父，則以弒其君文之，而於父殺子，則書某侯殺其世子文之，蓋以言其君體乎國也。衞之國，靈公之國也。國不可一日無君也。蒯聵無道，不可以君者也。靈公命輒，君先在靈公，君繼在輒也。輒既君，輒即體國，國命重於父命，故曰不以父命辭王父命，以王父命辭父命也。」（沅湘通藝錄卷一）至晉范寧注穀梁，反從左氏之說，故其集解序云：「穀梁以衞輒拒父爲尊祖，以拒父爲尊祖，是爲子可得而叛也！」又於哀公二年納衞世子蒯聵傳下云：「寧不達此義。」成瓘氏謂「晉范氏雖注穀梁，而意出於右蒯聵」者是也。同門生王熙元亦列此條爲范注對穀梁傳義之駁議，歸入「取別家以駁之」之條（見穀梁范注發微），然范氏之意，實本諸古左氏說以駁穀梁者也。

論君非理殺臣，子可復讎否？復左氏說，以爲君命天也，不可復讎。鄭君從公羊說，以爲可復讎，故駁之。

案許說臣不得復君讎之條，見於曲禮上「父之讎，弗與共戴天」句下孔疏所引，云：「異義：『凡君非理殺臣，公羊說：子可復讎，故子胥伐楚，春秋賢之。左氏說：君命，天也。是不可復讎。』鄭駮異義稱『子思云：今之君子退人，若將隊諸淵，無爲戎首，不亦善乎！子胥父兄之誅，隊淵不足喩，伐楚使吳首兵，合於子思之言也。』是鄭善子胥，同公羊之義也。」禮記疏卷三 鄭君駮文既從公羊說，故袁堯年謂「據駁義文，知許從左氏說」者是也。考公羊說謂子可復讎，傳有明文，然謂「子胥伐楚，春秋賢之」，則無明文，當是說公羊者闡述其義而得之者。公羊定公四年冬十有一月庚午，蔡侯以吳子及楚人戰于伯莒，楚師敗績。傳曰：「吳何以稱子？夷狄也而憂中國 案攘楚是爲中國分憂者也 ，其憂中國奈何？伍子胥父誅乎楚，挾弓而去楚，以干闔廬，闔廬曰：士之甚，勇之甚，將爲之興師而復讎于楚，伍子胥復曰：諸侯不爲匹夫興師。且臣聞之，事君猶事父也，虧君之義、復父之讎，臣不爲也，於是止。…楚人興師伐蔡，蔡請救于吳，伍子胥復曰：蔡非有罪也，楚人爲無道，君如有憂中國之心，則若時可矣。於是興師而救蔡。曰事君猶事父也，此其爲可以復讎奈何？曰父不受誅 何休曰：不受誅，罪不當誅也 ，子復讎可也。父受誅，子復讎，推刃之道也 何休曰：子復因，非當復討，其子一往一來曰推刃 。」是傳文未明言賢子胥也。何休解詁乃曰：「（興師救蔡）不書與子胥俱者，舉君爲重，子胥不見於經，得爲善者，以吳義文得成之也 按謂稱吳曰子，所以進吳，亦所以善子胥也 。雖不舉子胥，爲非懷惡，而討不義，君子不得不與也。」徐彥疏曰：「案此傳文有善子胥之意，子胥不得見於經，而得爲善之者，正以吳得進而稱子（吳與蔡同姓，能攘楚是春秋所急，許其所爲，故進稱子），是其義文，以是之故，得成子胥之善，故曰以吳義文得成之也。」（公羊注疏卷二十五）而廖平氏注穀梁，引劉子曰：「如子胥者，可謂不以公事趨私矣，敗楚人于伯擧，以成霸道，子胥之謀也，故春秋褒而美之。」（穀梁春秋經傳古義疏）是謂春秋之賢子胥，實出今春秋家之說，而公穀家所言君子不得不與子胥者，似與其不以公事趨私、不懷私仇以興師、且能攘夷狄而信中國，以夏變夷、進吳而成霸業也；非與其能復父仇也。許君異義云：「公羊說：子可復讎。故子胥伐楚，春秋賢之」，則似謂公羊家所賢子胥，在於能復父讎矣，此必非許君原文如此，孔疏約擧公羊說，使三句聯爲一義，故失公羊家之本意耳。知者，孔疏引駁異義子思曰之上有「稱」字，即疏增刪原文之迹，異義與鄭駁本不如是簡略也。且賈逵嘗明言「公羊不許子胥復仇」，與異義所謂賢子胥復仇者，正相舛違，知異義所引公羊說，言子可復讎是一事，賢子胥是一事，可復讎非即賢子胥，賢子胥在於能以夏變夷，非賢其能復父讎也。考賈逵春秋左氏長經章句云：「公羊傳曰：父受誅，子復仇，推刃之道也。公羊不許子胥復仇，是不深父也。」（見後漢書賈逵傳章懷太子注，馬國翰輯爲春秋左氏長經章句是也）明言公羊家不以子胥能復父仇爲賢也。然賈君此所擧公羊云云，亦斷章取義者也，公羊雖不以子胥能復父仇爲賢，然亦何嘗不以子胥能復父仇爲可，賈君但引「父受誅，子復仇，推刃之道也」，而不引「父不受誅，子復讎可也」，據片面之辭，以斷定公羊家「不深於父」，此醜詆深文，失持論衡平之公心，故李賢駁之曰：「逵欲附會公羊之失，不深究本末，致詬病公羊者，至今未已。」（後漢書賈逵傳注）李說是也，逵欲抑公羊、申左氏，故爾斷截小文，媟以微辭，斯亦矯枉過正矣。後漢書賈逵傳云：「建初元年，詔逵入講北宮白虎觀、南宮雲臺，帝善逵說，使出左氏傳大義長於二傳者，逵於是具條奏之，曰：臣謹擿出左氏三十事尤著明者，斯皆君臣之正義，父子之紀綱，其餘同公羊者什有七八，或文簡小異，無害大體，至如祭仲、紀季、伍子胥、叔術之屬，左氏義深於君父，公羊多任於權變，其相殊絕，固已甚遠，而寃抑積久，莫肯分明。…今左氏崇君父、卑臣子，強幹弱枝，勸善戒惡，至明至切，至直至順。…又五經家皆無以證圖讖，明劉氏爲堯後者，而左氏獨有明文。」（卷三十六）據是知賈君欲保其貴顯，不惜附會圖讖，而謂公羊家說伍子胥事，即是「不深於父」之證，實亦曲說也。賈君左氏長經章句又云：「左傳曰：君命天也，天可仇乎？父教子貳，何以事君？是崇君父卑臣子也。」（後漢書注引）賈氏以左傳義長，故許君從之。然以公羊不許子胥復仇爲不深於父，又以左傳君命不可復仇爲崇君，偏袒之見，豈正論哉。徐鼒氏據賈逵云云，乃謂公羊不許子胥復仇，而謂左氏許復仇亦過矣，以左氏不許復仇與公羊同，遂斷論曰：左氏記伍子胥事與公羊同義（見未灰齋文集卷六），妄加牽合，非也。

公羊說祠兵爲祠五兵及蚩尤，左氏說治兵爲授兵於廟，許從左氏說。鄭君駁之，然亦不從公羊說。

案許論治兵之條，及鄭駮祠兵之說，見於禮記曲禮孔疏、周禮肆師賈疏、大司馬賈疏所引，曲禮「外事以剛日」鄭注：「出郊爲外事，春秋傳曰：甲午祠兵」句下孔疏云：「公羊莊公八年甲午祠兵。傳云：祠兵者何？出曰祠兵。何休云：禮：兵不徒使。故將出兵，必祠於近郊。此鄭所引，直取甲午證用剛日事耳。其祠兵之文，鄭所不用。故異義公羊說以爲甲午祠兵。左氏說甲午治兵。鄭駮之云：『公羊字誤也，以治爲祠。』因爲作說，引周禮四時田獵、治兵、振旅之法，是從左氏之說，不用公羊也。」（禮記疏卷三）又周禮春官肆師「凡四時之大甸獵，祭表貉，則爲位」鄭注：「貉，師祭也。於所立表之處，爲師祭祭造軍法者，禱氣勢之增倍也，其神蓋蚩蚘，或曰黃帝」句下賈疏云：「案史記：黃帝與蚩尤戰于涿鹿之野，俱是造兵之首。案王制云：天子將出，類乎上帝。注云：帝謂五德之帝，是黃帝以德配類，則貉祭祭蚩尤。是以（異義）『公羊說曰（陳壽祺曰：此不標異義，案其下謹案云云，是異義文也。今據補）：師出曰祠兵，入曰振旅，祠者祠五兵：矛戟、劍、楯、弓、鼓，及祠蚩尤之造兵者。謹案：三朝記曰：蚩尤，庶人之強者（陳壽祺曰：許引三朝記，今在大戴記用兵篇，强作貪），何兵之能造。』故鄭云或曰黃帝也。故禮說云（故即古字）：黃帝以德行，蚩尤與黃帝戰，亦是造兵之首，故漢高亦祭黃帝蚩尤於沛庭也。」（周禮疏卷十九）又秋官大司馬「中春教振旅」鄭注：「凡師出曰治兵，入曰振旅，皆習戰也。四時各教民以其一焉，春習振旅，兵入收衆，專於農」句下賈疏云：「按莊公八年正月，師次於郎，甲午祠兵。公羊傳曰：祠兵者何？出曰祠兵。注云：禮：兵不徒使，故將出兵，必祠於近郊，陳兵習戰，殺牲饗士卒。又曰：入曰振旅，其禮一也。皆習戰也。左氏說：治兵於廟，禮也。法云：三年而治兵，與秋同名（按周禮中春教振旅中秋教治兵），兵革將出，故曰治兵。穀梁傳亦云：出曰治兵，習戰也；入曰振旅，習戰也。鄭玄於異義駮不從公羊云祠兵，故云『祠兵者，公羊字之誤』，因而作說之亦不從左氏說『治兵爲授兵於廟』，云：『於周司馬職曰：仲夏教茇舍，仲秋教治兵，其下皆云：如戰之陳。仲冬教大閱，脩戰兵。虞人萊所田之野，乃爲之。如是治兵之屬，皆習戰，非授兵於廟，又無祠五兵之禮。是以爾雅釋天云：出爲治兵，尙威武也；入爲振旅，反尊卑也。言反尊卑者，出則壯者在前，老弱在後；入則壯者在後，老弱在前。』是以鄭此云：『振旅，兵入收衆，專於農』也。」（周禮疏卷二十九）

綜合諸疏所引，知公羊說祠兵，爲出師前祠五兵及蚩尤之造兵者，左氏說治兵爲授兵於廟，許愼不信蚩尤能造兵，故袁堯年曰：「觀謹案文，知許君從左氏說也。」許從左氏說，鄭君駮之，謂治兵非授兵於廟，然亦不從公羊說，故謂祠兵者，公羊字之誤也。曲禮孔疏言鄭君「從左氏之說，不用公羊」者，蓋謂鄭君字作治，從左氏；不作祠，不用公羊，非謂解治兵之義從左氏說也。鄭謂古無祠五兵之禮，故以公羊作祠兵爲字之誤，胡承珙曰：「治从台聲，祠从司聲，古从司之字，多與台通，舜典舜讓于德弗嗣，今文尙書作不怡。毛詩子甯不嗣音，韓詩嗣作詒。周曶鼎治作𤔲，一切經音義云：⿰齒司又作齝，據此疑治與祠古字本通，故公羊祠兵與左傳治兵字同，何氏望文生義，故爲肊說。鄭采芑箋引春秋傳曰：出曰治兵。疏以爲據公羊傳文，破祠爲治，而曲禮外事以剛日注又引春秋傳曰：甲午祠兵。此蓋治祠本通，故同引一經，不嫌字異。」（求是堂文集卷一）胡氏謂台聲司聲，古音同通假則固然矣（台司皆在段氏古音一部），然謂鄭注禮箋詩同引一經，不嫌字異，即通假之故，則不然。蓋注禮箋詩，非在一時，注禮時未見毛詩，故仍今文作祠兵；箋詩時已通古文，乃以祠兵爲誤字，故爾改作歟？胡氏又謂公羊之義，作祠兵即治兵之意，至何休爲解詁，始爲肊說，以祠兵爲祠于近郊，即由望文生義之故，據乎此，則異義所引公羊說云祠五兵蚩尤云云，胡氏亦必以爲乃何休輩影響不實之談矣，此則亦不然，王修植曰：「祠五兵之器，禮經雖无明文，然考董子春秋繁露五行順逆篇云：金者，秋殺氣之始也。建立旗鼓、杖把旄鉞，以誅賊殘，禁暴虐，安集（安集上疑有敓文），故動衆興師，必應義理，出則祠兵（凌曙春秋繁露注曰官本作祠，他本誤作伺），入則振旅，以閑習之。按董子治公羊者也，其云出則祠兵，入則振旅，亦作祠，不作治，即公羊出曰祠兵之說也。兵器雖兼五行，而金用爲廣，金爲殺氣，兵爲殺器，董子以建立旗鼓杖把旄鉞之類，係金屬，而即引用傳文祠兵於其下，即公羊家祭兵器之說也。董子去古未遠，師學相承，必有所本。……又考管子地數篇曰：黃帝修教十年，而葛盧之山發而出水，金從之，蚩尤受而制之，以爲劍鎧矛戟。是蚩尤造兵之說，公羊家亦不爲无本。史記高祖本紀，祠黃帝祭蚩尤於沛庭而釁鼓。漢世去古未遠，祭法尙存古意，高祖之祭蚩尤，其卽公羊家祠蚩尤造兵者之禮乎？」（詁經精舍六集卷九）王正春亦云：「公羊祠兵之祠，自以何氏解詁祭兵之說爲得經義。……周官肆師職云：祭兵於山川。夫云祭兵，非公羊祭兵器及祭蚩尤之證乎？康成彼注云：山川蓋軍所依止。疏云：軍旅思險阻，軍止必依山川，故知祭軍所依止者也。信如注疏云云，則經第云祭於山川可矣，乃經明言祭兵於山川，則所祭者兵也，非卽祭山川之神也，依山川之地而祭兵山川，不過爲兵所祭之地耳。鄭氏不達周官祭兵之義，故不能無疑於公羊祠兵器之說。」（詁經精舍課藝七集卷七）二王所說，並足以明公羊祠五兵及蚩尤之說，非東京學者之肊說，陳立謂何休氏作祠兵說，與異義所載公羊說同，是公羊先師家言，鄭氏必改公羊從左氏，爲亂其家法者是也。又謂周禮祭表貉，卽是古有祠兵之禮，爾雅釋天禡爲師祭，亦卽祠兵之義（見公羊義疏）。而凌曙氏亦引宋忠世本云蚩尤作兵，一弓二殳三矛四戈五戟。又引漢書郊祀志云三四兵主祠蚩尤，蚩尤在東平陸鄉，齊之西竟。又引漢書云祠黃帝祭蚩尤於沛庭而釁鼓，應劭曰：蚩尤，古天子，好五兵，故祭之。凌氏擧此以爲公羊祠兵之禮爲有徵也（見公羊禮疏三）。公羊祠兵之說固有典據，然許君不信蚩尤造兵之說，蓋亦有據，王紹蘭氏嘗分別證之，云：「肆師職云：祭兵于山川，是古有祠兵之禮，公羊說本此。肆師又云祭表貉，鄭注云云，鄭旣謂神蓋蚩蚘，是亦同公羊說。許引三朝記駁蚩尤造兵之說，據大戴禮用兵篇曰：蚩尤作兵歟？子曰：否，蚩尤，庶人之強者也（案強當作貪），及利無義，不顧厥親，以喪厥身，蚩尤惛慾而無厭者也，何器之能作。此許說所本。御覽引世本云：蚩尤以金作兵器，同公羊說也。穀梁爾雅皆同左氏作治兵。」（王氏經說卷六）王氏爲公羊及許說求證，則公羊反與周禮合，許從左氏反與禮戴合，今謂公羊左氏並各有據者也，卽大戴禮用兵篇云：「公曰：蚩尤作兵與？」（用兵第七十五）孔子雖駁之，然正足以證古有蚩尤作兵之說也（參見王聘珍大戴禮記解詁卷十一）。兩說皆傳自古昔，並存之可也。唯左氏謂「治兵爲授兵於廟」，尙少典據，故鄭君不從，穀梁、爾雅、周禮並以治兵爲習戰，故鄭云「非授兵于廟」也。許君謹案甚略，不知於左氏說作何解也。至於臧琳云：「周禮左傳穀梁爾雅皆爲治兵，知公羊作祠，是聲近之誤。鄭君徧通諸經而折衷之，故能灼然明見其誤。……異義所載公羊已作祠兵，何氏因曲爲之說，蓋俱株守一家，依文順字之過。」（經義雜記）臧氏必以公羊祠兵爲誤，此篤信鄭氏之過，今參閱前列各證，知臧說未爲的論也。

公羊說謂獲麟是庶人受命之瑞，亦卽天命絕周之異。左氏說謂麟來是孔子作春秋、禮修而致其子之故。許駁公羊說，以爲吉凶不並、瑞災不兼，麟者實感孔子文成而致者。鄭玄則以爲周將亡則庶人受命之徵已見，興者爲瑞，亡者爲災，瑞災何嘗不相兼。鄭君旣爲公羊解難，又謂左氏修母致子之說，不若以「立言爲兌卦之象」解之爲密，兌屬西方，故立言則致西方金獸。然此立言以致麟，亦左氏家說，故知鄭乃兼采今古文義者。

案許君說麟及鄭君駁義，見於禮記禮運孔疏、毛詩麟趾孔疏、春秋左傳哀公十四年孔疏、及開元占經獸咎徵所引，公羊哀公十四年徐疏亦略引及之，諸書所引，文各參差，袁堯年氏爲之拈連綴合，亦難復舊觀，不如逐條列舉，以存全貌：開元占經云：「五經異義公羊說：孔子獲麟，天命絕周，天下叛去。」（獸咎徵）又公羊哀十四年傳徐疏引：「異義公羊說云：麟者，木精，一角，赤目，爲火候。」（公羊疏卷二十）又禮記禮運「何謂四靈？麟鳳龜龍謂之四靈」句下孔疏云：「按異義說左氏者，以『昭二十九年傳云：水官不脩，故龍不至。以水生木，故爲脩母致子之說。』故服虔注獲麟云：麟、中央土獸，土爲信，信、禮之子。脩其母，致其子。視明禮脩而麟至；思睿信立而白虎擾（擾誤優，據詩疏引改正）；言從義成而神龜在沼（義誤父，詩疏又誤作乂，據阮元校勘記改）；聽聰知正則名川出龍；貌恭性仁則鳳皇來儀。又毛詩傳云：麟信而應禮。又云：「騶虞義獸，有至信之德則應之。皆以爲脩母致子之義也（以爲二字本倒乙，今正）。若鄭康成之說則異於此，脩當方之事，則當方之物來應。故異義『公羊說：哀十四年獲麟，此受命之瑞（瑞本作端，據下文校改），周亡失天下之異。左氏說：麟是中央軒轅大角獸，孔子脩春秋者（脩本或譌作備，陳壽祺袁堯年並改爲作，宋本作脩爲是），禮脩以致其子（禮本譌作札，據上文改），故麟來爲孔子瑞，陳欽說：麟、西方毛蟲，孔子作春秋，有立言，西方兌，兌爲口，故麟來。許愼謹按：公議郎尹更始、待詔劉更生等議石渠，以爲吉凶不並、瑞災不兼，今麟爲周亡天下之異，則不得爲瑞，以應孔子至。』『玄之聞也，洪範五事，二曰言，言作從，從作乂，乂、治也。言於五行屬金。孔子時周道衰亡，已有聖德，無所施用，作春秋以見志，其言可從（可本作少。段玉裁校本從詩周南正義，少改可。孔廣林黃奭陳壽祺皮錫瑞並從詩疏作可），以爲天下法，故天應以金獸（孔廣林黃奭陳壽祺袁堯年並據詩疏增天字），性仁之瑞，賤者獲之，則知將有庶人受命而行之，受命之徵已見，則於周將亡，事勢然也。興者爲瑞，亡者爲災，其道則然，何吉凶不並、瑞災不兼之有乎？如此脩母致子，不若立言之說密也。』如鄭此說，從陳欽之義，以孔子有立言之教，故致其方毛蟲。熊氏申鄭義云：若人臣官脩，則脩母致子之應，左氏之說是也。若人君脩其方（若本譌作君，據皮錫瑞校改），則當方來應。孔子脩春秋，爲素王法以立言，故西方毛蟲來應。未知然否，且具錄焉。或以脩母致子，康成所以不用也。故異義『公羊說：麟、木精。左氏說：麟、中央軒轅大角之獸。陳欽說：麟是西方毛蟲。許愼謹按：禮運云：麟鳳龜龍謂之四靈。龍、東方也。虎、西方也。鳳、南方也。龜、北方也。麟、中央也。』鄭駮云：『古者聖賢言事，亦有效三者取象天地人，四者取象四時，五者取象五行。今云麟鳳龜龍謂之四靈，是則當四時明矣。虎不在靈中，空言西方虎者，則麟中央得無近誣乎（則字本在得字下，據陳壽祺校改）？』如鄭此言，是麟非土精，無脩母致子之義也。」（禮記疏卷二十二）又毛詩麟趾孔疏所引，大致與禮疏引同，凡詩疏所引字義爲確者，已取之校改如前，今故消節之。又左氏哀公十四年經西狩獲麟句下孔疏曰：「說左氏者云：麟生於火，而遊於土，中央軒轅大角之獸。孔子作春秋，春秋者禮也。脩火德以致其子，故麟來而爲孔子瑞也。奉德侯陳欽說：麟、西方毛蟲，金精也。孔子作春秋，有立言，西方兌爲口，故麟來。許愼稱劉向、尹更始等皆以爲吉凶不並、瑞災不兼，今麟爲周異，不得復爲漢瑞，知麟應孔子而至。鄭玄以爲脩母致子，不如立言之說密也。賈逵、服虔、潁容等，皆以爲孔子自衞反魯，考正禮樂，脩春秋，約以周禮，三年文成，致麟，麟感而至。取龍爲水物，故以爲脩母致子之應。」左疏卷五十九由諸疏所引，知水官不脩故龍不至一條，與春秋立言而麟至一條，所論事理相近，當併合討論，孔廣林、袁鈞、王復、袁堯年、黃奭、皮錫瑞、王謨等均分爲數節，不相聯屬，若非一事，以致袁堯年不知鄭君於脩母致子之說從違如何，竟云「駁闕」，實則鄭君不信脩母致子之說，孔疏已有明文在斯矣。皮錫瑞用袁氏輯本，於脩母致子一條下云：「鄭君解獲麟不用脩母致子之說，則其解龍亦不用脩母致子之說，可知於異義左氏說亦必駁矣。」皮說固是，然設若移幷二條，則鄭君駁意自明，皮氏云云，亦覺費辭矣。至於麟來爲漢瑞抑爲孔子瑞，則皮錫瑞氏疏理頗晰，彼云：「麟爲漢瑞，詳見何氏解詁引演孔圖，演孔圖雖屬讖緯家言，孔子作春秋，本爲後王立法，繼周者漢，即謂春秋爲漢制，亦無不可。麟出爲作春秋瑞應，即謂麟出爲漢瑞，亦無不可。春秋繁露符瑞篇云：西狩獲麟，受命之符。是西漢大儒，已爲此言，不待東漢崇信讖緯之後也。漢人多以獲麟頌揚漢代，韓勑碑云：後制百王，獲麟來吐。史晨碑云：西狩獲麟，爲漢制作。又云：獲麟趣作，主爲漢制。是其明證。在漢言漢，推尊昭代，不得不然。後人多以崇信讖緯爲公羊家罪，案斯昧古之甚矣。左氏家不信此說，故但以麟爲孔子瑞，不以爲漢瑞。據左傳疏，則異義引說左氏者，卽賈服穎容也。左氏家以麟爲土畜，又爲視明禮脩之應，則兼火，火與土合，故爲中央。陳欽亦左氏家，亦以麟應孔子而來，而云西方金精，與賈服穎容說異。左傳正義（案哀公十四年傳疏）引服曰：言西者，有意於西，明夫子有立言，立言之位在西方，故著於西也。則服又兼從陳欽說。許君引尹更始、劉更生說爲斷，則穀梁亦同左氏說矣。鄭駁異義云：言於五行屬金，故天應以金獸，從陳欽左氏說；云庶人受命，於周將亡，從公羊說，蓋兼采今古文義，不取脩母致子與麟中央之文。然賈服諸家云脩母致子，與麟中央，乃因火土俱位南方，火又生土，說猶可通；若陳欽以麟爲西方金精，公羊說以麟爲木精，西與東相對，金與木相克，二說必無可通之理，鄭兼采公羊與陳欽左氏說，不知何以通之，禮疏引鄭云：金九以木八爲妻。似亦強解。據鄭駁義似但取公羊說庶人受命，以駁瑞災不兼之義，而不取公羊麟木精之說，則與天應金獸不相妨矣。」（駁五經異義疏證）皮氏爬疏各家異同甚明，唯偏執今文義長之意，故於公羊及讖緯時而崇信太過。今復綜理前疏所引之義，知諸家辯難之事，大致有三端：一爲麟是木精、抑是土精？抑是金精？公羊以爲是木精，左氏說有二派，一謂麟是土精，異義所引左氏說卽主張此說，一謂麟是金精，異義所引陳欽說卽主張此說。陳欽事見後漢書陳元傳，云：「父欽，習左氏春秋，事黎陽賈護，與劉歆同時，而別自名家，王莽從歆受左氏學，以歆爲厭難將軍。」（卷三十六）則陳欽亦左傳大家。服虔既承賈逵一脈之傳，故注獲麟爲土精（禮記疏引），又兼采陳欽說，謂麟爲金精（左疏所引）。鄭君則謂春秋是立言之事，兌爲西爲口，故信麟爲金精之說。許君則謂麟爲中央土獸，當本諸賈逵劉歆，與陳欽「別自名家」者稍異。鄭雖以陳說爲密，亦不廢公羊之說，故於金精木精之說，必有以調合之，禮運疏云：「麟屬東方，取其性仁，則屬木也。故公羊說麟者木精。鄭云：金九以木八爲妻，金性義、木性仁，得陽氣性似父，得陰氣性似母。麟、毛蟲，得木八之氣而性仁。」（禮記疏卷二十二）是鄭以金九木八之說調合古今之歧互也。二爲麟來是脩母致子之應歟？抑是脩當方之子歟？古左氏及古毛詩並主前說，鄭玄及陳欽並主後說。脩母致子者，如龍爲東方木，欲龍至，須脩其母北方水，水生木，故水官不脩，則龍不至矣。騶虞白虎爲西方金，欲騶虞至，須脩其母中央土，土生金，土爲信而金爲義，故毛傳云：「騶虞，義獸也。白虎黑文，不食生物，有至信之德則應之。」（召南騶虞）而服虔注左傳亦云：「思睿信立白虎擾」也。而麟爲中央土獸，欲麟至，須脩其母南方火，火生土，火爲禮而土爲信，故說左氏謂「春秋者禮也，修火德以致其子，故麟來」者也。許既以麟爲中央土獸，則當從脩母致子之說。所謂脩當方之子者則異乎此，謂人君脩其方則當方來應，若春秋爲立言，言爲西方兌，故致西方金獸。故欲從此說，必先信麟爲金精之說；若信麟爲金精，又必當駁脩母致子之論也。三爲災瑞不並與災瑞可並之爭，左氏家謂瑞災不並，故麟爲孔子而來，不爲漢瑞；公羊家謂瑞災可並，則麟來不獨為孔子瑞，又為漢庶人受命之徵，且周失天下之異，亦由獲麟而見其兆。許從左氏說，鄭則謂公羊瑞災可兼之說亦可通耳。釐析以上三端，知為為獲麟一事而發，獲麟之事既卒，說五行災異者遂傅會其事，金精土精木精之說，已沈溺戰國末世秦漢初年之習氣，而西京學者固執虛言，訖守舊聞，又創獲麟為漢瑞之言以媚時，左氏家雖不予信，然亦以為麟感春秋文成而至，因創脩母致子之論，蓋亦不免受五行災異說之感染矣。獨杜預氏注左傳，賤諸家之妖妄，鄙公羊之虛誣，盡排衆說，無所取之，但云：「麟者仁獸，聖王之嘉瑞也。時無明王，出而遇獲，仲尼傷周道之不興，感嘉瑞之無應，故因魯春秋而脩中興之教，絕筆於獲麟之一句，所感而作，固所以為終也。」孔疏申杜意云：「杜以獲麟之義，唯此而已，先儒穿鑿，妄生異端。……孔子之作春秋，門徒盡知之矣，丘明親承聖旨，目見獲麟，丘明何以不言？弟子何以不說？子思、孟軻，去聖尤近，荀卿著書，尊崇孔德，麟若應孔子而來，諸書無容不述，何乃經傳羣籍，了爾不言，以其既妖且妄，故杜悉無所取。」（春秋左氏疏卷五十九）諸家於經義之外，橫滋異學，杜氏刊落雜說，獨求眞解，可謂千古隻眼矣。又民國十八年冬季，中央研究院考古隊於小屯附近發掘得白麟頭骨一具，上刻獲白麟等字，是獲麟之事，古實有之，謂為嘉瑞，古或如此。至謂為受命之徵、脩禮之應，蓋出後儒之附會無疑。

左氏說井地九等，言自山林至衍沃為九等。此說蓋即賈逵所主，許君所從者。鄭君所主亦同，故不駁。

案異義引左氏說井地九等之條，見於禮記王制孔疏所引，彼疏云：「按異義：『左氏說：山林之地，九夫爲度，九度而當一井；藪澤之地，九夫爲鳩，八鳩而當一井（阮元據浦鏜校當上補而字）；京陵之地，九夫爲辨，七辨而當一井；淳鹵之地，九夫爲表，六表而當一井；彊潦之地，九夫爲藪（藪本作數，阮元云：惠棟校宋本數作藪是也），五藪而當一井；偃豬之地，九夫爲規，四規而當一井；原防之地，九夫爲町，三町而當一井；隰皐之地，九夫爲牧，二牧而當一井；衍沃之地，九夫爲井。賦法積四十五井（阮元云：惠棟校宋本，五下有井字。今據補），除山川坑岸三十六井，定出賦者九井。則千里之畿地方百萬井，除山川坑岸三十六萬井，定出賦者六十四萬井，長轂萬乘。』如異義此說，則方十里凡百井，三十六井爲山川坑岸，六十四井爲平地出稅。按鄭注小司徒：成方十里，緣邊一里治爲溝洫，則三十六井，其餘方八里爲甸，六十四井出田稅。與異義不同者，異義所云，通山林藪澤九等而言之；鄭注小司徒者，據衍沃平地而言之，所以不同也。異義九等者，據大略國中有山林至衍沃之等言之，周禮九等者，據授民地肥瘠有九等，與異義不同也。」（禮記疏卷十一）陳壽祺曰：「左氏傳襄二十五年正義引賈逵注，說賦稅差品與異義同，是許所引左傳說即賈逵說也。周禮小司徒云：乃經土地，而井牧其田野。先鄭注：井牧，卽春秋傳所謂井衍沃牧隰皐者也。是先鄭與賈許說井牧同也。」（五經異義疏證）據此知許所引左氏說，賈逵先鄭並同此說，許君按語雖不見，當同此左氏說。孔廣林曰：「鄭君注小司徒云：隰皋之地，九夫為牧，而當一井，今造都鄙授民田，有不易，有一易，有再易（按王制疏云：大司徒不易之地，家百畮，一易之地，家二百畮，再易之地，家三百畮。地惟有三等者，大司徒言其大綱，其實不易一易再易各為三等，則九等也。鄭通授地肥瘠與左氏九等而言之），通率二而當一，是之謂井牧。是鄭亦依左氏說授田有此九等也。此九等，賈侍中說。」（通德遺書所見錄卷五十七）據是知鄭與賈君同義，故不駁許。不駁許，亦足以證許君同左氏說也。左氏說九等之地，山川坑岸佔五分之四，說千里之畿山川坑岸佔二十五分之九，萬世美氏疑為有誤，彼云：「案四十五井之地，山川坑岸三十六井，出賦者九井，是山川坑岸居五分之四，出賦者僅五分之一也。百萬井之內，山川坑岸三十六萬井，出賦者六十四萬井，是山川坑岸僅十一分之四，出賦者居十一分之七也，上下絕不相蒙，疑閣本注疏所引文有訛脫。」（陳壽祺疏證引）按萬說非是，左氏說「賦法積四十五井，除山川坑岸三十六井，定出賦者九井」者，蓋謂山林至衍沃九等之地中，凡四十五井，所收賦只如九井之數而已，當除去三十六井也。千里之畿百萬井，除山川坑岸三十六萬井者，即山林至衍沃九等之地佔四十五萬井，出賦僅如九萬井，故當除山川坑岸及地池邑居等三十六萬井也。其餘平地為五十五萬井，加九萬井，故出稅如六十四萬井也。乃知異義云山川坑岸佔五分之四者，但就九等之地言之，未嘗合平地言之者，畿地之中山川坑岸佔十一分之四者，蓋合乎地而總言之，孔疏所謂「異義所云通山林藪澤九等而言之者」是也。孫詒讓曰：「漢書刑法志云：一同百里，提封萬井，除山川坑岸城池邑居園囿術路三千六百井，定出賦六千四百井，天子畿方千里，提封百萬井，定出賦六十四萬井。王制孔疏引五經異義左氏說，亦與漢志同。班許兩家，並兼山川坑岸等計之，鄭專屬治溝洫澮言者，文不具耳。」周禮正義卷二十孫說是也，鄭說詳於周禮地官小司徒注；左氏說蓋因襄二十五年傳文說土田九等之事而闡述之者。

說天子萬乘，許所從當爲古文說，與左氏千里之畿出賦長轂萬乘合。

案許說天子諸侯車乘之數，見於禮記坊記孔疏及玉海所引，坊記「家富不過百乘」句下鄭注云：古里方十里，其中六十四井，出兵車一乘，此兵賦之法也。成國之賦千乘。」孔疏云：「案司馬法云：成方十里，出革車一乘。司馬法又云：甸方八里，出長轂一乘。鄭注小司徒云：若通溝洫之地，則爲十里；若除溝洫之地，則爲八里，故云六十四井出車一乘。云成國之賦千乘者，襄十四年左傳：『成國不過半天子之軍』，謂滿千乘，則爲成國，是公侯之封也竹添光鴻曰：「如鄭之言，成國者唯公與侯」是也，案千乘之賦，地方三百一十六里有畸。案周禮公五百里、侯四百里，則是過千乘。云不過千乘者，其地雖過，其兵賦爲千乘。故論語注云：雖大國之賦，亦不是過焉。…司馬法云：九夫爲井，四井爲邑，四邑爲丘，馬一匹，牛三頭，四丘爲甸，出長轂一乘，甲士三人，步卒七十二人，馬四匹，牛十二頭。故成元年作丘甲，杜服俱引此文以釋之。又論語云：道千乘之國。鄭注引司馬法：成出革車一乘。但十里八里不同，於上巳釋，此皆謂天子諸侯兵賦也。又異義云：『天子萬乘，諸侯千乘，大夫百乘。』（孔廣林引異義亦只三句，袁堯年謂疏引異義止此，以下皆疏義也，玉海連引之非也，今依之）此大判言之，尊卑相十之義，其間委曲鄉遂公邑分別不同也。故魯頌云：公車千乘，謂大揔計地出軍也。公徒三萬，謂鄉遂兵數也。是國界計地與鄉遂數不同，諸侯城萬一軍，出賦之時，雖革車一乘，甲士三人，步卒七十二人，其臨敵對戰之時，則同鄉法，五人爲伍，五伍爲兩之屬也。故左傳云：邲之戰，楚廣有一卒，卒偏之兩。又云兩之一卒，適吳，是兩軍對陣，同鄉法也（玉海引止此，王謨云：按玉海引此疏自魯頌下至末，俱作異義，從之。今不依王說。）。」（禮記疏卷五十一）據疏所引異義之文甚略，鄭君同異，亦無明文。皮錫瑞氏研判之曰：「論語集解馬曰：司馬法：六尺爲步，步百爲畝，畝百爲夫，夫三爲屋，屋三爲井，井十爲通，通十爲成，成出革車一乘，然則千乘之賦其地千成，居地方三百一十六里有奇，唯公侯之封，乃能容之，雖大國之賦，亦不是過焉。包曰：千乘之國者，百里之國也，古者井田方里爲井，井十爲乘，百里之國者通千乘也。馬融依周禮，包氏依王制，孟子義疑，故兩存焉。據此則以千乘爲地方三百一十六里有奇者，古文說；以千乘爲百里之國者，今文說也。許鄭皆主古文，許君當同馬說，鄭注經亦用司馬法，其於異義無駁可知。」（駁五經異義疏證）

按皮說精碻，按司馬法四井爲邑、四邑爲丘，四丘爲甸，出長轂一乘，即六十四井出長轂一乘，前條許同左氏說，謂千里之王畿定出賦者六十四萬井，長轂萬乘。而漢書刑法志一同百里，提封萬井，定出賦者六千四百井，則長轂百乘，此即許氏所主天子萬乘，大夫百乘之說也。沈彤氏所謂「漢書刑法志云：地方一里為井，四井為邑，四邑為邱，邱、十六井也。有戎馬一匹，牛三頭，四邱為甸，甸、六十四井也，有戎馬四匹，兵車一乘，牛十二頭，甲士三人，卒七十二人，干戈備具，是謂乘馬之法。乘馬之法，非即邱乘之政令歟，由是推之，六十四萬井而萬乘，其法同也」者是也（見果堂集卷一）。王紹蘭云：「據坊記鄭注云云，則千乘須地方三百一十六里有奇，故云唯公侯之封，乃能容之。馬云：雖大國之賦亦不過是者，明堂位云：封周公於曲阜，地方七百里，革車千乘。鄭注云：上公之封，地方五百里，加魯以四等之附庸，方百里者二十四，幷五五二十五，積四十九。開方之，得七百里，革車、兵車也。兵車千乘，成國之賦也。是知地雖七百里、五百里、四百里，其賦稅皆不得過千乘，坊記所謂制國不過千乘，以此也。」（王氏經說卷二）此即古文家諸侯千乘之制也。今幷前條賦法及本條孔疏視之，許鄭雖同從古文說，然許兼山川坑岸等以計地，鄭則自治溝洫澮而言，同為百里之地，許除山川坑岸而得六千四百井，鄭除溝洫之地而得六千四百井，百里百乘之說雖同，而計地稍異耳（可參見前條）。

說戕字之義，許當從左氏傳例謂自外曰戕。許君異義雖佚，然鄭君駁文謂自外加虐曰戕，不加虐曰殺，乃據公羊說以駁左氏者。

案許說戕義之條已佚，鄭駁異義則見於周禮大司馬賈疏所引，彼疏於「放弑其君則殘之」鄭注：「殘、殺也。王覇記曰：殘滅其為惡。」句下云：「鄭云殘殺者，以殺解殘也。經本不云殺不云滅，云殘者蓋取殘賊殺之，殺之苦毒，故尚書梓材云：戕敗人宥。注：戕、殘也。又云：無胥戕、無胥虐。注云：無相殘賊，無相暴虐（按陳壽祺謂此即鄭玄書注文）。是戕為殘賊也。異義鄭君以為（袁堯年謂此所引是駁異義文，脫去駁字爾。）：『左氏宣十八年秋七月云：邾人戕鄫子于鄫。傳曰：凡自內虐其君曰弒，自外曰戕。即邾人戕鄫子是也（案此句上當重自外曰戕句）；自內弒其君曰弒者，晉人弒其君州蒲是也。雖他國君不加虐，亦曰殺；若加虐殺之，乃謂之戕之，取殘賊之意也。若自上殺下，及兩下自相殺之等，皆曰殺。』若然，此經云殘者，是加虐殺之，雖非他國君，至於賊臣，亦云殘也。」（周禮疏卷二十九）疏引駁異義文以證鄭注，故未及許說，王紹蘭氏考之云：「鄭以他國君不加虐，亦曰殺；加虐殺之謂之戕。有加虐不加虐之分，與左氏說微異。左氏疏引賈逵云：邾使大夫往殘賊之，義與鄭同。說文戈部：戕、它國臣來弒君曰戕。不分加虐不加虐，是從左氏說。」（王氏經說卷四）駁異義既破「自外曰戕」之義，而說文又從「自外曰戕」之說，是許君異義所主乃左氏說。陳壽祺曰：「大司馬注引王霸記曰：殘滅其為惡。公羊傳云：戕鄫子于鄫者何？殘而殺之也。穀梁傳云：戕猶殘也，捝殺也。是戕為殘賊之意也。鄭注尚書梓材亦同，見大司馬疏。」（五經異義疏證）據是尚書周禮注，蓋鄭通公穀之意者也。皮錫瑞曰：「公羊解詁曰：支解節斷之，故變殺言戕，戕則殘賊，惡無道也。義疏曰：五行志：董仲舒、劉向以為後邾支解鄫子。是西漢舊說，故何依用之焉。據此則今春秋公羊說以支解故變殺言戕，與古春秋左氏說自外曰戕異義。春秋經言戕止鄫子一事，左襄卅一年傳：闇戕戴吳。以殺他國君故曰戕也（案段玉裁曰闇、越俘也，戴吳、吳餘祭也；故亦曰戕）。左桓十八年經：公薨于齊。杜注：不言戕，諱之也。杜據左氏義，殺他國君當云戕也。鄭云雖他國君不加虐亦曰殺，若加虐殺之，乃謂之戕，是從公羊家『支解、故變殺言戕』之義，不從左氏家『自外曰戕』之義也。此條異義不傳，說文他國臣來弒君曰戕，是許從左氏說，故鄭據公羊說駁之。」（駁五經異義疏證）皮說可謂明闓。

許君異義主公羊說者，如論國滅君死，無去國之義，謂諸侯當死守社稷，鄭君不駁，亦從公羊說。

案許論國君死社稷之條，見於禮記曲禮孔疏所引，彼曲禮「國君去其國，止之曰：奈何去社稷也。大夫曰：奈何去宗廟也。士曰：奈何去墳墓也。國君死社稷，大夫死衆，士死制。」句下鄭注云：「死其所受於天子也，謂見侵伐也。春秋傳曰：國滅君死之，正也。」孔穎達疏之曰：「異義：『公羊說：國滅君死，正也。故禮運云：君死社稷，無去國之義。左傳說：昔大王居豳，狄人攻之，乃踰梁山，邑於岐山，故知有去國之義也。許愼謹案：易曰：係遯，有疾、厲。畜臣妾，吉。知諸侯無去國之義也。』鄭不駁之，明從許君用公羊義也。然則公羊之說，正禮；左氏之說，權法。義皆通也。」（禮記疏卷四）此條許君從公羊說，鄭君不駁，皆有明文可案者。孔廣林曰：「公羊說，正也；左氏說，權也。二說皆不誤。許君據禮之正者而言，故鄭不駮。

」通德遺書所見錄卷五十五　陳壽祺曰：「許氏說文偁易孟氏，異義引遯九三，係遯，畜臣妾吉，爲諸侯守社稷之義，當是孟氏說。鄭君注曲禮引春秋傳：國滅君死之，正也。用公羊說。」五經異義疏證卷三　孔陳二氏並從孔疏之義，謂許鄭並從公羊說。孔疏又謂公羊者正禮，左氏者權法，陳立氏則以爲春秋時國滅君逃，不可以公劉太王爲律，孟子告滕文公雖亦引太王事，要亦終歸於效死勿去，故左氏之所謂權宜去國者，非春秋時國滅君逃之比也。陳氏於公羊襄六年十有二月齊侯滅萊，傳曰：「曷爲不言萊君出奔？國滅君死之，正也。」下疏之曰：「按孟子梁惠王下，孟子告滕文公曰：鑿斯池焉，築斯城焉，與民守之，效死而民弗去。又云：或曰世守也，非身之所能爲也，效死勿去。注：土地乃先人之所受也，世世守之，非己所能專爲，至死不可去也。章指言大王去邠，權也；效死而守業，義也。義權不並，故曰擇而去之也。則公羊之說正，左氏之說權也。…故詩大明正義云：『諸侯爲人侵伐，當以死守之，而公劉大王，皆避難遷徙者，禮之所言，爲國正法，公劉太王，則權時之宜。論語曰：可與適道，未可與權。公羊傳曰：權者反經合義，權者稱也，稱其輕重、度其利害而爲之，公劉遭夏人之亂，而被迫逐，若顧戀疆宇，或至滅亡，所以避諸夏而入戎狄也。大王爲狄所攻，必求土地，不得其地，則攻將不止，戰以求勝，則人多殺傷，故又棄戎狄而適岐陽，所以成三分之業，建七百之基，雖於禮爲非，而其實則是。此乃賢者達節，不可以常禮格之。』」案當是詩緜正義文　按春秋時國滅君逃，不可以公劉太王律，公劉太王居岐居邠，雖云播遷，宗社仍存，是亡猶不亡也。春秋國既滅亡，宗祀卽斬，徒爲寓公，全生忍辱，故示之以正，曰國滅君死也，舍此無他義也，亦無所爲權也。孟子告滕文公以事齊事楚章語爲正，其引太王事，不過廣爲譬說，而終歸於效死勿去爾，戰國擾攘，滕文更向何處遷徙哉？」公羊義疏卷五十六 陳說自是正論，皮錫瑞亦從之，是公羊之義爲長，故許鄭皆從之也。至於許君引易遯九三「係遯，有疾厲，畜臣妾吉」證諸侯無去國之義者，陳壽祺謂當是孟氏說，其義莫得而詳述，今考遯九三象曰：「係遯之厲，有疾憊也。畜臣妾吉，不可大事也。」周易集解引荀爽注云：「大事，謂與五同任天下之政，潛遯之世，但可居家畜養臣妾，不可治國之大事。」卷七 李道平釋之曰：「三與五同功，故大事謂與五同任天下之政也。當潛遯之世，動而成否，故但可居家養小，不可治國圖大也。」周易集解纂疏卷五 按遯卦卦辭曰遯亨，本有君子逃難，遯避則通之象，唯遯之爲卦艮下乾上，九三爻動則坤下乾上而有否象矣，故遯之九三，有至死不去之義。三與五同功，三承乎五則爲臣，干寶謂乾九三「蓋文王反國，大釐其政之日也」，乾九四爲「武王舉兵孟津觀釁而退之爻」，則三與四並得爲諸侯之位。今取荀爽干寶之義，以旁證許君異義，其觸理大致可推尋矣。

其說妻得爲姑討夫，但引公羊說，許君案語不具，然自鄭駁視之，許或從公羊說。

案許論鄭駁妻得爲姑討夫之條，見於禮記檀弓孔疏所引，檀弓云：「臣弒君，凡在官者殺無赦；

子弒父，凡在官者殺無赦。殺其人，壞其室、洿其宮而豬焉。」鄭注曰：「言諸臣子孫無尊卑，皆得殺之，其罪無赦。」其下孔疏先引異義論衞輒拒父事，已詳前文，復引異義論妻爲姑討夫事，疏云：「若妻則得殺其弒父之夫，故異義云：『妻甲夫乙，毆母，甲見乙毆母而殺乙。公羊說：甲爲姑討夫，猶武王爲天誅紂。』鄭駁之云：『乙雖不孝，但毆之耳，殺之太甚。凡在官者未得殺之，殺之者，士官也。』如鄭此言，毆母，妻不得殺之，若其殺母，妻得殺之。」（禮記疏卷十）似鄭駁公羊說，而許同公羊說也。陳立謂公羊之義，妻得殺不孝之夫，夫妻以胖合且敵體，故得討不義（見公羊義疏）。陳壽祺則謂此於公羊事無徵，說者傅之耳（見五經異義疏證）。至成瓘氏作篛園日札，謂公羊妻甲夫乙之說，即是決衞君父子之獄，爲衞出公作比例，而鄭駁之文，乃駁殺夫太甚，非駁公羊討夫爲不當也。成氏云：「案檀弓邾婁定公斷子弒父之獄，定公言在官者殺無赦，鄭既注云諸臣子孫無尊卑皆得殺之，其罪無赦，而駁異義又云凡在官者未得殺之，其說兩岐，而非岐也。云皆得殺者，非手刃之，是告討之，如孔子因從大夫之後而告討陳恒，即在官者殺無赦之義，鄭駁異義之說，非駁定公之說，乃着落討逆之殺法：是告討，非手刃。蓋因駁公羊之說，兼及檀弓，使定公之說，得以分明耳。其駁公羊，亦非駁妻甲不當告討，駁毆母之夫乙，未至殺母，以坐之以壞室洿宮之科爲太甚耳。孔疏云：鄭以子孫無問尊卑皆得殺之，似父之弒祖、子得殺父；然子之於父，天性也。父雖不孝於祖，子不可不孝於父。今云子者，因孫而連言之，或容兄弟之子耳。除子以外，皆得殺其弒父之人。又云：鄭以子歐母，妻不得殺之，若其殺母，妻得殺之（妻之殺當亦告討於士師）。疏爲此二說，一以增成鄭義，一以分析鄭義，經注之有賴於疏，如是也。余謂公羊妻甲夫乙，當亦是決衞君父子之獄，蒯聵之殺母，意惡而功不遂，以歐母比例之，當矣。蔑棄倫常，實王法所不有，豈宜使居南面之尊。然以窮凶極惡之罪科之，何以處實殺其母者？且又何以處實殺其父者？鄭言殺之太甚，亦當矣。命討之權，操之自上，鄭以在官者之告討，歸其討於士官，以此推之，在官者之告討，定歸其討於天子及方伯，何者？權之操於上者一也。靈公有夫人，即蒯聵母也，子非可殺母之人，且非可歐母之人，殺之歐之，是無父矣。內蔑天倫，外奸王憲，而恬然倚晉以納戚，可乎？輒猶甲乙之子，既非若可告討夫乙之甲，更非可爲手刃夫乙之甲，而儼然爲納戚之拒，後更儼然從圍戚之師，內蔑天倫，外奸王憲，仍使臨衞臣民之上，可乎？」（卷四讀三傳隨筆）成氏擘析鄭義特詳，乃知鄭之駁許，但駁殺之太甚，鄭非不從公羊之義者也。

至於異義論蟲飛反墜以應后夫人專擅之咎；鼷鼠食牛角以爲有司及人君之咎；以及質家立世子弟、文家立世子子等，今皆僅存公羊說，許鄭異同，均待考定。

案許論蟲飛反墜以應后夫人專擅之咎，見於開元占經所引，彼云：「異義公羊說：后夫人之家專權擅世，秉持國政，蠶食百姓，則蟲飛反墜。」（卷百二十二）袁堯年曰：「此條異義從公羊說，故入春秋公羊類。」孔廣林曰：「此說與公羊（文三年）雨螽于宋注同，鄭君釋廢疾但以爲宋德薄，將有禍，不云內宮專政，則不從公羊說矣。」（通德遺書所見錄卷六十二）今謂開元占經所引僅存異義公羊說，許君謹案及鄭君駁文皆不具，鄭君釋廢疾既不從公羊說，而於此未見駁文，則許君或亦不從公羊說，占經偏舉一說，未必卽異義全文，袁氏據之以爲異義從公羊說，恐非定論也。又許論鼷鼠食牛角以爲有司及人君之咎，見於公羊成公七年徐彥疏所引，公羊成公七年春「鼷鼠食郊牛角，改卜牛，鼷鼠又食其角，乃免牛。」何休解詁云：「鼷鼠者，鼠中之微者，角生上指，逆之象。易京房傳曰：祭天不愼，鼷鼠食郊牛角。書又食者，重錄魯不覺寤，重有災也。不重言牛，獨重言鼠者，言角牛可知，後食牛者（後字據左傳疏引補），未必故鼠，故重言鼠。」其下徐疏云：「異義公羊說云：鼷鼠初食牛角，咎在有司，又食（本作又有，阮元校勘記引浦鏜云：又有當又食之誤，今據改），咎在人君。取已有災，而不云改更者（阮元云：云字疑衍，袁堯年曰：不下衍云字，今刪，是也），義通于此。」（公羊疏卷十七）此條亦僅存異義公羊說，許案鄭駁皆不具，袁堯年謂此條亦異義從公羊說，恐亦難曉也。孔廣林曰：「經云改卜，且云又食，則所改卜之牛，非先已有災可知，咎人君者咎其不敬，以數召災耳，公羊說非也。」（通德遺書所見錄卷六十二）孔氏以「咎在人君取已有災而不改更」聯作一句讀，故有此議，皮錫瑞駁之曰：「經云改卜，云又食，說公羊者，必無不知公羊說當以又食咎在人君斷句，下云取已有災而不改更者義通於此，當別爲一義。謂此乃改更又食，咎在人君不敬，若並不改更者，義與此通，蓋推廣言之，故曰義通於此也。孔駁公羊說非是。」駁五經異義疏證皮說較孔說爲長。然許君引此說非公羊傳有明文者，臧琳以爲異義所引公羊說，乃說者本穀梁言之，至劉向氏其說乃極詳，臧氏曰：「穀梁傳：『過有司也，郊牛日，展觓角而知傷，展道盡矣，其所以備災之道不盡也。改卜牛，鼷鼠又食其角。……非人之所能也，所以免有司之過也。』五行志中上：劉向以爲不敬而僭霸之所致也。昔周公制禮樂，成周道，故成王命魯郊祀天地，以尊周公。至成公時，三家始顓政，魯將從此衰，天愍周公之德，痛其將有敗亡之戚，故於郊祭而見戒云。鼠、小蟲。性盜竊。鼷、又其小者也。牛、大畜，祭天尊物也。角兵象，在上君威也。小小鼷鼠，食至尊之牛角，象季氏乃陪臣，盜竊之人，將執國命，以傷君威，而害周公之祀也。改卜牛，鼷鼠又食其角，天重語之也。成公怠慢昏亂，遂君臣更執于晉，至于襄公，晉爲溴梁之會，天下大夫皆奪君政，其後三家逐昭公，卒死于外，幾絕周公之祀。董仲舒以爲鼷鼠食郊牛，皆養牲不謹也。案何注公羊云：京房易傳曰：祭天不愼，鼷鼠食郊牛角，又食者，重錄魯不覺寤。即本董義。又云角生上指，逆之象，則於義無取。劉子政以角兵象在上君威也，食角爲傷君威，得之。據徐疏引異義公羊說，知公羊無傳，說者本穀梁言之，劉子政之義，尤爲深切著明。」經義雜記卷一據臧氏所考，知異義所引公羊說，與西京今文家說相合，至劉向更確言鼷鼠食牛角爲咎徵，即異義公羊說所本。然許君所從違、鄭君之異同，文幷闕如，猶難確知也。又許論質家立世子弟，文家立世子子之條，見於公羊傳成公十五年徐疏所引，公羊成十五年仲嬰齊卒傳曰：「仲嬰齊者何？公孫嬰齊也。公孫嬰齊則曷為謂之仲？嬰齊為兄後也。為兄後則曷為謂之仲嬰齊？為人後者，為之子也。為人後者為其子，則其稱仲何？孫以王父字為氏也。然則嬰齊孰後？後歸父也。歸父使乎晉，還自晉，至檉，聞君薨，家遣墠帷，哭君成踊，反命于介，自是走之齊，魯人徐傷歸父之無後也，於是使嬰齊後之也。」何休解詁云：「弟無後兄之義，為亂昭穆之序，失父子之親，故不言仲孫，明不與子為父孫。」其下徐彥疏曰：「案異義：『公羊說云：質家立世子弟，文家立世子子，而春秋從質，故得立其弟。』以此言之，嬰齊為兄後，正合諸春秋之義，何得謂之亂昭穆之序者？正以質家立世子弟者，謂立之為君而已，豈謂作世子之子乎？今嬰齊後之者，若為歸父之子然，故為亂昭穆之序，言失父子之親者，若後歸父即不為仲遂之子，故云失父子之親矣。」（公羊疏卷十八）是今存異義論為兄後之事，僅公羊說而已，許案鄭駁，皆亡明文。孔廣林曰：「鄭君於爵等用公羊說，云春秋變周之文，從殷之質，合伯子男以為一，則此條蓋亦從焉。」（通德遺書所見錄卷五十五）陳壽祺亦云：「鄭君注王制，於爵等用公羊說，云春秋變周之文，從殷之質。其駮異義，蓋亦從公羊說。」（五經異義疏證）孔陳二氏並謂鄭君從公羊說，則鄭君於此無駁，亦可知許君當從公羊說矣。

其論人臣不以私喪廢奔天子之喪，諸家謂許從公羊家說，今案諸前文所證，恐未必然。

案許論鄭駁人臣不以私喪廢奔天子之喪，見於通典凶禮二所引，彼云：「五經異義：大鴻臚眭生說：諸侯踰年卽位，乃奔天子喪，春秋之義，未踰年君死，不成以人君禮，言王者未加其禮，故諸侯亦不得供其禮於王者，相報也。謹案（孔廣林曰：謹本作又，譌）：禮不得以私廢公、卑廢尊，如禮得奔喪，今以私喪廢奔天子之喪，非也。又人臣之義，不得校計天子未加禮於我，亦執之不加禮也，眭生之說非也。鄭玄按：孝經資於事父以事君，言能爲人子，乃能爲人臣也。服問嗣子不爲天子服，此則嫌欲速不一於父也。喪服四制曰：門內之治，恩掩義；門外之治，義斷恩。此言在父則爲父，在君則爲君也。春秋莊三十二年子般卒時，父未葬也。子者繫於父之稱也，言卒不言薨（陳壽祺曰：薨舊誤崩），未成君也。未成君猶繫於父，則當從門內之治，恩掩義。禮者，在於所處，此何以私廢公？何以卑廢尊？」（卷八十）據此許君駁眭生說，鄭君又駁許君，然三者各據何家之說，未嘗明文標揭，故袁堯年列此爲「春秋總義」類，考白虎通有論私喪公事重輕一節云：「諸侯有親喪，聞天子崩，奔喪者何？屈己親親，猶尊尊之義也。春秋傳曰：天子記崩不記葬者，必其時葬也；諸侯記葬不必有時，諸侯爲有天子喪當奔（當本作尚，陳立曰：尚奔宜爲當奔。），不得必以其時葬也。」陳立曰：「此今文春秋說也（所引春秋傳者，隱三年公羊傳文），通典引異義公羊說：天王喪，赴者至，諸侯雖有父母之喪，越紼而行。又大鴻臚眭生說及許案鄭駁云云，鄭氏用眭生說也。定元年穀梁傳：周人有喪，魯人有喪，周人弔，魯人不弔。周人曰：固吾臣也，使人可也。魯人曰：吾君也，親之者也，使大夫則不可也。故周人弔，魯人不弔。君至尊也，去父之殯而往弔猶不敢，況未殯而臨諸臣乎？則穀梁說自以嗣子葬後始得奔喪也。故通典引五經通義云：凡奔喪，近者先聞先還，遠者後聞後還，諸侯未葬，嗣子聞天子崩，不奔喪王者，制禮緣人心為之節文，孝子之思，不忍去棺柩，故不使奔也。劉氏習穀梁春秋故也。」白虎通疏證卷十一 又曰：「白虎通許叔重並主公羊說，劉向習穀梁，以嗣子在喪不奔喪，蓋眭生說所本也。」公羊義疏 皮錫瑞氏信陳說，亦以為「公穀二傳不同，許從公羊，鄭從穀梁，當以公羊說為正。」駁五經異義疏證 陳皮二氏均以許從公羊說，鄭從穀梁說。又考穀梁傳隱公十一年曰：「天子無事，諸侯相朝，正也。」范寧注：「事謂巡守崩葬兵革之事。」唐楊士勛疏云：「許慎鄭玄皆以為天子喪葬，諸侯親奔，故范亦以為天子崩葬為諸侯之事也。」穀梁疏卷二 袁堯年疑此疏即指本條異義鄭駁而言，然則天子喪葬、諸侯親奔，原為公羊家所主，王制孔疏引異義公羊說及左氏說，左氏說以為王喪，諸侯使上卿弔，上卿會葬。許君於彼實從左氏說，謂諸侯千里之內奔喪，千里之外不奔，若同姓，千里外猶奔喪 參見天王喪諸侯不奔喪條 ，是天子喪，諸侯非必親往奔喪甚明。今此條亦云：「如禮得奔喪」，言如亦即諸侯非必親往奔喪甚明，而所謂「今以私喪廢奔天子之喪，非也」者，亦未嘗言親奔也，不能據楊疏以為許慎主親奔之說，故亦不得據許君本條案語謂許主公羊說也。大鴻臚眭生說為穀梁家言則固然矣，陳壽祺曰：「漢公羊春秋大師眭孟本傳及儒林傳皆云爲符節令，此云大鴻臚，未詳。攷異義公羊說，諸侯奔大喪，越紼而行，而此引眭生說諸侯踰年卽位，乃奔大喪，與公羊異，則非眭孟也。後漢有洼丹，世傳孟氏易，建武十一年爲大鴻臚，豈眭乃洼之誤與？」（五經異義疏證）然不論眭生爲眭孟或洼丹，其爲今文家說則可斷言，疑許君此按本主左氏說以駁穀梁者，許君不當於一書之中義有兩岐也。至於鄭君駁文，間亦有同左氏說者（參見未踰年之君父未葬則繫於父稱子條），疑鄭君乃融會穀梁左氏之說以駁許者。

許君同左氏穀梁說者，如論臣子先死，君父稱字而不名。鄭君亦同左穀之義，然猶駁之者，以君父不當假言臣子死耳。

案許論鄭駁臣子先死，君父稱字而不名之條，見於禮記曲禮下孔疏所引，曲禮「大夫士之子不敢自稱曰嗣子某，不敢與世子同名」句下孔疏云：「異義：『公羊說：臣子先死，君父猶名之，孔子云：鯉也死，是已死而稱名。左氏說：旣沒稱字而不名，桓二年，宋督弒其君與夷，及其大夫孔父，先君死，故稱其字。穀梁同左氏說。』許愼謹案同左氏穀梁說，以爲『論語稱鯉也死，時實未死，假言死耳。』鄭康成亦同左氏穀梁之義，以『論語云鯉也死，有棺而無椁，是實死未葬已前也。』故鄭駁許愼云：『設言死，凡人於恩猶不然，況賢聖乎？』」（禮記疏卷四）是許鄭並同左氏穀梁之說，而猶駮之者，解論語之意有岐互耳。考左氏桓公二年經「孔父」下杜預注曰：「孔父稱名者，內不能治其閨門，外取怨於民，身死而禍及其君。」而公羊桓公二年何休解詁云：「大夫稱家，父者字也。禮：臣死，君字之，以君得字之，知先攻孔父之家。」據是則左氏反謂孔父是名，公羊反謂孔父是字，與異義所引左氏公羊說皆不合，陳立曰：「按如此注，則公羊家亦無臣子先死、君猶名之。未知異義所據。當時傳習公羊者，不僅邵公一人，或別有公羊異說與？又按：左氏說與何氏同，與今杜氏異，必左傳先師鄭衆賈逵等所傳之精義，故亦以孔父爲字也。穀梁傳曰：何以知其先殺孔父也，曰：子既死，父不忍稱其名，以是知君之累之也。孔、氏，父、字，謚也。集解曰：孔父有死難之勳，故其君以字爲謚。」（公羊義疏）皮錫瑞曰：「據解詁則三傳義同，皆謂孔父是字，惟異義所引公羊說，以爲孔父是名，與解詁不合，然亦無貶孔父之文，而杜預乃以孔父稱名爲身死而禍及其君，大乖春秋之旨。又與異義所引左氏說不符，不可用也。許君從左氏穀梁說不誤，必引論語爲證，則迂遠不近理，故鄭以實死未葬駁之。」（駁五經異義疏證）皮說近是，唯謂異義所引公羊說以爲孔父是名，考異義所引公羊說未嘗舉孔父是名爲例，以孔父是名，恐出杜氏一家之私說，惠棟曰：「孔父，孔子之先也，傳云孔父嘉爲司馬，是嘉名，孔父字，古人稱名字，皆先字而後名，蔡仲足是也。鄭有子孔名嘉，說文曰：孔从乙从子，乙請子之鳥也。乙至而得子，嘉、美之也。古人名嘉字子孔，說文此訓，蓋指宋鄭兩大夫，故先儒皆謂善孔父，而書字。杜輒爲異說，不可從也。」（春秋左傳補註）沈欽韓亦曰：「孔父，字謚也。顧云：家語本姓篇：考父生孔父嘉，其後以孔爲氏，然則仲尼氏孔，正以王父之字。而楚成嘉、鄭公子嘉皆字子孔，亦其證也。按若以孔父爲名，則夫子得氏之始，不應以所諱爲氏，杜預因公穀兩家皆美孔父，故欲立異而稱名罪之，非。」（左氏傳補注）按惠沈說並是，杜氏謂孔父是名，劉炫規過已駁正之矣。

許君同左氏公羊說者，如論雨不克葬，不從穀梁葬不爲雨止之說，鄭君不駁。

案許論雨不克葬之條，見於禮記王制孔疏所引，王制「庶人縣封，葬不爲雨止，不封不樹。」鄭注：「縣封當爲縣窆，縣窆者，至卑不得引紼下棺，雖雨猶葬，以其禮儀少，封謂聚土爲墳，不封之，不樹之，又爲至卑無飾也。」其下孔疏曰：「云雖雨猶葬，以其禮儀少者，按異義『公羊說：雨不克葬，謂天子諸侯也。卿大夫臣賤不能以雨止。穀梁說：葬既有日，不爲雨止。左氏說：卜葬先遠日，辟不懷，言不汲汲葬其親（言本作吾，阮元云吾作言是也）。雨不可行事（惠棟校宋本有雨字，袁堯年補之是也），廢禮不行，庶人不爲雨止。許愼謹案：論語云：死葬之以禮。以雨而葬，是不行禮，穀梁說非也，從公羊左氏之說。』鄭氏無駁，與許同。按釋廢疾云：雖庶人葬，爲雨止。公羊說卿大夫臣賤不能以雨止，此等之說，則在廟未發之時，庶人及卿大夫亦得爲雨止，若其已發在路及葬，則不爲雨止，其人君在廟及在路及葬，皆爲雨止。」（禮記疏卷十二）孔廣林謂孔疏所引釋廢疾義與王制注文正相印合，是鄭亦從公羊左氏之義，與許同也。陳壽祺亦云：「禮記十二王制曰：庶人縣封葬不爲雨止，與公羊左氏說合，鄭注王制云：雖雨猶葬，以其禮儀少，此鄭從左氏說，禮不行庶人之義也。而鄭釋廢疾又云雖庶人葬爲雨止，與公羊左氏說異，王制正義解之云云是也。五經異義疏證」王制與公羊左氏說合，據王制正義，則鄭釋廢疾亦同公羊左氏之義。然則三傳之旨，孰爲優劣乎，陳立、皮錫瑞並以穀梁之說不近情理，張士元氏嘗詳論三傳得失云：「春秋宣公八年冬十月己丑，葬我小君敬嬴，雨不克葬。庚寅日中而克葬。定公十有五年秋九月丁巳，葬我君定公，雨不克葬，戊午日下昃乃克葬。左氏曰：雨不克葬，禮也。禮卜葬先遠日，辟不懷也。穀梁氏曰：葬既有日，不爲雨止，禮也。是二子之說不同，將何所從乎？吾嘗考之禮矣，士喪禮潦車載蓑笠，鄭康成曰：備雨服也。雨服備則葬固有行于雨中者矣。王制記天子諸侯大夫士庶人之喪禮，而繼之曰庶人縣封葬不爲雨止，獨言庶人，則士大夫以上得爲雨止矣。說者曰：當在廟未發時，雖庶人亦得爲雨止，及其已發在路及方葬時，則不爲雨止，此卿大夫士庶人之所同也。若天子諸侯則無論在廟在路，及方葬，皆爲雨止。其說美矣，然亦不可泥也，經言貴賤喪葬之制甚詳，而獨於雨中之克葬不克葬，則言之頗略，何也？以其事難預定，而貴賤之等，不可以天雨別之也。天子諸侯之葬也，禮儀多則固當爲雨止，士庶人之葬也，禮儀少則固不當爲雨止，而雨亦有小大，時亦有蚤莫，其行之者亦有貧富豐儉，豈可一概言之哉？然則左氏與穀梁氏之說，果孰爲得春秋之旨乎？曰：吾有見于曾子問矣，曾子曰：葬引至于堩，日有食之，則有變乎且不乎？孔子曰：昔者吾從老聃助葬巷黨，及堩而日食。老聃曰：止柩就道右，止哭以聽變，既明反而後行，曰禮也。反葬問之曰：夫柩不可以反者也，日有食之，不知其已之遲數，則豈如行哉。老聃曰：柩不蚤出，不莫宿，見星而行者，唯罪人與奔父母之喪者乎？日有食之，安知其不見星也，且君子行禮，不以人之親痁患。夫日食不可以遽葬，而獨可以急葬乎？以此言之，則左氏所謂辟不懷者允矣。」嘉樹山房集卷一 張氏以公羊左氏義同，但言左氏之義長於穀梁，而三傳優劣自明。然劉文淇氏謂左氏宣公八年：「禮：卜葬先遠日，辟不懷也」，左氏舊本卜作士，謂士葬先遠日，於是劉壽曾據之謂「士者，通天子、卿大夫言之，皆卜兩葬日，庶人則否，故言庶人不為雨止也。則左氏古義，不獨與穀梁雨葬異說，亦與公羊說天子諸侯之禮不同，陳壽祺謂王制與公羊說合，非也。鄭君不駁異義，而釋廢疾謂雖庶人葬為雨止者，廢疾之辭，今無考，何氏蓋據公羊天子諸侯之禮，以駁穀梁，鄭君之辭，亦不取穀梁，却又違於左氏，非定論也。」春秋左氏傳舊注疏證 今按異義左氏說與左傳文皆作卜葬先遠日，劉氏偶據誤本，謂左氏舊本卜作士，壽曾遂承訛踵謬，謂左氏與公羊異說，進而謂王制與公羊不合矣，不省許君自言「從公羊左氏之說」，是公羊與左氏不異也。

又論妾子立為君得尊其母立以為夫人，亦從左氏公羊之說，鄭君駁之。

案許論鄭駁妾子立為君得尊其母立以為夫人否之條，見於通典、禮記服問孔疏、左傳襄四年孔疏所引，通典嘉禮十七云：「五經異義：『妾母之子為君，得尊其母為夫人不孔廣林曰：本脫不字。考禮記服問疏作妾子立爲君得尊其母立以爲夫人否？今春秋公羊說（孔廣林曰：今本譌案。據服問疏正之）：妾子立爲君，母得稱夫人，故上堂稱妾，屈於嫡也。下堂稱夫人，尊行國家（服問疏作尊於國也），父母者子之天也，子不得爵命父母，則士庶起爲人君，母亦不得稱夫人（袁堯年曰：此十四字本在尊行國家下，孔廣林曰：當在子不得爵命父母下，文錯在此，孔說是也，今正。案袁氏引孔廣林云云，即據陳壽祺本，考通德遺書所見錄無此文，或陳氏所見本有異）。至於妾子爲君，得爵命其母者（得命二字據服問疏補），以妾本接事尊者（服問疏作以妾在奉授於尊者），有所因緣故也（緣故二字據服問疏補）。穀梁說（服問疏作穀梁傳曰）：魯僖公立妾母成風爲夫人，入宗廟，是子而爵母也（服問疏作是子爵於母），以妾爲妻，非禮也。古春秋左氏說：成風得立爲夫人，母以子貴，禮也。謹案：尙書舜爲天子，瞽瞍爲士，明起於匹庶者（服問疏匹作士），子不得爵父母也。至於魯僖公本妾子，得尊母成風爲小君（得字據服問疏引補），經無譏文，公羊左氏義是也（服問疏作從公羊左氏之說）。』駮曰：『禮喪服：父爲長子三年，以將傳重故也。衆子則爲之周（周本是朞字，服問疏作朞。陳壽祺曰：通典凡期皆改爲周，避玄宗嫌名。是也），明無二適也。女君卒，貴妾繼室攝其事耳，不得復立爲夫人。魯僖公妾母爲夫人者，乃緣莊公夫人哀姜，有殺子般閔公之罪，應貶故也。近漢呂后殺戚夫人及庶子趙王，不仁，廢，不得配食，文帝更尊其母薄后，非其比耶，妾子立者得尊其母，禮未之有也。』（卷七十二）是許君從公羊左氏之說，鄭則從穀梁之說，劉文淇曰：「許君謂公羊左氏同說，鄭君所稱僖公妾母爲夫人，乃穀梁說。穀梁僖八年傳：秋七月禘于太廟，用致夫人，集解引劉向云：夫人、成風也。致之於太廟，立之以爲夫人。襄四年經疏：鄭玄以爲正夫人有罪廢，妾母得成爲夫人。即據鄭駁異義爲說。左氏以致夫人爲哀姜，與穀梁說異。杜預注不援母以子貴義，但以赴同祔姑爲說，赴同祔姑傳例爲致夫人發，疏引釋例則云：凡妾子爲君，其母猶爲夫人，雖先君不命其母，母以子貴，其適夫人薨，則尊稱得加於其子，內外之禮，皆如夫人矣，則亦用古左氏說也。」左傳舊注疏證 劉氏分析穀梁左氏之異，謂鄭從穀梁之說，陳壽祺謂鄭雖從穀梁，亦兼取左氏；皮錫瑞謂鄭雖從穀梁，亦不背公羊。陳氏曰：「鄭駁異義，以成風敬嬴得尊爲夫人者，緣哀姜有罪，姜氏大歸故，是兼取左氏。而謂貴妾不得復立爲夫人，妾母不得有三年喪，大旨從穀梁。但其言呂后廢，不得配食，文帝更尊其母薄后，猶未覈實，考漢書郊祀志：元始五年，王莽奏：復南北郊，以孟春正月上辛若丁，天子親合祀天地，以高帝高后配，以日冬至，使有司奉祠南郊，高帝配。日夏至，使有司奉祭北郊，高后配。後漢書光武紀：建武中元元年，使司空告祠高廟曰：呂太后賊害三趙，專王呂氏，賴社稷之靈，祿產伏誅，天命幾墜。危朝更安，呂太后不宜配食高廟同祧至尊。薄太后母德慈仁，孝文皇帝賢明臨國，子孫賴福，延祚至今，其上薄太后尊號曰高皇后，配食地祇，遷呂太后廟主於園，四時上祭。亦見續漢書祭祀志。然則王莽以前配食高帝者，猶呂后耳。光武始廢之，非自文帝也。衛宏漢舊儀曰：宗廟大祫，設左右坐，高祖南面，高后右坐 見續漢祭祀志補注。此爲呂太后也；應劭漢官儀曰：北郊壇：地祇位南面西上，高皇后配西面，皆在壇上。此爲薄太后也。」五經異義疏證 陳氏雖糾鄭君引漢事之失，然總較三傳，仍謂穀梁與禮合，說最得之。皮錫瑞氏亦云：「穀梁之說雖正，而公羊春秋之義，變文從質，母以子貴，不必同於穀梁，異義引公羊說與繁露合，是先師舊說不誤。……鄭君從穀梁說，又不欲背公羊，引漢事證春秋，亦屬調停之見。」（駁五經異義疏證）皮氏所謂異義公羊說與繁露合者，卽陳立氏所擧：「繁露三代改制云：主天法質而王，妾以子貴；主地法文而王，妾不以子稱貴。春秋改文從質，所以母以子貴，必公羊經師所傳。」（公羊義疏）據是則公羊所說，亦先師所傳，而穀梁成書在後，立意時較公羊平正耳（案戴君仁先生春秋辨例第九章曰：「穀梁雖非僞書，但成書在公羊之後，意欲修改公羊，故於公羊有同有異，穀梁顯然比公羊立說平實」是也。）

又論諸侯聘期，謂公羊說爲虞夏制，左氏說爲周代禮制、是三代不同，故古今異說。鄭玄據左氏說以駁公羊，謂公羊說非虞夏及殷法也。

案許論鄭駁諸侯聘之條（此標題據王謨漢魏遺書鈔本立），見於禮記王制孔疏及玉海所引，王制云：「諸侯之於天子也，比年一小聘，三年一大聘，五年一朝。」鄭玄注云：「比年，每歲也。小聘使大夫，大聘使卿，朝則君自行。然此大聘與朝，晉文霸時所制也。虞夏之制，諸侯歲朝。周之制，侯甸男采衞要服，六者各以其服數來朝。」其下孔疏云：「如鄭此注，唯據文襄，故鄭云此晉文霸時所制。又鄭駁異義云：『公羊說比年一小聘，三年一大聘，五年一朝，以爲文襄之制，錄王制者，記文襄之制耳，非虞夏及殷法也。』云虞夏之制諸侯歲朝者，按尙書堯典云：五載一巡守，羣后四朝。鄭注云：『巡守之年，諸侯朝於方岳之下，其間四年，四方諸侯，分來朝於京師，歲徧是也。』」又云：「按昭十三年左傳云：歲聘以志業，間朝以講禮，再朝而會以示威，再會而盟以顯昭明。賈逵服虔皆以爲朝天子之法，崔氏以爲朝霸主之法，鄭康成以爲不知何代之禮。故異義云：『公羊說：諸侯比年一小聘，三年一大聘，五年一朝天子。左氏說：十二年之間八聘、四朝、再會、一盟，許愼謹案：公羊說虞夏制，左氏說周禮。傳曰：三代不同物。明古今異說。』鄭駁之云：三年聘，五年朝，文襄之霸制，非虞夏及殷法也（七字據前疏引補）。文十五年左傳云：諸侯再相朝以修王命，古之制也，此爲夏殷之禮（以上四句，王謨漢魏遺書鈔據玉海引補於此，今依之）。周禮大行人：諸侯各以服數來朝。其諸侯歲聘間朝之屬，說無所出，晉文公強盛諸侯耳，非所謂三代異物也。』是鄭以歲聘間朝，文無所出，不用其義也。言晉文公但強盛諸侯耳，何能制禮而云三代異物乎，是難許愼之辭也。」（禮記疏卷十一）是許以公羊此說爲虞夏制，左氏爲周代典禮，說可兩存，而鄭君據左氏說以駁之，以左氏爲合古制（玉海所引左氏說云云，謂是鄭駁異義文，王制疏亦嘗引及），又引周禮以證左氏。孫詒讓曰：「孔疏綜述賈、許、鄭、服、崔諸說甚覈，孫經世云：『朝禮虞時蓋分諸侯爲四部，部各一歲，四歲而周至。周則分諸侯爲六部，部各升降一歲，六歲而周。虞以四歲者，合之巡守之歲，共五歲，統四部計之，則爲五載四朝，堯典所言是也。自各部計之，則爲五年一朝，王制所言是也。王制與堯典同。一巡守之期，卽一朝期，固無可疑也。周以六歲計之，則六歲中爲朝共十有四（按周禮大行人謂侯服歲一見，六歲凡六朝。甸服二歲一見，六歲凡三朝。男服三歲一見，六歲凡二朝。采服四歲一見，六歲凡一朝。衞服五歲一見，六歲則一朝。要服六歲一見，六歲則一朝，故云六歲中凡十四朝，自各部計之，則六歲中爲朝或六、或三、或二、或一，大行人所云是也。要服視虞較疏，而侯甸等視虞加密。』案孫氏參合堯典王制之義，近是。考公羊桓元年何注云：王者與諸侯別治，勢不得自專朝政，故即位比年，使大夫小聘。三年，使上卿大聘。四年，又使大夫小聘。五年一朝。徐彥疏云：五年一朝，虞傳文。又北堂書鈔禮儀部引白虎通云：朝者見也，五年一朝，備文德、明禮義也。此與王制說同。又國語魯語：曹劌曰：先王制諸侯，使五年四王一相朝也。韋注亦引王制爲說。據徐彥引書傳，則伏生固以五年一朝釋羣后四朝，足證孫氏謂王制爲唐虞法之說。」周禮正義卷七十一 據孫氏所證，公羊與王制同，王制與堯典合，伏生書傳與白虎通又與之相合，此今文家一貫之說，事在堯典，故許謂公羊說爲虞夏制，鄭君駁之以爲是文襄之制，皮錫瑞謂即如鄭說以爲文襄之制，亦文襄沿用古法者是也。然鄭氏雖引左氏以駁公羊，而左氏說亦自有參差，故鄭以諸侯再相朝以修王命爲合古制，以諸侯歲聘間朝之屬爲說無所出，此則鄭君以周禮爲斷，歲聘間朝之屬，與周禮大行人云諸侯各以服數來朝不合故也。

又論隕石於宋五及六鷁退飛，鄭從穀梁說以駁許，疑許本從公羊或左氏說，文義不完，難以確徵。

案許論隕石於宋五及鄭駁六鷁退飛之條，見於穀梁傳僖公十六年楊士勛疏所引，穀梁僖十六年春王正月戊申朔隕石于宋五，范寧注云：「劉向曰：石、陰類也。五、陽數也。象陰而陽行，將致隊落。」又是月六鷁退飛過宋都，范寧注云：「是月，隕石之月。劉向曰：鶃、陽也。六、陰數也。象陽而陰行，必衰退。」彼楊疏曰：「何休云：『石者，陰德之專者也。鷁者，鳥中之耿介者。皆有似宋襄公之行。宋襄欲行霸事，不納公子目夷之謀，事事耿介自用，卒以五年見執，六年終敗，如五石六鷁之數，天之與人，昭昭著明，甚可畏也。』賈逵云：『石、山岳之物。齊、大岳之胤。而五石隕宋，象齊桓卒而五公子作亂，宋將得諸侯而治五公子之亂。鷁退、不成之象，後六年霸業退也。鷁、水鳥，陽中之陽，象君臣之象閱也（按臧琳經義雜記曰：說文鶃、鳥也。从鳥兒聲。春秋傳曰：六鶃退飛。不收从益字。左氏正義曰：鷁字或作鶃，釋文六鷁本或作鶃。公穀釋文皆云六鶃五歷反，可證三傳本皆作鶃，與說文同。蓋因唐時左傳已有作鷁者，故後人據以易二傳也。穀梁疏云賈逵云：鶃、水鳥。陽中之陰，象君臣之訟閱也。以閱解鶃，取同聲爲詁，可證左傳字本从兒。據是鶃爲正字，鷁爲俗字。所引賈注，亦有所訂正）。』許愼異義載『穀梁說云：隕石於宋五，象宋公德劣國小，陰類也，而欲行霸道，是陰而欲陽行也。其隕，將拘執之象也。是宋公欲以諸侯行天子道也。』六鷁退者，鄭玄云：『六鷁俱飛，得諸侯之象也，其退，示其德行不進以致敗也。得諸侯是陽行也；被執敗是陰行也。』是二說與劉向合耳，其何休賈逵之言，並是公羊左氏舊說，非穀梁意也。」（穀梁疏卷八）孔廣林曰：「此條無許君謹案，以駮義釋之，蓋許君不從此說，故鄭申穀梁之義以駮之也。」（通德遺書所見錄卷六十二）袁堯年曰：「范寧集解引劉向云云，異義所載穀梁說，與劉向同義，故疏既引異義文，又引鄭君駮義文，而卽斷以己意曰：是二說與劉向合耳。據此則鄭從穀梁，許君或從公羊、或從左氏，疏引不具，無明文以知之。」又曰：「據異義文是解隕石之義，據駁義文是解鷁退之義，疑異義原文又有鷁退之說也，引者不具爾。」（重輯袁鈞本駁五經異義）孔袁二說皆是，鄭據穀梁說以駁許，則許本當從左氏或公羊之說，疏引何休及賈逵注文，以爲是公羊左氏之舊說，疑異義本有公羊義及左氏義，卽同何賈之說，故楊疏舉何賈二說，於異義則僅舉穀梁一家。據鄭玄、劉向、及異義所引穀梁說，知穀梁之義，以石爲陰類，鶂爲陽類，五爲陽數，六爲陰數，陰類而作陽數之行，必墜落；陽類而作陰數之行，必衰退。故隕石五象拘執，退鶂六象致敗。而公羊之義則以石象陰德而專擅，鶂象耿介而自用，五六之數，以象其五年見執、六年終敗。左氏說則謂石象齊國，五石隕象齊桓公卒而五公子作亂，亦卽以五石隕爲齊之咎徵，爲宋之吉徵，謂宋將得諸侯。而六鶂退飛則復爲宋之咎徵，謂霸業退也。左氏以五象五公子，以六象後六年，與穀梁陰數陽數之義既異，與公羊五六並象年數亦不同，此三傳異同之大略也。劉文淇曰：「春秋考異郵云：鷁者、毛羽之蟲，生陰而屬於陽。洪範五行傳：鷁者陽禽，與考異郵生陰屬陽說合。鷁、水鳥，故云生陰也。終軍傳：蓋六鷁退飛，逆也；白魚登舟，順也。張晏曰：六鷁退飛，象諸侯畔逆，宋襄公霸道衰也。說異二傳，當亦古左氏說。」又曰：「漢書五行志引劉歆以爲風發於它所，至宋而高，鶂高飛而逢之則退，經以見者爲文，故記退蜚，傳以實應著言。風、常風之罰也，象宋襄公區霿自用，不容臣下，逆司馬子魚之諫，而與彊楚爭盟，後六年爲楚所執，應六鶂之數。子駿謂經以見爲文，故記退飛，則左氏誼與公羊同。子駿釋此傳，用古尚書說。」（春秋左氏傳舊註疏證）按劉氏於三傳異同未能釐分，故其說非是，夫考異郵及洪範五行傳，實同劉向注，爲穀梁家說；劉歆以鶂退蜚象宋襄區霿自用，又以六年被執爲應六鶂之數，實爲公羊家說。陳壽祺曰：「漢書五行志下之下引京房易傳曰：『距諫自彊，茲謂卻行，厥異：鶂退飛。適當黜，則鶂退飛。』據此則知劉歆言常風之罰及何休言逆諫之戒，蓋皆本京氏易傳。」（五經異義疏證）據是知今文公羊說與今文京易之義相合。今復考漢書五行志下之下曰：「左氏傳曰：『隕石、星也。鶂退飛、風也。宋襄公以問周內史叔興曰：是何祥也？吉凶何在？對曰：今茲魯多大喪，明年齊有亂，君將得諸侯而不終。退而告人曰：是陰陽之事，非吉凶之所生也。吉凶繇人，吾不敢逆君故也。』是歲魯公子季友、鄫季姬、公孫茲皆卒。明年齊威死，適庶亂，宋襄公伐齊，行伯（師古曰伯讀曰霸），卒爲楚所敗。劉歆以爲是歲歲在壽星，其衝降婁，降婁、魯分野也。故爲魯多大喪。正月日在星紀，厭在玄枵，玄枵、齊分野也。石、山物，齊、大嶽後，五石象齊威卒而五公子作亂，故爲明年齊有亂。庶民惟星，隕於宋，象宋襄將得諸侯之衆，而治五公子之亂。星隕而鶂退飛，故爲得諸侯而不終，六鶂象後六年伯業始退，執於盂也。民反德爲亂，亂則妖災生，言吉凶繇人，然后陰陽衝厭受其咎。齊魯之災，非君所致，故曰吾不敢逆君故也。」（卷二十七）此所引劉歆解左傳之義，爲古左氏說，楊疏所引賈逵注文，與此同，知賈君卽本諸子駁也。

許君同公羊穀梁說者，如論鸛鵒來巢居中國，象權臣欲自下居上之象，鄭君從左氏古文說以駁之。

案許論鄭駁鸛鵒來巢之條，見於周禮攷工記賈疏及公羊昭二十五年徐疏所引，周禮考工記曰：「鸜鵒不踰濟」鄭玄注云：「鸜鵒、鳥也。春秋昭二十五年有鴝鵒來巢，傳曰：書所無也。鄭司農云：不踰濟，無妨於中國有之。」賈疏云：「左氏傳作鸜鵒，公羊傳作鸛鵒，此經注皆作鸜字，與左氏同。春秋昭二十五年，有鸜鵒來巢，傳曰：書所無也。先鄭云不踰濟，無妨於中國有之者，按異義公羊以爲：鸛鵒、夷狄之鳥，穴居，今來至魯之中國巢居，此權臣欲自下居上之象。穀梁亦以爲夷狄之鳥來中國，義與公羊同。左氏以爲鸜鵒來巢，書所無也，彼注云：周禮曰鸜鵒不踰濟，今踰，宜穴，而又巢。故曰書所無也（袁堯年曰彼注云云二十四字，蓋引左傳舊注，非異義文也）。許君謹案：從二傳。後鄭駁之云：按春秋言來者甚多，非皆從夷狄來也，從魯疆外而至，則言來，鸜鵒本濟西穴處，今乃踰濟而東，又巢，爲昭公將去魯國。今先鄭云：不踰濟，無妨於中國有之，與後鄭義同也。」（周禮疏卷三十九）而公羊昭二十五年：「有鸛鵒來巢，何以書？記異也。何異爾？非中國之禽也，宜穴又巢也。」何休解詁曰：「非中國之禽而來居此國，國將危亡之象，鸛鵒猶權欲，宜穴又巢，此權臣欲國，自下居上之徵也，其後卒爲季氏所逐。」徐彥疏云：「非中國之禽也者，謂是夷狄之鳥，以異義公羊說云：鸛鵒，夷狄之鳥，不當來入中國。鄭君駁之曰：『春秋之鳥不言來者，多爲夷狄來也。若鸛鵒乃飛從夷狄而來，則昭將去遠域之外。』以此言之，則知非中國之禽者，謂是夷狄之鳥。而冬官云鸛鵒不踰濟，鄭氏云無妨於中國有之者，何氏所不取也。舊解以爲中國國中者，非得注之意，穀梁與此同。」（公羊疏卷二十四）參二疏之意，是許從公羊穀梁，主今文家說；鄭從左氏，與左氏舊註及周禮先鄭註合，實主古文家說。考陳壽祺曰：「范注引劉向曰：『去穴而巢，此陰居陽位，臣逐君之象也。』義同公羊。」（五經異義疏證）王熙元曰：「何休注公羊云云，與劉向意同，范以鸛鵒乃穴居之鳥，今而來巢，故引向說，明其異象。」（穀梁范注發微）是何注公羊、范注穀梁，義得相通，許從二傳，亦同於劉向矣。皮錫瑞以爲許鄭之異，在於今文古文文字有異，鸛鵒鸜鵒，判然兩物，不必強合爲一，彼云：「作鸛者，今文也；作鸜者，古文也。三傳文字不同，說解亦異，不必強合爲一，如左氏說鸜鵒，卽考工記所云鸜鵒不踰濟，今謂之八哥鳥，所在有之，特在古時不踰濟，不當踰濟而東，故曰書所無也。如公羊穀梁說鸛鵒，並非鸜鵒，乃夷狄之鳥，不當來中國，今中國亦不聞有此鳥，蓋海鳥爰居之類也。說公羊穀梁者，皆不引考工記，何君解詁亦不引考工記，解詁一書，未嘗引周禮一字，可見漢儒顓門家法之嚴，鄭君是通學，非顓門，其駁異義，蓋從左氏，踰濟而東云云，雖不明引考工，實卽考工不踰濟之說，與公羊穀梁說夷狄之鳥迥乎不同。……三傳各自爲義，不必強公羊以合左氏，亦不必強何以合鄭。……三傳文義不同，自漢以後家法不明，容有後人牽引改變之失，鸛鵒鸜鵒，判然兩物，不當混合爲一，依公穀義當作鸛，今本穀梁作鸜者誤也；依左氏義當作鸜，古本左氏有作鸛者亦誤也。」駁五經異義疏證 皮氏調停三傳同異，謂公穀今文所說是鸛鵒，左氏及周禮古文所說是鸜鵒，本是兩鳥，不必牽混爭執，說固美矣，然何以說三傳者轉生轇轕，而通儒若許鄭者，亦不能察此牽引改變之失乎?皮氏疑是「家法不明」之故，恐尙難通釋後人之疑滯也。孫詒讓則曰：「周禮釋文鸜作鸛，云徐劉音權，公羊傳同。本又作鸜，左傳同。案公羊昭二十五年徐疏引此經亦作鸛。正字本作鴝、鸜、鴝之俗，鸛則假借字也。周禮注云鸜鵒鳥也者，說文鳥部云：鴝、鴝鵒也。一切經音義云：鴝鵒似百舌，頭有兩毛角者。……阮元云：釋文本作鸛鵒，賈疏本作鸜鵒，按徐邈劉昌宗作鸛，音懽，是此經舊作鸛鵒矣。鄭注所引者爲左氏傳，則鄭所據左氏春秋亦作鸛，賈疏本、唐石經作鸜，爲失其舊。說文鳥部云：鵒、鴝鵒也，古者鴝鵒不踰泲。懽鴝一語之轉，蓋攷工記、春秋皆有二本不同，依說文別作鴝是也。陳壽祺云：左傳音義：鸛、嵇康音權，本又作鴝，穀梁音義：鸜、本又作鸛，音灌，今攷左氏、攷工記，古本亦皆作鸛，音權觀，鄭注引左氏春秋、徐邈劉昌宗周禮音、嵇康左傳音、陸德明周禮音義，並同。可證其作鸜者非古本也。賈所見本，不如諸家之善，又不如左氏有作鸛之本，疏矣。案阮陳說是也。淮南子原道訓字亦作鴝，說文鳥部無鸜字，而有鸛字，別爲一鳥，鴝鵒之字，經典古本多作鸜者，蓋借鸜爲鴝也。鄭引左傳者，證不踰濟，故魯無此鳥，左傳杜注云：此鳥穴居，不在魯界，故云來巢。鄭司農云不踰濟，無妨於中國有之者，此隱駁春秋公穀說也。公羊春秋有鸜鵒來巢，傳云：何以書？記異也。何異爾？非中國之禽也。又穀梁傳云：一有一亡曰有，來者來中國也。並以鸜鵒爲非中國之鳥，玉燭寶典引禮稽命徵說同。賈疏引異義鄭駁云云，云先鄭與後鄭義同者是也。鸜鵒、即今南方之八哥，北方所無，經云不踰濟者，謂不踰濟而北也，魯在濟東南，嫌未爲踰濟，故駁異義謂鸜鵒本濟西穴處，至魯爲踰濟而東，明此經之義，可通於春秋也。左傳孔疏不達斯恉，乃謂鸜鵒北方之鳥，南不踰濟，失之矣。」周禮正義卷七十四 據此孫氏及阮元陳壽祺皆謂作鸜乃後起俗字，阮元謂當依說文別作鴝爲正，若然，則皮氏所謂鸜鵒鸛鵒本爲二鳥者，又非定論矣。孫氏爲周禮作疏，故闡明古文之義特詳，謂周禮之義可通於春秋左氏，則後鄭所引左氏說爲有徵矣。然公穀之說亦有禮緯爲證，是三傳異同，不始於許君異義，蓋西漢已存異說，迨古文顯於世，即起難端，非家法不明、牽引改變之失也。鸛鸜之正字既皆作鴝，則今文古文之異，或在同名異物，皮氏據鸛鸜字異以判今文古文各自爲義，恐非尋本溯源之論。

又有許君謹案從何家未有定論者，如公羊論天子存二代之後，尊賢不過二代。左氏謂夏殷之外，尙有三恪。許雖引今文家說以證與左氏不同，鄭又從左氏說謂公羊左氏義不乖異，以駁許。然亦未能確知許必從公羊。

案許論鄭駁天子存二王後之條，見於禮記郊特牲孔疏、毛詩振鷺孔疏、毛詩陳譜孔疏、續漢書百官志五注、及玉海所引，郊特牲孔疏所引最詳，於「天子存二代之後，猶尊賢也，尊賢不過二代。」鄭注：「過之遠難法也，二或爲三」下孔疏云：「案異義：『公羊說：存二王之後，所以通天三統之義，引禮郊特牲云：天子存二代之後，猶尊賢也，尊賢不過二代（按疏本作「引此文」三字，孔廣林、陳壽祺、王復、王謨、袁堯年、黃奭等俱補此特牲云云二十二字，袁鈞原本僅補上二句，唯改禮郊特牲爲禮戴說，頗近許書原貌。）古春秋左氏說：周家封夏殷二王之後，以爲上公，封黃帝堯舜之後謂之三恪。許慎謹案云：治魯詩丞相韋玄成、治易施讎等說引外傳曰：三王之樂，可得觀乎？知王者所封，三代而已，不與左氏說同（不字本或作而，陳壽祺謂而當作不，然宋本本作不。王謨從作而之本，又以玉海引三王之樂作五王之樂，遂改王者所封三代而已爲五代而已，使外傳云云與左氏說同，則似許君亦從古左氏說矣。按王說非是。）』鄭駮之云：『所存二王之後者，命使郊天，以天子之禮，祭其始祖受命之王，自行其正朔服色，此之謂通天三統（此句依詩振鷺序疏引補）。三恪尊於諸侯，卑於二王之後（以上十二字見詩陳譜正義，孔廣林、袁堯年謂審其文義當補於此是也）。恪者敬也，敬其先聖而封其後，與諸侯無殊異，何得比夏殷之後。』如鄭此言，公羊自據二王之後，左氏兼論三恪，義不乖異也。」（禮記疏卷二十五）袁堯年曰：「據謹案文，許或從公羊，或從左氏，未有定論。」按袁說是也，許君按語雖引今文家說，以證與左氏不同，然未必即從公羊說。鄭君駁文謂兼封三恪，不與二王之後同尊，故從左氏說，以爲三恪非王，與三王之樂何嘗相悖，是許謂公羊與左氏不同，鄭謂古文與今文可通，故亦不能據鄭從左氏以斷許從公羊也。皮錫瑞曰：「異義引左氏說，明分二王之後與三恪爲二，與鄭義同。……漢書劉向傳曰：王者必通三統，明天命所受者博，非獨一姓也。子政習穀梁說，亦與公羊同。」（駁五經異義疏證）是穀梁與公羊同，而鄭君所從爲左氏說，王紹蘭氏據說文，謂許亦同左氏說，又旁采博引，證左氏說爲可信，彼言曰：「說文心部：愙、敬也。從心客聲，春秋傳曰：以陳備三愙。是許亦同古左氏說，與異義王皆封三代之說異，但古文左氏作三愙，愙之字從客，振鷺序云：二王之後來助祭也。其詩曰：我客戾止。毛傳：客、二王之後。或陳與杞宋二客爲三客，故云備三愙。今知許意不然者，杞宋爲二王後，得用天子之禮樂，正朔服色，通周爲三統。陳用侯禮，明不得比杞宋，且不得謂之通三統。樂記：武王克殷，及商（案及商謂至紂都），未及下車，而封黃帝之後於薊，封帝堯之後於祝，封帝舜之後於陳，下車而封夏后氏之後於杞，投殷之後於宋。孔穎達謂二王之後，其禮大，故待下車封之。然則黃帝堯舜之後，其禮小，故未及下車卽封之。知陳與薊祝爲三愙，中無杞宋，杜預誤以陳及夏殷後爲三恪，違於古左氏說（案孫希旦禮記集解亦云：黃帝堯舜之後謂之三恪，左傳言封胡公於陳以備三恪是也，夏殷之後謂之二代，杜預以陳及杞宋爲三恪，非是。王說與孫氏同）。至韋玄成、施犨引外傳三王之樂，是以夏殷周爲三王，若數虞與夏殷，則虞應偁帝，不得偁王；若數陳與杞宋，則陳應偁侯，不得偁王。異義據此，謂王者封三代。故鄭幷公羊戴禮說皆駁之，從古左氏說是也。隋書樂志云：周官大司樂：奏黃鐘、歌大呂，舞雲門，以祀天神；奏太蔟，歌應鐘，舞咸池，以祭地祇；奏姑洗，歌南呂，舞大韶，以祀四望；奏蕤賓，歌函鐘，舞大夏，以祭山川；奏夷則，歌小呂，舞大濩，以享先妣；奏無射，歌夾鐘，舞大武，以享先祖。此乃周制立二王三恪，通已爲六代之樂。是謂二王三恪之樂，通周爲六代，足知三王之樂，即謂夏殷周，不得據爲封三代之證，則王者通三統之義，明封二王後，又封三恪之義益明矣。」（王氏經說卷第四）王氏謂不得據三王之樂爲封三代之證，其說良允，據是則左氏說義長，鄭君據之以駁許書，然許君晚年著說文，已采左氏家說而從之，則固不待鄭君之駁正矣。

又如公羊穀梁家謂追錫死者爲非禮，左氏家謂無譏錫死者之文，許君於此，亦無定論。

案許論錫命死者之條，見於通典嘉禮十七所引：「五經異義：春秋公羊穀梁說，王使榮叔錫魯桓命，追錫死者，非禮也。死者功可追而錫，如有罪，又可追而刑耶？春秋左氏識其錫篡弒之君，無譏錫死者之文也。」（卷七十二）所引異義，但舉列三傳之異說，許案鄭駁，文皆不具，亦或許鄭於此，本無定論歟？孔廣林曰：「諸侯嗣位，而即錫命，禮也。故詩韓奕云：韓侯入覲，以其介圭，入覲于王，王錫韓侯，其生有勳力於王室者（按自詩韓奕云云至此，不見於通德遺書所見錄，陳壽祺所據本有之），其死而更追錫者，若後世哀策，在古則高圉亞圉，死爲追命矣，於禮無乖，當從左氏說。」（通德遺書所見錄卷五十五）

孔氏謂左氏說爲長，唯所據高圉亞圉受殷王追命，實爲殷禮，周禮則死而加謚，不復加錫命，故王紹蘭氏謂公穀說爲長，王氏曰：「穀梁傳：禮有受命，無錫命，錫命非正也。生服之，死行之，禮也。生不服，死追錫之，不正甚矣。是穀梁以追錫爲非禮（案陳壽祺謂穀梁無譏錫死者之文者非）。左氏無傳，異義謂其譏錫篡、無譏錫死之文，則爲左氏學者說也。公羊傳：錫者何？賜也。命者何？加我服也。其言桓公何？追命也。公羊但言追命，不言譏，何休解詁舉謚，明知追命死者，禮生有善行，死當加善謚，不當復加錫，不言天王者，桓行實惡，而乃追錫之，尤悖天道，故云爾，是何休說公羊，與穀梁傳同。左氏昭七年傳：衞齊惡告喪于周，且請命，王使成簡公如衞弔，且追命襄公曰：叔父陟恪，在我先王之左右，以佐事上帝，余敢忘高圉亞圉。杜注：二圉，周之先也，爲殷諸侯，亦受殷王追命者。然則諸侯追賜，本殷禮，故追命衞襄，出自齊惡之請，如果周有追命之禮，何待請命，且王亦不必遠引高圉亞圉矣。是左氏說據殷禮，不及公穀說據周禮爲長。」（王氏經說卷第三）王說實勝孔說，然尙不知許鄭所見同異何如。凡許君所主未有定論者，特綴於末，以俟考焉

至於說文引春秋經傳，義從左氏古文說，故所稱春秋傳曰者凡一百七十八字，咸以左氏字義爲主，明言引春秋公羊傳者三字，皆左氏傳無其字，故以並存者。

案許君自敍云：「孔子書六經，左丘明述春秋傳，皆以古文，厥意可得而說。」段玉裁云：「孔

子書六經以古文者，以壁中經知之，左氏述春秋傳以古文者，於張蒼所獻知之，皆見下文。」而自敍下文云：「魯恭王壞孔子宅，而得禮記，尚書、春秋、論語、孝經，又北平侯張蒼獻春秋左氏傳。…其詳可得略說也。」又云：「厥誼不昭，爰明以諭，其偁春秋，左氏。」是左氏者，許君春秋學之宗也。說文引春秋傳曰者凡一百七十八字，皆古左氏說，明引公羊傳者，僅㗊、覢、娟三字，馬宗霍曰：「春秋則左氏文繁，二傳辭絜，故名系公羊者但三字，又皆左氏之所無也。」（說文引春秋傳考敍）是公穀與左氏同者，許君但引左氏而已，左氏無其字，而公羊為本字者，亦不廢公羊今說，此春秋稱左氏之微恉也。清人亦嘗留心及此，若桂文燦曰：「嘗問徐彝舟檢討鼒曰：說文自序云：其稱易孟氏書孔氏詩毛氏禮周官春秋左氏論語孝經皆古文也。而說文所載韓詩魯詩、公羊春秋之類確有明徵者，比比皆然，何也？檢討謂『古人著書，體例最寬，非如後人之比，故說文雖博采衆說，其自序則如此。』誠確論也。」（經學博采錄卷五）徐氏不求甚解，但以「體例最寬」四字臆以為說，反詆後人，實乃未識大體，率爾裁定，非專精之論也。

說文引春秋傳，其說解與賈逵相同者，有逞、[鬼鳥]、肓、飻、樵、槎、榪、檜、有、俘、歆、嫣、掉、擐、掫等字，侍中者，許君春秋古學之所本也。

案後漢書賈逵傳曰：「賈逵，字景伯，扶風平陵人也。九世祖誼，文帝時為梁王太傅。…父徽，從劉歆受左氏春秋，兼習國語，作左氏條例二十一篇。逵悉傳父業，弱冠能誦左氏傳及五經本文，以大夏侯尚書教授，雖爲古學，兼通五家穀梁之說……尤明左氏傳，國語，爲之解詁五十一篇。……肅宗立，降意儒術，特好古文尚書、左氏傳，建初元年，詔逵入講北宮白虎觀、南宮雲臺，帝善逵說，使出左氏傳大義長於二傳者，逵於是具條奏之。」卷三十六　而鄭興傳云：「世言左氏者，多祖於興，而賈逵自傳其父業，故有鄭賈之學。」逵傳又云：「鄭賈之學，行乎數百年中，遂爲諸儒宗。」是賈君左氏之學，貴顯于時，許君從游捧手焉，侍中者，許古學之師也，而上承賈誼、張蒼、荀卿，脈絡隱然，猶得推稽，馬宗霍氏嘗徵驗之云：「孔穎達左傳正義引劉向別錄云：左丘明授曾申，申授吳起，起授其子期，期授楚人鐸椒，鐸椒作抄撮八卷授虞卿，虞卿作抄撮九卷授荀卿，荀卿授張蒼，據此，則張蒼於左氏爲七傳。漢書儒林傳偁，漢興，北平侯張蒼，及梁太傅賈誼，皆修春秋左氏傳，誼爲左氏傳訓故，授趙人貫公，子長卿，授清河張禹，禹授尹更始，更始傳子咸及翟方進，而劉歆從尹咸及翟方進受。後漢書賈逵傳偁父徽從劉歆受左氏春秋，兼習國語，逵傳父業，據此，則賈逵左氏之學，於賈誼爲八傳。陸德明經典釋文序錄言張蒼傳賈誼，斯則史無明文，然其述張蒼以上授受之人，皆與孔氏所引別錄同，則此語或亦出自別錄。尋史記張蒼傳，蒼秦時爲御史，本好書，無所不觀，無所不通，許君說文敍言北平侯張蒼獻春秋左氏傳，蒼既師承有自，秦雖燔書，而蒼以爲御史故，或得私藏，漢弛書禁，因而獻之，事自可信，然則漢初言左氏，固當本之張蒼，賈生洛陽少年，蒼則秦時故吏，書獻自蒼，則誼從蒼受，又事之可信者也。惟蒼所尤邃者爲律歷，而左氏傳之有訓故，實自賈生始。漢書楚元王傳云：「初左氏傳多古字古言，學者傳訓故而已，此所謂傳訓故，蓋即傳賈生之學。及賈逵爲解詁，猶是賈生家法。由逵越賈生而上溯，則逵於丘明爲十六傳，許君從逵受古學，故於春秋宗左氏矣。」說文引春秋傳考敍 馬氏援據切洽，剖分源流，良足依信，程師旨雲更嘗以圖示表之見漢代經學之復興 尤爲洸然，唯許君春秋古學，當承侍中一脈，與鄭興父子之學並出劉歆耳。馬氏以左氏之有訓故，傳自賈誼，而著爲解故，猶賈生家法。然馬國翰氏則云：「初左氏傳多古文古言，學者傳訓故而已，及歆治左氏，引傳文以解經，轉相發明，由是章句義理備焉，杜預集解序云：劉子駿創通大義。然則左氏之有章句，自歆始也。」輯佚書春秋左氏傳章句序 按二馬之說，實相融合，學者傳賈生章句，至劉歆賈逵，始箸乎竹帛，故正義釋文所引劉歆說，每劉賈並引。亦猶尚書安國之傳，學者傳之，至東都賈逵馬鄭，爲之箸乎竹帛，賈生之章句，亦猶安國之傳，皆當時實有之傳述也。說者或謂賈誼果作左氏訓故，不應至徽始從歆受，蓋歆因徽而誣誼耳見劉逢祿左氏春秋考證，此則章太炎先生已嘗駁之，謂「至徽必從學子駿者，則以誼作訓故，而章句義理未備耳。」春秋左傳讀敍錄 至賈逵解詁之作，正義病其雜取公穀，以釋左氏，譬爲以冠雙履，將絲綜麻，此則後世儒家張皇其事，以爲今古文判然不合，間見左氏與今文同義，以爲淩雜瀆亂，然非的論也。劉文淇曰：「注左氏者，惟賈君尚存梗概，後人議其雜入公穀之說爲自淆家法，實則左氏本有其義，而賈君傳之，非賈君好爲合併也。」春秋左氏傳舊注疏證注例 據是則信侍中所述，乃春秋之古義，今考說文所引春秋傳義，亦每與公穀相應符，與正義評賈注同病，此又爲許君學本侍中之證，然許君之詮解，實取自左氏之古義者也。今考說文辵部：「逞，通也。从辵，呈聲。楚謂疾行爲逞。春秋傳曰：何所不逞欲。丑郢切」所引爲左氏昭公十四年傳文，謂楚以疾行爲逞者，語本方言，許君以春秋傳以取證者，謂古左氏說亦有以逞爲疾者，考文選潘安仁關中詩：「未逞斯願」，李善注引賈逵國語注曰：「逞，快也。」逵作解詁五十一篇，唐章懷太子李賢注後漢賈逵傳，謂左氏三十篇，國語二十一篇，國語注文與左氏注文，肌理一貫，幸此遺注僅存，掇彼賸詞，得覈此許書也。故桓六年傳云：「今民餒而君逞欲」，成十三年傳云：「穆公是以不克逞志於我。」、成十六年傳云：「晉可以逞。」、襄廿六年傳云：「不如使逞而歸。」、昭四年傳云：「求逞於人。」杜預並注云：「逞、快也。」實襲賈注。而周禮甸師鄭注亦云：「逞、快也。」是許訓爲古文家說之證也。傅雲龍曰：「說文逞、通也。通、達也。是其本義，通有行義，無疾義，然則楚謂疾行爲逞，當爲騁之假藉，逞騁聲近。然行疾則通，疾亦蒙本義，此假藉中之引申。」說文古語考補正 按傳說略欠融合，逞騁聲近義近，逞从辵，騁从馬，於疾行之義皆非假借，通則可疾行，不通則無以快也，義相通貫，何必紛蕪其說哉。且逞欲逞志，即痛快之意，痛不得稱快，知痛即通之假借，通快即逞之義。

又說文鳥部：「鶂，鳥也。从鳥、兒聲。春秋傳曰：六鶂退飛。鷊、鶂或从鬲。䳁，司馬相如說鶂从赤。五歷切」所引爲左氏僖公十六年經傳之文，而鶂字[illegible]作鷁。左氏釋文云：「鷁，本或作鶃。」正義亦云：「鷁字或作鶃。」鷁字說文所無，許君以鶃爲正字也。考公穀二傳字作鶃，惠棟遂謂說文从二傳，不知三傳本皆作鶃字也見阮元校勘記。劉文淇曰：「宋書謝靈運傳山居賦曰：鳥則鶡鴻鶃鶬。自注：鶃音溢。左傳六鷁退飛字如此。說文：鶃、水鳥也。春秋傳曰：六鶃退飛，是賈君本作鶃也。埤雅七引三蒼云：鶃，蒼鶃也。善高飛，似雁，目相擊而孕，吐而生子，其色蒼白。杜注：鶃，水鳥。文選西都賦注引作鶃，水鳥。是杜本亦未誤。唐石經作鷁，故各本承誤耳。洪範五行傳：鷁者，陽禽，與春秋考異郵云鷁者毛羽之蟲，生陰而屬於陽說合。終軍傳：蓋六鷁退飛，逆也；白魚登舟，順也。張晏曰：六鷁退飛，象諸侯畔逆，宋襄公覇道長也。說異二傳，當亦古左氏說。」春秋左氏傳舊注疏證劉說是也，鶃字本古左氏傳所有，作鷁者，後人所造也。鶃遇風退飛，亦古左氏說所有，考漢書五行志云：「劉歆以爲風發於它所，至宋而高，鶃高飛而逢之則退，經以見者爲文，故記退蜚。傳以實應著言。風，常風之罰也。象宋襄公區霿自用，不容臣下，逆司馬子魚之諫，而與彊楚爭盟。後六年爲楚所執，應六鶃之數。」而史記宋世家集解引賈逵云：「風起於遠，至宋都高而疾，故鶃逢風卻退。」劉賈之義實同，左氏說宋襄與公羊異誼，賈註用子駿說，而穀梁楊士勛疏又引賈逵云：「鷁，水鳥，陽中之陰，象君臣之訟鬩也。」馬國翰輯為左傳解詁文史記集解引作鶂，此作鷁者，後人所改，賈君以鬩解鶂，取同聲字為詁，尤可見六鶂字本从兒也見臧琳經義雜記。許君卽承賈君之說，故疑說文鶂本訓水鳥，水字今奪，杜預於此文下注云：「鷁，水鳥。」當卽本賈許之說。

又說文肉部：「肓，心上鬲下也。从肉，亡聲。春秋傳曰：病在肓之下。呼光切」所引為左氏成公十年傳文，今作「在肓之上，膏之下」，洪亮吉、劉文淇並信說文，以為今本傳文當作「居肓之下，膏之上。」「在肓之下，膏之上。」俞正燮氏通醫經，亦以為說文不誤，今本左傳誤耳，俞氏曰：「道藏隱字千金方、白帖疾部、容齋三筆皆引左傳『膏之上，肓之下』，東醫寶鑑引醫法入門，亦作膏之上、肓之下。蓋依說文所引肓下卽心，心下乃膏。先言膏，如卦畫自下而上。正義云：『古今傳文，皆以為膏之下。賈服何休諸儒皆以為然，其意以為二童子一居心上肓上，一居心下膏下，遂與說文本異。』說文春秋左傳用賈逵，不應與賈逵本有異。又醫緩言：攻之不可，達之不及，藥不至焉。明二豎同居心中，知今本左傳誤也。」癸巳類稿俞說是也。然今本杜預注云：「肓，鬲也。心下為膏。」而正義云：「此賈逵之言，杜依用之。」乃知許君所以引傳，蓋正因賈君解詁於此句，故舉引為證，然賈君言「心下為膏」，而傳謂「疾在肓之上，膏之下」，則心最在上，膏次之，肓最在下，與說文云肓在心上鬲下之義不合矣。故改傳為「膏之上，肓之下」，則肓最在上，心次之，膏最在下，與說文肓在心上正合，與賈君

「心下爲膏」亦合。劉文淇曰：「賈注當云肓鬲也，心上爲肓。上下，肓膏字易淆亂，又傳文上下字誤倒，後人用傳之誤本而改賈注，段氏玉裁說文注，轉用左傳釋文，改許君說爲心下鬲上，非也。」左傳舊注疏證 按段氏所改固非，劉氏改心下爲膏爲心上爲肓，亦嫌辭費，賈注肓曰鬲也，又注膏曰心下爲膏，義本确當，不必改也。自傳文膏肓二字互易，遂滋疑竇。今俗云「病入膏肓」，先言膏，復言肓，必左傳古本作「膏之上，肓之下」無疑，俞氏所舉各書引左傳皆不誤，可證也。今但易傳文膏肓二字如古本，則賈君解詁，許君說文，杜氏注解，皆同義矣。

又說文食部：「餮，貪也。从食、殄省聲。春秋傳曰：謂之饕餮。他結切」所引爲左氏文公十八年傳文，今本餮作飻。當卽餮之重文，饕下有重文作叨，从食號省聲，當與此同例，重文則不分正借，舉餮猶舉飻，無二義也。杜預注云：「貪財爲饕，貪食爲飻。」正義云：「此無正文，先儒賈服等相傳爲然。」春秋疏卷二十 沈欽韓以爲「杜正襲賈服說」見左氏傳補注，馬宗霍亦云：「杜注卽襲賈服舊說，許饕餮皆訓貪，不爲分別者，蓋賈服說經，承本經上文『貪于飲食冒于貨賄』來，故析言之。許說字，故渾言之。所謂散文可通也。」說文引春秋傳考 馬說近是，唯傳文上有「天下之民，謂之渾敦」句，杜注云：「謂驩兜、渾敦，不開通之貌。」而正義云：「服虔用山海經以爲驩兜，人面馬喙；渾敦亦爲獸名。⋯饕飻，獸名，身如羊，人面，目在腋下，食人。」春秋疏卷二十 據是則服注未必與杜注盡同，服若以饕飻爲獸名，自不宜分訓爲貪財貪食二義。故王念孫謂「貪財貪食，總謂之饕餮，饕餮一聲之轉，不得分貪財爲饕，貪食爲餮，呂氏春秋先識篇云：『周鼎著饕餮，有首無身，食人未咽，害及其身。』蓋饕餮本貪食之名，故其字從食，因謂貪食無厭者爲饕餮也。」（廣雅疏證饕餮貪也條下）王說固是，然呂覽之云饕餮，本是貪食之獸，王氏所云，正足申服虔許愼之義。服義既與杜注不同，而正義云「先儒賈服等相傳爲然者」，蓋「此無正文」，但自概略言之耳。劉壽曾（按即劉文淇之長子）乃調合之云：服以饕餮爲獸名，則不合分訓，此特明饕餮義，文或槩擧，不與杜同，今無以考。五帝本紀正義謂三苗也，言貪飲食、冒貨賄，故謂之饕餮。此說賈服義最明，知賈服取傳飲食貨賄爲說也。正義又云：神異經云：西南有人，馬身多毛，頭上戴豕，性很惡，好息，積財而不用，善奪人穀物，強者奪老弱者，畏羣而擊單，名饕餮，言三苗性似，故號之。此引神異經，與服所引詳略互相補，其所云積財奪穀物，亦貪財之證，故賈服兼貪財食爲說也。」（左傳舊注疏證）據是則賈服解饕餮，亦兼貪食財而言，唯不分訓，至杜氏始分饕餮二字各爲一義，故許與賈服義本不異，杜自立異，乃與許小差耳。

又說文木部：「檇，以木有所擣也。从木、雋聲。春秋傳曰：越敗吳於檇李。（遵爲切）」所引爲定公十四年春秋經文，彼文云：「於越敗吳于檇李。」杜預注云：「於越、越國也。檇李，吳郡嘉興縣南醉李城也。」史記越世家集解引杜注則醉作檇。瀧川資言曰：「今浙江嘉興府秀水縣有檇李故城。」（史記會注考證）而竹添光鴻則曰：「吳越春秋五：吳王夫差增越封，西至於檇李，然則與闔廬戰時，越境猶未至檇李。檇李當爲吳地矣。」（左傳會箋第二十八）竹添說固是，然杜注實本諸賈逵，史記吳世家集解引賈逵曰：「檇李、越地。」而賈說又與經文「於越」相合耳。沈欽韓嘗證左之云：「越絕書：語兒鄉，故越界。名就李，吳疆。越地以爲戰地，至于柴辟亭。句踐更就李爲語兒鄉。按就李卽檇李也，嘉興府志：檇李城在秀水縣西南七十里。」（左傳地名補注卷十一）是檇李之地，於春秋之時，本爲吳疆，後爲越地。許君於人名地名，皆不別出一曰之義，凡人名或可與字之本義相證發（詳見後證），地名則多與字之本義無涉，而人名地名每乏定字，如檇或作醉（公羊傳）或作雋（漢書地理志），許於檇下引春秋者，蓋本諸侍中注也。

又說文木部：「槎，衺斫也。从木、差聲。春秋傳曰：山不槎。（側下切）」所引不見於今本左傳，疑是國語魯語「山不槎蘖」之譌。嚴可均謂「許書引國語廿條，無作春秋傳者也。議改云：春秋國語曰：山不槎不。」（說文校議）嚴氏之「不」，卽蘖，所謂古文從木無頭者也，今玉篇槎下正引國語「山不槎蘖」，與魯語合，而唐寫本說文解字木部殘帙，槎下正作「春秋國語曰：山不槎枠。」枠不乃櫱之古文，蘖爲櫱之重文，許作枠，是明用古文也。段氏補蘖字，嚴氏補不字，待木部殘帙出，乃知二君所仿像測度，每不出彀中矣。今考文選張衡西京賦「柞木翦棘」李善注引賈逵國語注云：「槎、邪斫也。」而東京賦「山無槎枿」薛綜注：「斜斫曰槎。」邪與衺同，俗又用斜，是許注本於侍中，而薛注又采用賈許也。

又說文木部：「檮，斷木也。从木，𠷎聲。春秋傳曰：檮柮。徒刀切」所引爲左氏文公十八年傳文，今作檮杌。檮即檮之隸變，說文不收杌字，蓋以柮爲正字，李富孫曰：「易干臲卼，說文作槷𩲃，是出聲與兀聲古通。」春秋左傳異文釋四　李說是也。杜預注云：「檮杌，頑凶無儔匹之貌。」劉文淇曰：「杜用賈說。」考史記五帝本紀集解引賈逵云：「檮杌，凶頑無嚋匹之貌，謂鯀也。」馬國翰輯爲左傳解詁文　杜氏本乎賈注，又考五帝本紀張守節正義云：「檮杌，謂鯀也。凶頑而不可教訓，不从詔令，故謂之檮杌。」亦申賈氏之義。段氏乃云：「趙注孟子曰：檮杌，嚚凶之類。按蓋取斷木之可憎，爲惡人名也。」說文注　今案段說非是，說文引春秋人名地名物名，其義與字之本義未必相涉，檮杌爲惡人名，未必自斷木可憎之義引申，蓋高陽氏有才子八人，三曰檮戭，亦以檮爲名，而謂之八愷，豈取斷木可憎之意？李貽德云：「服虔案神異經云：檮杌，狀似虎，毫長二尺，人面虎足，猪牙，尾長丈八尺，能鬬不退左疏引。案杌从兀，元从兀聲，頑从元聲。云頑凶以同音字釋杌義也。檮、壽聲。嚋亦壽聲。嚋者類也。云無匹，以同義字解檮字也。檮杌本獸名，無正訓，故賈以音義相近爲訓。……神異經相傳東方朔著，服引之者，亦以檮杌爲獸名也。」春秋左傳賈服注輯述八　李說是也。檮杌連文，本爲獸名，此獸所以名爲檮杌者，以其凶頑無儔匹耳。杌即頑義，檮即儔義。左傳云：「顓頊氏有不才子，不可教訓，不知話言，告之則頑，舍之則嚚，傲很明德，以亂天常，天下之民謂之檮杌。」是左傳即已釋檮杌爲頑嚚、傲很自用之義矣。檮从壽聲，壽从𠷎聲，𠷎从𠃬聲，𠃬爲田疇，本有分義，斷木者取分之義而字從木耳。故玉篇訓檮爲木無枝，木無枝者卽斷分之義。許訓檮之本義爲斷木，下別引檮杌，檮杌者聯文爲物名，非引申斷木之義爲惡人名也。

又說文㫃部：「旝，建大木，置石其上，發以機，以追敵也。从㫃，會聲。春秋傳曰：『旝動而鼓。』詩曰：『其旝如林。』古外切」所引爲左氏桓公五年傳文，杜預注云：「旝，旃也。通帛爲之，蓋今大將之麾也。執之以爲號令。」與今本說文不合，而孔氏正義從之，曰：「望旗之動，鼓以進兵，明旝是可觀之物，又旝字從旌旗之類，故知旝爲旃也。……賈逵以旝爲發石，一曰飛石，引范蠡兵法作飛石之事以證之。說文亦云：建大木置石其上，發其機以追敵。與賈同也。案范蠡兵法雖有飛石之事，不言名爲旝也，發石非旌旗之比，說文載之㫃部，而以飛石解之，爲不類矣。且三軍之衆，人多路遠，發石之動，何以可見，而使二拒準之，爲擊鼓候也，注以旃說爲長，故從之。」春秋左疏卷六 孔疏一意扶杜，故謂杜注爲長，然說文本乎賈注，亦由正義可知矣。然說文引詩曰其旝如林，與馬融廣成頌云：「旃旝摻其如林」同義，此旝卽旃也，而韻會九泰旝下引說文有「旌旗也」三字，下乃引詩，知說文此字本兼採二訓，杜氏旝旃之訓，卽採諸許馬耳。考左傳釋文云：「旝，古外反，又古活反，本亦作檜，建大木置石其上，發機以磓敵。」又御覽三百三十七引春秋舊說：「旝，發石車也。」又三國志「太祖爲發石車擊袁紹」

裴注引魏氏春秋曰：「以古有矢石，又傳言旝動而鼓，說曰：旝，發石也，於是造發石車。」按凡此所引皆古左氏師說也，賈許之說爲有證矣。復考唐書李密傳云：「造雲旝三百具，以機發石，爲攻城械，號將軍礮。」據是則旝爲發石之機，至唐猶存。而漢書甘延壽傳注引張晏曰：「范蠡兵法：飛石重十二斤，爲機發行二百步。」則飛石機之作，又在春秋時矣，而賈氏亦本乎古義耳。劉履徇曰：「飛石法箸於周禮，春秋時多用以攻守，賈氏近古說，長於杜氏。」秋槎雜記劉說是也，杜氏誤采詩說以注傳，失左氏家義矣。

又說文有部：「有，不宜有也。春秋傳曰：日月有食之。从月，又聲。云九切」所引蓋泛指經文言日食，日有食者，月食之，日食爲不當有而有者，許引此所以明「有從月，以月食日爲不宜有」見錢大昕潛研堂集，許氏以不宜有爲有字之本義，故舉春秋傳爲證，春秋月食不書，日食凡三十六，皆書於經。今考桓公三年經曰：「秋七月，壬辰，朔，日有食之，既。冬，有年。」孔疏云：「賈（逵）云：桓惡而有年豐，異之也。言有，非其所宜有。」此正賈君解詁之文，而許本之者。孔氏嚴守注體，疏不破注，而杜預釋例不以「有」字爲例，故孔疏篤信專門，遂申杜以駁賈云：「案昭元年傳曰：國無道而年穀和熟，天贊之也。是言歲豐爲佐助之，非妖異之物也。且言有不宜有，傳無其說。（杜預）釋例曰：劉（歆）賈（逵）許（惠卿）因有年、大有年之經，有鸜鵒來巢，書所無之傳，以爲『經諸言有，皆不宜有之辭也』，據經螟螽不書有，傳發於魯之無鸜鵒，不以有字爲例也。經書十有一年，十有一月，不可謂不宜有此年。不宜有此月也。螟螽俱是非常之災，亦不可謂其宜有也。」(春秋左疏卷六)杜氏於此不從賈說，蓋雜取二傳之義也。劉文淇曰：「穀梁義爲杜注所取，公羊傳何注亦以桓惡而有年爲異，然未言書有謂不宜有，則賈所稱爲左氏義，非公羊義也。昭元年傳天贊之義，亦謂其不宜有而有耳。螟螽之災，五行家言謂爲貪暴之應，其不書有，正見其宜有，若年月盈十而書有，則干寶所稱十盈則定始，以奇從偶，故言有也。乃別一義(按即又字之義)，不得執以相難，疏說皆非。」(左傳舊注疏證)劉氏抑杜申賈，盡破晉唐人壁壘矣，漢儒舊說，復如皎日中天，爝火盡息，寧非快事耶？至金文甲骨出土，學者復疑說文，容庚曰：「有从又持肉會意，說文从月，非。」(金文編)林義光文源說同，而卜辭又與金文形同。今謂金甲與篆文，當各有其例，文字者約定俗成者也，或殷人周人取从又持肉意，漢人取从月又聲意，說文者取漢人約定俗成之義者也。猶中土漢字行傳東瀛，彼於漢字形義稍有改易，亦皆約定而俗成之，謂之異解則可，謂之誤解則非也。且設若後復出夏人文字於地下，與金文甲骨異體，豈能謂金甲文字又誤耶？許君恪遵左氏先師有爲不宜有之古訓，故字从月，不得謂許杜撰矣。

又說文人部：「俘，軍所獲也。从人、孚聲。春秋傳曰：以爲俘馘。」(芳無切)所引爲左氏成公三年傳文，考一切經音義卷十三引國語賈逵注：「伐國取人曰俘。」馬宗霍氏以爲許與賈異義，彼云：「許不從賈者，蓋許以俘之義不止於取人，凡軍所獲旄倪重器皆得謂之俘。」說文引春秋傳考案馬說非是，許於俘下特引春秋傳者，正謂所獲爲人，非旄倪重器也。俘字从人，且俘馘聯文，又見引於馘篆下，馘者軍戰斷耳，詩皇矣毛傳謂馘者獲也，不服者殺而獻其左耳曰馘，是馘之獲乃人，俘之獲亦人也，馘者不服，俘者降服者也，且左傳曰：「二國治戎，臣不才，不勝其任，以爲俘馘，執事不以釁鼓，使歸卽戮，君之惠也。」是傳文所言，明爲俘虜，許君引之以證字義者，實與賈君同恉也。且考國語晉語云：「今晉寡德而安俘女。」韋昭注云：「軍獲曰俘。」國語明言是人，而韋昭注云軍獲，韋注多存賈服鄭君舊說詳見後證，而與許君同義，又其旁證也。且孔子家語相魯篇：「裔夷之俘。」注云：「俘，軍所獲虜也。」增一虜字，遂合賈許之義。而莊公六年傳「齊人來歸衛俘」，杜注云：「俘、囚也。」僖公廿二年傳：「示之俘馘」，杜注云：「俘，所得囚。」僖二十八年傳：「獻楚俘於王」，襄二十五傳：「子美入數俘而出」，杜注：「數其所獲人數。」杜注但以人釋俘，此古文家之說也，許君取證字之本義，豈得兼器物稱俘哉。

又說文欠部：「歃，歠也。从欠、臿聲。春秋傳曰：歃而忘。山洽切」所引爲左氏隱公七年傳文。今本而作如。考玉篇零卷引賈逵國語注曰：「歃，飲血也。」國語晉語「宋之盟，楚人固請先歃。」韋昭注：「歃，飲血也。」卽取賈注爲說。許訓歃爲歠，歠又訓爲㱃，㱃卽飲字，許就一字作訓爲飲，賈就經義作訓曰飲血。異義引古左氏說云：「周禮有司盟之官，殺牲歃血，所以盟事神明。」是用諸盟事，歃卽歃血矣。正義引服虔云：「如、而也。臨歃而忘其盟載之辭，言不精也。」服氏轉訓如爲而（如而古雙聲），與許本相應，劉文淇曰：「許氏依用賈義，蓋賈本作而，服本作如。杜注：歃如忘，云忘不在於歃血也。……杜注謂忘不在歃，正用服注不精之意。」（左傳舊注疏證）劉說是也。

又說文馬部：「馼，馬赤鬣縞身，目若黃金，名曰馼。吉皇之乘。周文王時犬戎獻之。从馬，从文，文亦聲。春秋傳曰：馼馬百駟，畫馬也。西伯獻紂，以全其身。（無分切）」所引爲左氏宣公二年傳文，今本馼作文。考史記宋微子世家述左傳此事，裴駰集解曰：「賈逵云：文，貍文也。王肅曰：文馬、畫馬也。」賈君解詁謂文爲貍文者，卽謂畫馬爲貍文，故杜預注曰：「畫馬爲文四百匹。」孔疏云：「謂文飾雕畫之，若朱其尾鬣之類也。」然則畫馬爲文，蓋古左氏有此說。而史記張守節正義云：「文馬者，裝飾其馬。又云：文馬，赤鬣縞身，目如黃金。」似分文馬有二義，一爲天生者，一爲人畫者，於是沈欽韓氏頗疑許君說馼馬，前後不相承（見左氏傳補注），李貽德氏則曰：「禮記檀弓貍首之斑然。楚辭九歌：乘赤豹兮從文貍。三國志管輅傳：雖有文章，蔚而不明，非虎非雉，其名曰貍。是貍獸之有文章者，說文引傳作馼，云畫馬也。許從賈受古學，文飾雕畫，比於貍文，故曰文，貍文也。」（春秋左傳賈服注輯述九）劉文淇曰：「李以文章釋貍，亦得賈君義，許君朱鬣縞身金目之說，亦謂馬有文章，正用師說。」左傳舊注疏證 李氏但就人畫而言，劉氏又通之於天生吉皇之乘，是天生媽馬，世所稀珍，故春秋之時，多畫馬貍文，亦謂之媽馬，以壯觀瞻，以隆禮贄而已。廣雅釋獸云：「白馬朱鬣，駁。」當卽本諸說文。

又說文手部：「掉，搖也。从手、卓聲。春秋傳曰：尾大不掉。徒弔切」所引爲左氏昭公十一年傳文。杜氏於此未註，考國語楚語云：「制邑若體性焉，有首領股肱，至於手拇毛脉，大能掉小，故變而不勤。夫邊境者國之尾也。譬之如牛馬，處暑之既至，虻蠻之既多，而不能掉其尾，臣亦懼之。」正述此事而加詳焉，文選楊子雲長楊賦云：「掉八列之舞」，李善引賈逵國語注曰：「掉，搖也。」許君正采其師說。又左氏宣十二年傳曰：「掉鞅而還。」孔疏引服虔曰：「掉、正也。」而周禮環人疏亦云：「舊說：掉、猶正也。」舊說者，蓋卽服注。李貽德曰：「掉爲正者，正卽整，整亦同振。」左傳賈服注輯述 李說近是，掉猶正者，猶正之也。廣雅釋詁一云：「掉、動也。」振動、正之、與搖義皆近。

又說文手部：「擐，貫也。从手、瞏聲。春秋傳曰：擐甲執兵。胡慣切」所引爲左氏成公二年傳文，杜預注云：「擐、貫也。」與許說同。而國語吳語：「服兵擐甲。」韋昭注云：「擐、貫也。」韋注當本賈注，今考玄應一切經音義卷十七、卷二十一、卷二十二、慧苑華嚴經音義卷四，並引賈逵國語注：「擐甲、衣甲也。」衣當爲動詞，爲穿著之義，穿貫同意，故服許杜並云擐、貫也。又考禮記王制鄭注云：「謂擐衣出其臂脛。」是擐卽穿貫之義。又考淮南子要略篇：「躬擐甲冑」許愼注曰：「擐、貫著也。」王叔岷氏跋日本古鈔卷子本淮南鴻烈兵略閒詁第廿一文云：要略篇首題淮南鴻烈閒詁，下題太尉祭酒臣許愼記上，末亦題淮南鴻烈閒詁，存許注本之舊。故知爲許注。許君於此，增一著字，與賈君衣甲之義尤爲切合。

又說文手部：「掫，夜戒守有所擊，从手、取聲。春秋傳曰：賓將掫。子侯切」所引爲左氏昭公二十年傳文。杜預注云：「掫，行夜。」又襄二十五年傳：「陪臣干掫」，杜預復注云：「干掫，行夜。」孔疏云：「先儒相傳皆以干掫爲行夜。」馬宗霍曰：「孔疏所謂先儒，卽指賈服而言。」馬說是也，考周禮掌固疏云：「按昭二十年，賓將掫，注謂行夜，不作趣者，彼賈服讀字與子春意異。」周禮疏卷三十是賈服注掫爲行夜，許君本之侍中也。而杜子春注周禮「夜三鼜以號戒」云：「讀鼜爲造次之造，謂擊鼓行夜戒守也。春秋傳所謂賓將趣者與？趣與造音相似。」掌固鄭注引又周禮鎛師「凡軍之夜三鼜皆鼓之」下杜子春云：「一夜三擊，備守鼜也。春秋傳所謂賓將趨者。」孔疏云：「春秋傳注云：棷謂行夜。子春云趨與鼜音聲相似，皆是夜戒守也。」周禮疏卷廿四是賈許並取杜意，而定掫爲正字，許以爲趣者疾也，趨者走也，故字與杜異。許引春秋傳義與杜子春周禮注相應者，凡𠭗掫二字，皆義同而字異，𠭗𠭗重文，尚不分正借，掫與趣趨則有正借之別，今附識于此，不別縷陳。

說文引春秋傳，其說解與鄭興鄭衆父子相應者，有莤、祲、嬛、堋等字，鄭興父子即師承劉歆杜子春一脈，其說春秋，與周禮互發，故實與賈許之學同源，今沿流索潤，具足以考見古文家法。

案後漢書鄭興傳曰：「鄭興字少贛，河南開封人也。少學公羊春秋，晚善左氏傳，遂積精深思，通達其旨，同學者皆師之（章懷注曰東觀漢記曰：興從博士金子嚴爲左氏春秋），天鳳中，將門人從劉歆講正大義（章懷注曰左氏義也），歆美興才，使撰條例章句訓詁，及校三統厤。更始立……興數言政事，依經守義，文章溫雅，然以不善讖，故不能任。……興好古學，尤明左氏周官，長於厤數，自杜林、桓譚、衛宏之屬，莫不斟酌焉（章懷注曰：斟酌謂取其意指也），世言左氏者多祖於興。而賈逵自傳其父業，故有鄭賈之學。」（卷三十六）鄭衆傳曰：「衆字仲師，年十二，從父受左氏春秋，精力於學，明三統厤，作春秋難記條例。……其後受詔作春秋刪十九篇。」（卷三十六）是衆傳父業，興則從游於劉歆。馬國翰氏輯鄭衆春秋牒例章句，序云：「衆傳父業，則此書亦師承劉氏，而說與周禮互發者，具見古文家法云。」（玉函山房輯佚書）馬說是也，興衆之說，以春秋與周禮互發，皆古文家法也。甘鵬雲曰：「歆傳鄭興及賈徽，徽傳子逵，與鄭興稱鄭賈之學，鄭衆本歆再傳。」（經學源流考）甘說簡而明白，鄭賈之說，並原乎劉歆，其說相應，故馬氏輯鄭衆佚文，所引正義，多云「賈鄭先儒相傳云耳」、「賈鄭先儒皆以某爲某也」，而杜元凱作春秋序云：「古今言左氏春秋者多矣，今其遺文可見者十數家，大體轉相祖述。」又云：「然劉子駿創通大義，賈景伯父子、許惠卿，皆先儒之美者也。」

孔疏以爲杜氏所謂十數家轉相祖述者，皆本之劉歆，而鄭衆，賈逵、馬融、服虔、王肅等之書，比至杜時，或在或滅，斯則諸儒之書，至唐已有缺失，故孔氏不能確知杜預時所存究爲何家注文，杜氏稱賈景伯父子之美，不及鄭興父子者，鄭興書早佚，衆書七錄云九卷，其後不見於諸志，唐時僅略存其遺說耳。幸鄭玄注周禮，錄存鄭興父子注文尙衆，而古文家左氏周禮之義每相映發，故自周禮注文，可推彼左氏舊說，許君說文引左氏傳義，與鄭興父子禮注相符者，循流究原，皆出劉歆古文家言，故得取證也。今考說文酉部：「莤，禮：祭，束茅加于祼圭而灌鬯酒，是爲莤，象神歆之也。一曰：莤，榼上塞也。从酉、从艸。春秋傳曰：爾貢包茅不入，王祭不供，無以莤酒。所六切」所引爲左氏僖公四年傳文，今左傳供作共，莤作縮。杜預注云：「束茅而灌之以酒爲縮酒。」孔疏云：「周禮甸師『祭祀共蕭茅』鄭興云：『蕭字或爲莤，莤讀爲縮，束茅立之，祭前沃酒其上，酒滲下去，若神歆之，故謂之縮。縮、滲也。故齊桓公責楚不貢包茅，王祭不共，無以縮酒。』杜用彼鄭興之說也。」春秋左疏卷十二 杜用鄭大夫說，許亦與鄭興周禮解詁合，作蕭作縮皆非莤酒之本字，許用或作本也。劉文淇曰：「鄭興傳左氏學，許君受學於賈逵，說文所說，必賈氏亦用鄭大夫義也。杜預云云，亦同鄭大夫說。」左傳舊注疏證 劉說近是，後漢書雖稱賈逵自傳其父業，世稱鄭賈之學，實則同出劉歆，故罕見紛歧者也。後漢書載馬融嘗欲訓左氏春秋，及見賈逵鄭衆注，乃曰「賈君精而不博，鄭君博而不精，既精既博，吾何加焉。但著三傳異同說。」是馬融所見鄭賈二注，但精博之不同耳，尟有異同可揚榷者矣。唯鄭但解經，未必論求本字，許君考之於逵，則必本字是依，此爲異耳。臧琳曰：「據說文，知左傳作『無以茜酒。』據甸師注，知周禮作『祭祀共茜茅。』又詩伐木『有酒湑我』傳：『湑、茜之也。』蓋毛詩周禮左傳皆古文，故與六書之旨合，今左傳作縮酒，司尊彝作數酌（杜子春云數當爲縮），皆茜之聲近假借字。鄭少贛既從左傳茜酒義，而復讀爲縮者，恐人不識茜字，故以今文讀之。」（經義雜記卷二）高翔麟亦擧周禮毛傳以證說文，謂「縮之爲茜，蓋古文也」（見說文經典異字釋），臧高二氏並是也，許作茜，蓋古左氏義也。（參見禮學第四）

又說文示部：「祲，精氣感祥，从示，侵省聲。春秋傳曰：見赤黑之祲。（子林切）」所引爲左氏昭公十五年傳文。今考淮南子泰族篇：「故國危亡而天文變，世惑亂而虹蜺見，萬物有以相連，精祲有以相蕩也。」彼許愼注曰：「精祲，氣之侵入者也。」（劉文典淮南鴻烈集解曰：此篇敍目無因以題篇字，乃許愼注本。于大成氏淮南子校釋云：泰族篇注文質略，又無「故曰」云云八字，許注本也。）淮南注與說文義相足，故春官序官鄭玄注云：「祲，陰陽氣相侵漸成祥者。」與許說合。復考周禮春官眡祲云：「掌十煇之灋，以觀妖祥，辨吉凶，一曰祲。」注引鄭司農云：「煇謂日光氣也。祲，陰陽氣相侵也。」乃知許鄭皆本諸先鄭說也。周禮曰妖祥，後鄭曰：「妖祥，善惡之徵。」即周禮保章氏「以五雲之物辨吉凶水旱降豐荒之祲象」，鄭彼注云：「視日旁雲氣之色，青爲蟲，白爲喪，赤爲兵荒，黑爲水，黃爲豐。」是祲象兼備善惡，而許云精氣感祥者，眡祲賈疏云：「祥是善之徵，妖是惡之徵，此妖祥相對，若散文祥亦是惡徵，亳有祥桑之類是也。」（周禮疏卷廿五）據是則許解與周禮皆合，許引傳見赤黑之祲，自是兵荒水厄之象，是祥亦惡徵之例也。

又說文女部：「嬛，材緊也。从女、睘聲。春秋傳曰：嬛嬛在疚。（許緣切）」所引爲左氏哀公十六年傳文，今本嬛作煢。考周禮春官大祝「作六辭以通上下親疏遠近。……六曰誄。」注引鄭司農云：「春秋傳曰：孔子卒，哀公誄之曰：嬛嬛予在疚。……」是鄭本左傳正作嬛，唯多予字，阮元云：「釋文不出予字，陸本或無此字。」（周禮校勘記）孫詒讓曰：「阮說近是，說文女部嬛字注引春秋傳，正作嬛嬛在疚，無予字，許鄭所見本疑同。」（周禮正義卷四十九）按阮孫之說當是，今毛詩周頌閔予小子正作「嬛嬛在疚」，古文家說每相同符。說文宀部宊，訓貧病也。下引魯詩「煢煢在宊」，則今本左傳煢字，疑爲今文所亂耳。煢說文訓回飛疾也。煢从卂，迅疾有急義。嬛爲材緊，方言二：「嬛，續也。楚曰嬛。」史記司馬相如傳：「柔橈嬛嬛」，索隱引張揖曰：「嬛嬛猶婉婉也。」續與婉婉，皆足以說明嬛自環繞得義，環繞再三，故有材緊義，引申亦有緊急義，哀公之誄正謂緊急無依，如在貧病中耳。唐風杕杜云：「獨行睘睘」，毛傳云：「睘睘，無所依也。」義亦相近，是今文作煢，古文作嬛，其義引申皆通，俱非假借，故宊下引今文，嬛下引古文，許君從古文而兼存今文之例多矣，此又一端也。（參見詩學第三）

又說文土部：「堋，喪葬下土也。从土，朋聲。春秋傳曰：朝而堋，禮謂之封，周官謂之窆，虞書曰：堋淫于家。（方鄧切）」所引爲左氏昭公十二年傳文，今左傳堋作塴，馬宗霍謂「說文無塴字，塴蓋堋之俗」是也。考周禮鄭注引鄭司農解詁曰：「窆謂葬下棺也。春秋傳曰：日中而塴，禮記所謂封者。」賈公彥曰：「堋封及此經窆，字雖異，皆是下棺之事。」（周禮疏卷十一）又考儀禮既夕禮「乃窆，主人哭踊無算」下注曰：「窆，下棺也，今文窆爲封。」是司農所引禮謂之封者，乃今文家說，古周禮則字作窆，古左氏則字作堋，作窆从穴，作堋从土，於喪葬下土之義皆非假借，故許於堋下窆下兩引之，封下不引者，今文爲假借字故也。以司農載及封字，故許沿用之，以明今禮古禮之異字，非同時舉今文以證字也（參見禮學第四），由是推之，虞書作堋者，當亦爲古尚書家說，古尚書與古周禮、古左氏說多相應，鄭玄於書堋字作朋，訓爲門內，當非古文家說也，朋封古音同，即窆堋之假借字耳。

服虔左氏解誼與說文引春秋傳相應者，有裖、微、妾、籀、飻、麓、鄍、郯、旰、袪、奘、湫、掫、婉、縉、紲等字，飻掫二字亦同賈注，已見前證。服氏與鄭玄相接，年輩晚於愼，然唐人稱左氏舊說，每多賈服並稱，是服說與賈逵相符，故得取以與說文相印證。

案後漢書儒林傳曰：「服虔字子愼，初名重，又名祇，後改爲虔，河南滎陽人也，有雅才，善著文論，作春秋左氏傳解，行之至今。又以左傳駁何休之所駁漢事六十條。舉孝廉，稍遷。中平末，拜九江太守，免，遭亂，行客病卒。」（列傳第六十九下）張瑩漢南紀亦云「服虔尤明春秋左氏傳，爲作訓解。」是服虔卒年當在孝靈帝末中平六年之後，所謂遭亂而行客病卒，當在少帝獻帝廢立之間，董卓挾制，黃巾初起之時，論其年輩，略晚於許愼，然虔於左氏春秋，信稱專門，隋志載服氏春秋左氏傳解義三十一卷（唐志釋文並三十卷）、春秋左氏膏肓釋痾十卷（唐志五卷）、春秋成長說九卷（唐志七卷）、春秋塞難三卷。而七錄又載春秋漢議駁二卷（唐志十一卷），唐志又載春秋音隱一卷，其書皆佚，今考唐人注疏，引述服注，每以賈逵服虔並稱，或稱「舊說賈服之徒」，或簡稱賈服，至如左傳序孔疏引賈逵釋春秋之名，公羊徐疏則云「賈服依此以解春秋之義」（解題下），同一舊說，唐人或單稱賈，或並稱賈服，足證二氏同義，所在多有，今比列賈服舊注，信多可徵，故李貽德作左傳賈服注輯述，專述賈服古義，劉文淇作春秋左氏傳舊注疏證，其卷首注例，以賈服並稱居多，即賈服分稱者，義亦相爲補足者也。洪亮吉作春秋左傳詁，亦嘗會通賈服之義，然其授經表一卷列師承可考者，中載賈逵；通經表一卷列師承無可考者，中載服虔，蓋其愼也。唐時孔穎達爲杜預春秋序作疏，以杜氏云各家注文可見者十數家，而復舉劉歆、賈景伯父子、許惠卿、潁子嚴四家爲最長，不及服虔，故孔氏騁其臆斷曰：「自餘服虔之徒，殊劣於此輩，故棄而不論也。」（春秋疏卷一）不知杜所以不舉服虔者，即因賈服義近之故，故杜云「特舉劉賈許潁之違，以見同異。」劉、賈與許、潁容有依違，服賈違異則甚尠，故不擧名，非服注殊劣也。孔氏作疏每並稱賈服，不容不知服賈義同，以疏體尊杜駮服，瘁力攻詰，以致短長失實耳。馬國翰氏云：「孔疏每駮服申杜，疏家體式宜然，北史謂江左左傳則杜元凱，河洛左傳則服子愼，要其會歸，殊方同致，此爲持平之論已。」（輯佚書春秋左氏傳解誼序）馬氏博稽衆家，故知北史所云「要其會歸，殊方同致」，乃持平之論，蓋杜氏非僅采賈氏左傳解詁，又取韋昭國語注實多，韋注取賈逵國語注尤多，杜服實並源於賈（詳見後證），後世疏家以字義小差，輒据匡糾，遺脫纖微，指爲大尤，蓋疏家喜掇拾細故，未能究大體故爾。然賈服之注，其體例亦略有別，南齊書陸澄傳云：「永明元年，澄領國子博士時，國學置杜服春秋，澄與王儉書云：『左氏宜取服虔，而兼取賈逵經。服傳無經，雖在注中，而傳又有無經者故也。今留服而去賈，則經有所闕。』」（卷三十九）臧壽恭曰：「據此知賈氏經傳兼注，服氏注傳而不注經。又知服氏於傳注中具引經文，今御覽所引服氏注正如此。」（春秋左氏古義一）賈服之異既如此，杜氏從賈，則服杜之異亦可推知矣，故皮錫瑞亦擧澄與儉書，而云：「據此則服子愼知經傳有別，故但釋傳而不釋經，賈景伯則經傳並釋，杜從賈，不從服，故集解序不及服虔，其後服杜並行，卒主杜而廢服，蓋以杜解有經，服解無經之故，不知經傳分行，實古法也。」（經學通論春秋類）服杜之異既若是，則杜擧四家，而不及服者，固非因服注淺末矣。皮氏謂經傳分行之故，究不若賈服同義之爲當也。今考說文示部：「祳，社肉盛以蜃，故謂之祳，天子所以親遺同姓。从示，辰聲。春秋傳曰：石尚來歸祳。（時忍切）」所引左氏定公十四年經文。考周禮大宗伯曰：「以脤膰之禮親兄弟之國」，而賈疏引五經異義：「左氏說：脤，社祭之肉，盛之以蜃。」（周禮疏卷十八）是許解明是古左氏說也，左氏與周禮本相依符。鄭玄注周禮大宗伯曰：「脤膰，社稷宗廟之肉，以賜同姓之國，同福祿也。兄弟有共先王者，魯定公十四年，天王使石尚來歸脤。」鄭君即會通左氏周禮之意，唯祳字皆作脤，說文肉部無脤字，當是祳之重文，今已挩落耳。杜預氏注左傳云：「脤，祭社之肉，盛以蜃器，以賜同姓諸侯親兄弟之國，與之共福。」孔穎達申之曰：「成十三年傳曰：國之大事，在祀與戎，祀有執膰，戎有受脤，先儒及杜緣彼傳文，知是定例，故解此云：祭社之肉，盛以脤器，以賜同姓諸侯。周禮大宗伯云以脤膰之禮，親兄弟之國。大行人云：歸脤以交諸侯之福，是以祭肉賜諸侯，與之共福也。」（左疏卷五十六）孔疏亦會春秋周禮之指，而云「先儒」及杜所解同者，先儒蓋即指賈服，賈說今未見，而漢書五行志中之上「成肅公受脤於社」注引服虔曰：「脤、祭社之肉也。盛以蜃器，故謂之脤。」是服說正與許解相應。（餘詳前脤肉條）

又考說文彳部：「微，隱行也。从彳、敳聲。春秋傳曰：白公其徒微之。（無非切）」所引為左氏哀公十六年傳文，杜預注曰：「微、匿也。」匿與隱行義近，考左襄十九年傳：「崔杼微逆光」，太平御覽卷一百四十六引服虔注：「微，隱匿也。」是服注與許訓尤切，許以微字从彳，故云隱行也。李貽德謂「爾雅釋詁：隱、匿、微也。是微匿隱轉相訓。」（春秋左傳賈服注輯述十二）據是則許服又本之爾雅也。

又說文辛部：「妾，有辠女子給事之得接於君者，从辛从女，春秋云：女爲人妾，妾、不娉也。（七接切）」鈕樹玉曰春秋下當有傳字，蓋所引爲左氏僖公十七年傳文。杜預注云：「不娉曰妾。」與許說合，考史記晉世家「女爲妾」下集解引服虔注曰：「不聘曰妾。」是杜實襲服，服本乎舊訓，故與許訓同也。廣雅釋親曰：「妾，接也。」釋名曰：「妾、接也，以賤見接幸也。」禮記內則「奔則爲妾。」鄭注曰：「妾之言接也。」妾接聲訓，並與許同，而白虎通嫁娶：「妾者接也，以時接見也。」則妾接相訓，由來古矣。又考周禮太宰疏：「舊注：不娉曰妾。」劉文淇曰：「舊注見大宰『臣妾聚斂蔬材』疏，疑是賈注也，說文云云，亦賈君義矣。」（春秋左氏傳舊注疏證）劉說近是，許服並本乎賈注也。

又說文竹部：「籀，讀書也。从竹、擂聲。春秋傳曰：卜籀云。（直又切）」嚴可均曰：「左氏無此語，疑卽『其繇曰』」（說文校議）嚴說是也。惠棟曰：「卜籀見春秋傳，未詳。今作繇，俗作繇。服虔左傳注曰：繇，抽也。抽出吉凶也（易釋文）。籀从竹擂聲。擂卽古抽字，故手部擂或从抽。詩毛傳曰：讀、抽也。箋云：抽、出也。籀訓爲讀，讀訓爲抽，誼並得通。」（惠氏讀說文記）服注見易繫辭「爻繇之辭，所以明得失」句釋文所引，馬宗霍謂所引卽服氏左傳注文，然據惠說，則可貫許服之義矣。

又說文林部：「麓，守山林吏也。从林、鹿聲。一曰林屬於山爲麓，春秋傳曰：沙麓崩。⿱林彔，古文从彔。盧谷切」所引爲左氏僖公十四年經傳之文，以穀梁僖十四年傳有「林屬於山爲鹿，沙、山名也。」句，而漢書五行志下之上引穀梁傳鹿作麓，與許一曰之義合，諸家並以爲許君所引爲穀梁說。考左氏正義引服虔曰：「沙、山名，鹿、山足，林屬於山曰鹿。」與說文一曰之義合，李貽德曰：「服注云云，亦穀梁傳文也。」春秋左傳賈服注輯述卷六 馬宗霍氏亦曰：「是服氏注左，亦取穀梁爲說，與許君同。」說文引春秋傳考 按李馬所說恐非，服許並從賈說，後人議賈雜入公穀之說，爲自淆家法，不知左氏實本有此義，而賈君傳之者，即此類是也。考淮南子泰族篇：「既入大麓。」許慎注：「林屬於山曰麓。」泰族篇爲許注，見劉文典淮南集解 又穀梁傳注引劉向說：「鹿，在山下平地。」是服訓鹿爲山足，即本劉向之說，而下釋以林屬於山曰鹿，未必穀梁一家之說也。易屯卦釋文引王肅本即鹿作即麓，亦訓爲山足，應劭風俗通山澤篇引春秋傳引沙麓崩，而云「麓，林屬於山者也。」並與許服相應。至於許麓，古文从彔，則周禮地官序官注釋文云麓，本亦作⿱林彔，則正是周禮之古文。而許訓麓爲守山林吏者，考國語晉語：「主將適螻而麓不聞。」韋昭注曰：「麓，主君苑囿之官。」韋注多本賈注，故與許訓合。

又說文邑部：「鄍，晉邑也。从邑、冥聲。春秋傳曰：伐鄍三門。莫經切」所引爲左氏僖公二年傳文。孔疏曰：「服虔以爲冀爲不道，伐鄍三門，謂冀伐晉也。」(左疏卷十二) 又續漢書郡國志沛國有鄍聚，劉昭注云：「左傳曰：冀爲不道，伐鄍三門，服虔曰：鄍、晉別都。」劉文淇曰：「許用服說，顧炎武謂服說爲長。」(左傳舊注疏證) 按杜以鄍爲虞邑，不用服說，竹添光鴻氏據水經注，謂三門在大陽城東，鄍即在大陽，大陽即今平陸縣。在今山西解州平陸縣東北二十五里有故鄍城。鄍邑之三門，其爲虞地無疑。而沛國之鄍聚，於春秋爲宋衛陳楚界，酇縣之鄍聚，特名相同，非晉邑，亦非虞邑也(左氏會箋第五)，竹添氏所考與顧棟高氏春秋大事表合(見大事表卷六下，又七之三)，然許服當並從賈說，劉云許用服說，則年輩失次矣。

又說文邑部：「𨞪，北方長狄國也。在夏爲防風氏，在殷爲汪芒氏。从邑、叜聲。春秋傳曰：𨞪瞞侵齊。(所鳩切)」所引爲左氏文公十一年傳文，杜預注云：「鄋(即𨞪隸變)瞞，狄國名，防風之後，漆姓。」考史記魯周公世家「鄋瞞伐宋」下集解引服虔云：「鄋瞞，長翟國名。」(馬國翰輯爲左氏解誼文) 洪亮吉疑鄋爲國號，瞞或其君之稱，以服杜釋鄋瞞爲國名爲非(見春秋左傳詁九)，劉文淇曰：「杜用服說，洪說非也，傳明云：鄋瞞由是遂亡，則國名可知。」劉壽曾曰：「許君引傳鄋瞞釋鄋，知賈君亦同服說，杜又云：防風之後，漆姓，據魯語爲說。」(左傳舊注疏證)，考國語魯語云：「汪芒氏之君，守封禺之山者也，爲漆姓，在虞夏商爲汪芒氏，於周爲長狄氏。」今本國語與說文小異，魯語於「在虞夏」下當奪「爲防風氏，於」五字，蓋魯語上文又有「昔禹致羣神于會稽山，防風氏後至，禹殺而戮之，其骨節專車，防風，汪芒氏之君也。」其下不當不言防風氏，段玉裁（說文注）王筠（說文句讀）已發其緒，當據補之，許服杜注並依國語爲訓，此賈君家法也。

又說文日部：「旰，晚也。从日、干聲。春秋傳曰：日旰君勞。（古案切）」所引爲左氏昭公十二年傳文，考史記衞康叔世家獻公十八年「日旰不召」下集解引服虔曰：「旰、晏也。」許訓旰爲晚，服訓旰爲晏，然哀公十三年傳「日旰矣」下杜預注云：「旰、晚也。」又襄十四年傳「日旰不召」下杜預又注云：「旰、晏也。」杜氏旰或訓晚或訓晏，知晚晏同義也。服說蓋本諸賈注，許以晏之本義爲天淸也，作日晚之義，乃假借晚字耳，晏與晻暗爲雙聲（同屬影紐），晏與旰晚爲疊韻（同在寒部），義並相近，徐灝謂晏旰晚一聲之轉者是也。朱駿聲曰：「晏假借又爲旰，小爾雅廣言：晏，晚也。淮南天文：日至于桑野，是謂晏食。禮記禮器：晏朝而退。論語：何晏也。又楚辭山鬼：歲既晏兮。離騷：及年歲之未晏兮。又秦策：一日晏駕。注：日暮而駕歸太陰也。」（說文通訓定聲）是假晏爲晚義，自論語即已有之，許君以本字是從，故訓旰曰晚，與訓晏實同。

又說文衣部：「袪、衣袂也。从衣、去聲。一曰袪褱也。褱者袌也。袪尺二寸。春秋傳曰：披斬其袪。（去魚切）」所引爲左氏僖公五年傳文。杜預注曰：「袪袂也。」考史記晉世家「披斬其袪」下集解引服虔注曰：「袪、袂也。」劉文淇據說文袪訓，謂「賈當與服同，杜用服說。總名爲袂，其袂近口，又別名袂，此斬其袪，斬其袖之末也。詩唐風羔裘傳云：袪、袂末。鄭玄玉藻注云：祛、袂口也。但袂是總名，得以袂表祛，故云：祛、袂。按喪服注：袪、袖口也。檀弓注：袪：謂褏緣、袂口也。」左傳舊注疏證 按劉說是也。袪訓爲袂，或訓爲袂口，非有異義，故羔裘毛傳訓袪爲袂末，遵大路毛傳卽訓袪爲袂也。毛傳與左傳每相應合者也。說文訓袪爲衣袂者，以字从衣，故增衣字，彼淮南子人間篇：「攘袪薄腋。」許愼卽註云：「袪，袂也。」知爲許注者，宋蘇魏公文集內有校淮南子題敍略，已發其端緒，崇文總目亦云許高注本之異，逮清陶方琦氏作淮南許注異同詁，更確證繆稱、齊俗、道應、詮言、兵略、人間、泰族、要略八篇爲許注無疑。其餘十三篇則爲許高注雜者，知服許所訓全同。

又說文犬部：「獘，頓仆也。从犬、敝聲。春秋傳曰：與犬，犬獘。斃，獘或从死。毗祭切」所引爲左氏僖公四年傳文，今左傳獘作斃，卽說文所列爲重文者，許於列爲重文之字，恒不分正借，國語晉語云：「犬斃」，韋昭注云：「斃，死也。」而五經文字獘字注云：「見春秋傳，又作斃，同。」則今左傳及國語並已作斃。然考周禮大司馬：「質明獘旗。」鄭注云：「獘、仆也。」是古文家作獘，鄭與許訓同也。又考左襄廿七年傳：「以誣道蔽諸侯。」釋文引服虔及王肅注曰：「弊、踣也。」此弊當卽獘字，祭義釋文云：「斃本作獘」，不誤，而表記釋文云：「斃本作弊。」此弊亦卽獘字之譌。又考周禮大司寇：「以邦成弊之。」注：「故書弊爲憋，鄭司農云：憋當爲弊。」此弊亦是獘之譌，鄭注謂故書作獘，司農本卽從故書者耳。服訓獘爲踣，鄭訓獘爲仆，踣仆同義，皆與許訓合。今復考禮記檀弓：「吾得正而斃焉」，又「射之斃一人」，表記：「斃而後已」，鄭玄注並云：「斃，仆也。」是禮記字作斃，周禮左傳字作獘，許君列以爲重文者，兼存今古文本耳。

又說文水部：「湫，隘下也。一曰有湫水，在周地，春秋傳曰：晏子之宅湫隘，安定朝那有湫泉。从水秋聲。子了切又即由切」所引爲左氏昭公三年傳文，杜預注曰：「湫、下；隘、小。」王筠據杜注分湫隘爲二事，遂析許訓爲「隘、下也。」且曰：「隘與廣對，下與高對，乃許君以隘釋湫而又總釋湫隘爲窊下者。」說文句讀 據王說則杜訓與許同義。又考昭公元年傳云：「勿使有所壅閉湫底。」彼釋文云：「湫，服云：著也。底，服云：止也。」正義曰：「服虔云：湫、著也。…若以湫爲著，則與止同義。」左疏卷四十一 馬宗霍據正義所說而推斷之云：「說文云：止、下基也。是服之訓箸，與許之訓下正合。」說文引春秋傳考 據馬說則服訓與許同義。

又說文女部：「婉，順也。从女、宛聲。春秋傳曰：太子痤婉。於阮切」所引爲左氏襄公二十六年傳文，彼云：「生佐，惡而婉；太子痤美而很。」段玉裁謂許君一時記憶不精，故錯舉如此。考太平御覽一百四十七卷引左氏服虔注曰：「公嬖棄而生佐，佐立爲宋元公，婉。婉、順也。佐貌惡心順，太子貌美而心很，很戾不從教。」是服訓婉爲順，正爲惡而婉下之注文，與許君合。又考國語晉語「則婉而入」，又「婉而從令」，又吳語「故婉約其辭」，韋昭注並云：「婉、順也。」韋注多本賈注，服許亦多本乎賈也。考毛詩新臺：「燕婉之求」，傳云：「婉，順也。」是左氏毛傳多相應合也。

又說文糸部：「縉，帛赤色也。春秋傳縉雲氏。禮有縉緣。从糸、晉聲。即刃切」所引爲左氏文公十八年傳文。杜預注云：「縉雲、黃帝時官名。」孔疏申杜意曰：「昭十七年傳稱黃帝以雲名官，故知縉雲黃帝時官名。字書：縉、赤繒也。服虔云：夏官爲縉雲氏。」左疏卷二十 桂馥曰：「服注黃帝以雲名官，蓋春官爲青雲氏，夏官爲縉雲氏。馥案說文：赤、南方之色也。南方、夏令。」說文義證 承培元：「服虔曰：夏官爲縉雲氏，夏火令炎色，故曰縉雲。」說文引經證例 桂承之說並是，服以縉雲氏爲夏官，與許釋縉爲赤色同意，縉字从糸，故許云帛赤色也。又考史記五帝本紀集解引賈逵云：「縉雲氏、姜姓也。炎帝之苗裔，當黃帝時在縉雲之官也。」劉文淇曰：「杜注：縉雲，黃帝時官名，蓋用賈說。晉語：炎帝爲姜，故賈云姜姓。」左傳舊注疏證 據此知杜注實本賈說，而許服之義亦與賈同，唯賈未云縉雲爲夏官，故此條仍繫服虔下。

又說文糸部：「紲，糸也。从糸、世聲。春秋傳曰：臣負羈紲。緤，紲或从枼。私列切」所引爲左氏僖公二十四年傳文，今本紲作絏，說文無絏字，阮元云：「水經注四亦引說文作紲，石經避廟諱偏傍，作絏。」左傳校勘記 是今本作絏，始於唐時太宗廟諱而改者。杜注云：「絏、馬繮。」孔疏云：「說文云：羈、馬絡頭也。又曰：馬絆紲係也。少儀云：犬則執紲，牛則執紖，馬則執靮。服虔云：一曰犬繮曰紲，古者行則有犬。杜今正以紲爲馬繮者，紲是係之別名，係馬係狗，皆得稱紲，彼對文耳，散則可以通，巡於天下用馬爲多，故主於馬耳。」左疏卷十五細審疏意，是服虔本以紲爲馬繮，又一曰之義爲犬繮。杜則以爲紲但爲馬繮耳。服云馬繮或犬繮，是紲之所繫不定，玉篇零卷糸部紲下云：「野王案凡所以繫制畜牲者皆曰紲。」顧氏正申許意，與服君合。又考禮記少儀：「犬則執緤」，鄭注：「緤紖靮皆所以繫制之者。」少儀字作緤，與許書重文合，而鄭釋緤爲所以繫制者，與許訓亦相應。

鄭玄有春秋左氏傳注稿，注尚未了，遇服虔而盡以所注與之，今服注既與賈君義近，是鄭氏論定大義，亦不容別有異轍，且古文家說，共理相貫，鄭注周禮、毛詩、古文尚書，凡用古文家說處，既多與許君相應，彼解左氏傳注，雖無明文可徵，然循彼詩禮等遺注而考之，深合雅訓，今鉤稽鄭君注文與說文引春秋傳義相合者，有祳、逞、踣、諗、妾、箪、亲、栽、楹、槻、鄎、氣、儕、祛、襚、覞、馵、獘、鐇、䢐、沿、䀈、擐、姓、紲、纊、墊、轘等字，逞擐二字，別有賈注可證，祳妾祛獘紲五字，別有服注可證，已詳列於前文，參互以觀，信知許鄭注文，多相通貫。

案新唐書劉知幾傳謂子玄嘗舉證十二條，以議孝經鄭注之不可信見卷一百三十二，今唐會要載劉氏孝經注議，第八條謂鄭玄六藝論序春秋亦云「玄又爲之注」卷七十七是鄭君嘗自言注春秋矣。而世說新語云：「鄭玄欲注春秋傳，尚未成，時行與服子愼遇宿客舍，先未相識，服在外車上，與人說已注傳意，玄聽之良久，多與己同，玄就車與語曰：『吾久欲注，尙未了，聽君向言，多與吾同，今當盡以所注與君。』遂爲服氏注。」（文學門）據此則鄭君於春秋實嘗有注，故錢侗曰：「余謂鄭注春秋未成，遇服虔，盡以所注與之，世說新語實志其事，而云鄭無注春秋，非也。」（重刊鄭注孝經序）鄭既有注，與服相同，故馬國翰云「服氏解中有康成手稿，服鄭固一家之學。」（經學通論春秋類）馬皮之說皆是也。而惠棟氏復證之云：「劉義慶世說云云，棟案服氏解誼僖十五年遇歸妹之睽，文十二年在師之臨，皆以互體說易，與鄭氏合，世說所稱爲不謬矣。」（後漢書補注）鄭氏注易依京氏（見陳立白虎通疏證說），故用互體。服君同之，則說易亦依孟京，蓋許愼馬融，並以孟京說注易矣，孟京易雖爲今文，東漢大儒多采其說，而左氏占筮之事，非互體則不足通其說，乃知東漢通人，其家法多與許君相若，易用今文，其餘並奉古文爲正宗也。高師仲華亦嘗證鄭服左氏之學，合爲一家，其言曰：「鄭君實注左傳，自言明甚；其所以世無鄭注者，盡用所注之文與服子愼，而爲服氏注耳。世說之言，爲得其實，隋志載服虔春秋左氏傳解誼三十一卷，釋文敍錄及新舊唐志作三十卷，宋志始未著錄，是服氏注至宋已亡，而鄭氏注亦隨之而亡矣。……袁鈞輯有服虔春秋傳服氏注十二卷，列入鄭氏佚書中，猶足以考見崖略。」（鄭玄學案）據此則謂服鄭解義合一，洵非鑿空之語矣。賈服既多並稱，得以取證許說所本，則鄭君注文，亦未容離畔，今取彼箋注，條紬縷繹，與說文訓解合者良夥，如說文足部：「踣，僵也。从足、咅聲。春秋傳曰：晉人踣之。蒲北切」所引爲左氏襄公十四年傳文，杜預注云：「踣、僵也。」國語周語「踣斃不振」韋昭注曰：「踣、僵也。」杜襲韋注，韋取賈注，故與許君同義。又考周禮掌戮：凡殺人者踣諸市。」注：「踣、僵尸也。」鄭就經爲釋，故多尸字，釋踣爲僵，實與許同。又說文言部：「諗、深諫也。从言、念聲。春秋傳曰：辛伯諗周桓公。式荏切」所引爲左氏閔公二年傳文，杜預注云：「諗、告也。事在桓十八年。」桓十八年傳作「辛伯諫曰」，知諗即諫，杜注爲告，即許之諫。國語魯語：「使吾無忘諗」又晉語「使果敢者諗之」，韋昭並注云：「諗、告也。」知杜襲韋注，韋取賈注，故與許君同意。又考毛詩四牡：將母來諗。」鄭箋云：「諗、告也。」是鄭韋杜轉相承述，出於一本者也。又說文竹部：「篳，藩落也。从竹、畢聲。春秋傳曰：篳門圭窬。卑吉切」所引爲左氏襄公十年傳文，杜預注云：「篳門，柴門。」考史記楚世家「篳路」集解引左傳服虔注曰：「篳路，柴車，素木車也。」是服杜並以柴釋篳，篳者編柴之義。又考禮記儒行亦有「篳門圭窬」之文，鄭玄注曰：「篳門，荆竹織門也。」鄭以荆竹編織訓篳，與許訓義近，篳字从竹，許亦當以篳用竹織矣。又說文木部：「亲，果實如小栗，从木，辛聲。春秋傳曰：女摯不過亲栗。側詵切」所引爲左氏莊公二十四年傳，今左傳摯作贄，亲作榛，大徐本無贄字，疑即摯之重文，說文榛訓木也，一曰菆也，則作亲爲實如小栗之正字。杜預注云：「榛、小栗。」國語周語：「榛楛濟濟。」韋昭注云：「榛似栗而小。」杜襲韋注，韋取賈說，故與許君同義。今復考周禮籩人：「饋食之籩，其實棗栗桃乾䕩榛實。」鄭玄注云：「榛，似栗而小。」又曲禮下「婦人之摯椇榛脯脩棗栗。」鄭又注曰：「榛實似栗而小。」鄭與許皆合。又說文木部：「栽、築牆長版也。从木、𢦏聲。春秋傳曰：楚圍蔡里而栽。昨代切」所引爲左氏哀公元年傳文，杜預注云：「栽，設版築。」孔疏申之曰：「築牆立版謂之栽，栽者，豎木以約版也。」左疏卷五十七 許就栽之名詞爲說，孔則依傳義，栽已作動詞之義，故申之如此。考禮記中庸「栽者培之」，鄭玄注云：「栽者殖也。今時人名草木之殖曰栽，築牆立版亦曰栽。」鄭亦就動詞爲說，與許義亦合，段玉裁謂「栽者，合立楨榦與版而言，許云築牆長版爲栽者，以版該楨榦也。中庸鄭注云云，鄭同許說。」說文注 段說足會許鄭之指。又說文木部：「楹，柱也。从木、盈聲。春秋傳曰：丹桓宮楹。以成切」所引爲左氏莊公二十三年經文。杜預於傳文下注云：「楹、柱也。」又左氏昭公元年傳「叔孫指楹」，杜注亦云：「楹，柱也。」考漢書五行志上「刻桷丹楹」注引韋昭曰：「楹、柱也。」杜襲韋注，韋取賈說，故與許君同義。復考禮記明堂位：「殷楹鼓。」鄭玄注云：「楹謂之柱，貫中上出也。」鄭與許亦合。又說文木部：「櫬、棺也。从木親聲。春秋傳曰：士輿櫬。初僅切」所引爲左氏僖公六年傳文。牲預注云：「櫬、棺也。」又襄公二年傳「以自爲櫬」，杜亦注云：「櫬、棺也。」杜與許同。復考禮記雜記上：「其輤有裧」，鄭玄注云：「輤，載柩將殯之車飾也。輤取名於櫬與，舊讀如蒨旆之蒨。櫬、棺也。」是鄭與許合。又說文日部：「曏，不久也。从日、鄉聲。春秋傳曰：曏役之三月。許兩切」所引爲左氏僖公二十八年傳文，今左傳作鄉。考儀禮士相見禮：「曏者吾子辱使某見。」鄭玄注曰：「曏、曩也。」說文訓曩曰曏，曏爲不久，而檀弓「曩者爾者爾心或開予」，鄭注：「曩、曏也。」則鄭注與許義實同。許訓爲不久者，即往時方才之義。又說文米部：「氣，饋客芻米也。从米、气聲。春秋傳曰：齊人來氣諸侯。槩，氣或从既。餼，氣或从食。許既切」所引爲左氏桓公十年傳文，今左傳作餼，即許書所列之重文，重文則不分正借。考禮記王制：「皆有常餼」，鄭玄注云：「餼，常廩也。」又禮記中庸：「既廩稱事」，鄭注云：「餼廩稍食也。」又周禮考工記玉人：「以致稍餼」，鄭玄注云：「致稍餼，造賓客納稟食也。」按說文稟者賜穀也，段玉裁曰：「鄭注周禮宮正、內宰、廩人、掌固皆云：『稍食祿稟』，又司稼注云：『賙稟其艱阨』，凡若此類，今本多譌爲廩。」說文稟下注 據段注則知鄭注作廩者皆稟字，造賓客納稟食，即許訓饋客芻米也。古文家但以餼爲芻米，杜預注云：「生曰餼」見桓六年傳注 者，本今文家說，儀禮聘禮曰：「生曰餼」，而聘禮又曰：「餼之以其禮」，鄭玄注曰：「凡賜人以牲，生曰餼。」鄭於彼處用今文家說，故與注周禮不同。又說文人部：「儕，等輩也。从人、齊聲。春秋傳曰：吾儕小人。仕皆切」所引之文，左氏宣公十一年、襄公十七年、三十年傳並有之。杜預於成公二年傳「況吾儕乎」及僖公二十三年傳「晉鄭同儕」下並注云：「儕、等也。」與許說合。復考禮記曲禮：「夷猶儕也」下鄭注云：「儕、等也。」又禮記樂記注云：「儕猶輩類。」合此二注，卽等輩之義，與許全同。又說文衣部：「襚，衣死人也。从衣、遂聲。春秋傳曰：楚使公親襚。（徐醉切）」所引爲左氏襄公二十九年傳文，今左傳楚下有人字。而釋文引說文作「衣死人衣」（文公九年釋文亦同），是今本奪一衣字。左定公十年傳：「公三襚之」，杜注曰：「襚、衣也。」昭公九年傳「且致閻田與襚。」杜注曰：「衣服曰襚」，又「送死衣。」文公九年經「秦人來歸僖公成風之襚。」杜注又云：「送死衣。」杜與許合。復考儀禮士喪禮：「君使人襚」，鄭玄注云：「衣被曰襚。」此鄭注實取公羊隱元年傳文「衣被曰襚」，爲今文家說，然考白虎通崩薨篇曰：「衣被曰襚。」古微書引緯書春秋說題辭曰：「衣被曰襚，養死具也。」據是則今文家釋襚與古文家同，許鄭固不異也。又說文見部：「覘，窺也。从見、占聲。春秋傳曰：公使覘之信。（敕豔切）」所引爲左氏成公十七年傳文。考國語晉語：「各覘其私」，又「公使覘之」，韋昭注並云：「覘，微視也。」說文訓窺，穴部窺訓小視，韋注與許同義也。且小徐本說文覘訓窺視，廣韻五十五豔引說文作「闚視也。」考禮記檀弓：「晉人之覘宋者返」，鄭玄注曰：「覘、闚視。」是許鄭訓同矣。又馬部：「馽，絆馬也。从馬口其足，春秋傳曰：韓厥執馽前。讀若輒。縶，馽或从糸執聲。（陟立切）」所引爲左氏成公二年傳文，今左傳馽作縶，前上有馬字，縶卽馽之重文，重文則不分正借字。杜預注云：「縶、馬絆也。」杜與許合。考詩有客：「言授之縶。」鄭玄箋云：「縶、絆也。」知許鄭同義矣。然莊子秋水釋文引三蒼曰：「縶、絆也。」又詩白駒：「縶之維之。」毛傳云：「縶、絆也。」據是則許鄭之訓源流遠矣，許以字形从馬，故以絆馬爲本義。復考公羊襄廿七年傳：「夫負羈縶。」何休注云：「縶，馬絆也。」據是知今古文家所異者在說制度；其說字義，固多符同也。又說文炙部：「䊩，宗廟火孰肉。从炙、番聲。春秋傳曰：天子有事䊩焉，以饋同姓諸侯。附袁切」所引爲左氏僖公二十四年傳文，今左傳作膰，當爲䊩之重文，釋文云：「膰，周禮又作䊩字，音義皆同。」是䊩膰不分正借字，而許君失收膰爲重文耳。杜預注曰：「膰，祭肉。」考周禮大宗伯疏引許愼五經異義云：「古左氏說宗廟之肉名曰䊩，公羊穀梁云：孰居俎上曰䊩。」參見前證 是許說本之古左氏說也，今文家但謂熟肉爲膰 又見穀梁定公十四年傳 ，大宗伯謂「以脤膰之禮親兄弟之國」，鄭玄注曰：「脤膰，社稷宗廟之肉，以賜同姓之國。」是許鄭同義，咸秉古文家說爲訓也。參見服虔條振下 又說文水部：「溠，水在漢南，从水、差聲。荊州浸也。春秋傳曰：修涂梁溠。側駕切」所引爲左氏莊公四年傳文，今傳文條涂作除道。考周禮夏官職方氏云：「豫州其浸波溠。」許訓溠爲荊州浸，與周禮不合，然鄭玄氏注周禮曰：「溠宜屬荊州，在此（豫）非也。」許鄭考諸地形，以訂周禮之誤，段玉裁復據水經注、方輿紀要，謂許鄭所訂爲精確，孫詒讓曰：「鄭意左傳之溠在漢東，以地望定之，當屬荆州；其豫州浸之潁，又當屬此。二水宜互易也，漢地理志顏注說同。」（見周禮正義卷六十三）孫說亦謂許鄭據左傳（莊公四年）以駁正周禮爲不誤，許鄭說同，蓋本諸古文家先儒之遺訓，李雲光氏謂「許鄭之同，必非偶合，容鄭氏竟得自許氏，或師說相同」者是也（見三禮鄭氏學發凡）。又說文水部：「沿、緣水而下也，从水、㕣聲。春秋傳曰：王沿夏。（與專切）」所引爲左氏昭公十三年傳文，今傳作沿者，隸寫之變也。此傳及文公十年傳杜預注曰：「順流曰沿。」又定公四年傳注：「沿、緣也。」是杜注與許訓合。考書禹貢：「沿于江海。」鄭玄注曰：「沿，順水行也。」順水行卽緣水而下，許鄭意同也。又說文耳部：「聝，軍戰斷耳也。春秋傳曰：以爲俘聝。从耳、或聲。馘，聝或从首。（古獲切）」所引爲左氏成公三年傳文，今傳作馘，卽聝之重文，重文則不分正借字。杜預氏於僖公二十二年傳「示之俘馘」下注曰：「馘，所截耳。」又宣公十二年傳「右入壘折馘」下注曰：「折馘，斷耳。」杜注與許意合。復考詩泮水：「在泮獻馘」，鄭玄箋曰：「馘，所格者之左耳。」鄭與許訓尤合。而詩皇矣：「攸馘安安」，毛傳曰：「馘，獲也。不服者殺而獻其左耳曰馘。」釋文云：「字又作聝。」據此則許鄭之義與毛傳相符，毛傳與左氏若合符契也。又說文女部：「姓，人所生也。古之神聖母感天而生子，故稱天子。从女从生，生亦聲。春秋傳曰：天子因生以賜姓（息正切）」所引爲左氏隱公八年傳文，考詩大雅生民孔疏引五經異義云：「詩齊魯韓春秋公羊說：聖人皆無父，感天而生。左氏說：聖人皆有父。謹案：堯典以親九族，即堯母慶都感赤龍而生堯，堯安得九族而親之。禮讖云：唐五廟，知不感天而生。」是許君作異義時，不從今文家天子爲感天而生之說，從左氏家聖人皆有父，爲人所生之說。許作說文容有與異義不同，然亦不得如今本襍廁今古文家之言，紛然不別也。許引春秋傳，即證姓者人所生也，非證感天而生子之義，疑古之神聖云云句上，本有「一曰」二字，且一曰之義本在引傳之下，校者移並羼入，使義不顯，且小徐本又有「因生以爲姓」句（而不引傳），段玉裁以爲「由淺人不學，以爲重複，故大徐本刪因生以爲姓五字，小徐刪春秋傳以下十一字，皆非也。」據此則原文爲後人所刪汰瀆亂，蓋有徵矣。今謂說文本當作「姓，人所生也，因生以爲姓。从女生聲。春秋傳曰：天子因生以賜姓。一曰古之神聖人（人字據小徐本及御覽引補）母感天而生子，故稱天子。」若是則古義昭然，鄭玄氏於著駁五經異義時，調停今古文家之說（參見前聖人有父條），然於禮記曲禮下：「納女於天子曰備百姓。」又喪大記：「卿大夫父兄子姓立於東方」下並注曰：「姓之言生也。」又儀禮特牲饋食禮：「子姓兄弟如主人之服。」下注曰：「言子姓者，子之所生。」釋姓爲人之所生，因生以爲姓，皆與許說同指。又說文糸部：「纊，絮也。从糸、廣聲。春秋傳曰：皆如挾纊。絖、纊或从光。（苦謗切）」所引爲左氏宣公十二年傳文。考儀禮既夕記：「屬纊以俟氣絕。」鄭玄注曰：「纊、新絮。」鄭訓與許合。一切經音義卷一引「說文：纊，緜也。絮之細者曰纊。」按此引說文，當是三蒼之誤，一切經音義卷六引三蒼，正與此同。杜預注纊爲緜也。鄭玄注儀禮士喪禮「瑱用白纊」曰：「纊、新綿。」注禮記喪大記「屬纊」曰：「纊，今之新綿。」注禮記玉藻「纊爲繭」曰：「纊謂今之新綿也。」杜鄭彼注，卽據三蒼爲說耳。然段玉裁曰：「凡絮必絲爲之，古無今之木緜也。」段說是也，絮與緜皆蠶絲，乃一物耳，故淮南子繆稱篇：「小人在上位，如寢關曝纊。」許愼注曰：「纊、繭也。」陶方琦淮南許注異同詁已確證繆稱篇爲許注，許訓卽本玉藻「纊爲繭」爲說，是絮卽緜之證也。又說文土部：「墊，下也。春秋傳曰：墊隘。从土、執聲。都念切」所引之文，左氏成公六年、襄公九年、二十五年並有之。襄二十五年傳「久將墊隘」下杜注云：「墊隘、慮水雨。」考書益稷「下民昏墊」下孔疏引鄭玄注曰：「昏、沒也；墊、陷也。禹言洪水之時，人有沒陷之害。」書疏五杜注與鄭義合。鄭曰陷，許曰下，義亦相近。復考方言卷六曰：「墊、下也。屋而下曰墊。」戴震曰：「墊亦作⿱穴執。」方言疏證卷六說文⿱穴執訓屋傾下也。屋傾下亦下陷也。錢繹曰：「說文：墊、下也。鄭注：墊、陷也。下謂之墊，亦謂之⿱穴執；屋傾下謂之墊，因而居下地而病困者亦謂之墊。成六年左氏傳土薄水淺則民愁，民愁則墊隘，於是乎有沉溺重膇之疾是也。」方言箋疏卷六戴錢所說，正足旁證許鄭之義相同也。考說文⿱雨執篆下讀若春秋傳墊阸，桂馥曰：「當云春秋傳曰⿱雨執阸，後人加讀若字，又改⿱雨執爲墊。」說文義證若如桂氏揣臆之辭，則說文兩引墊隘墊阸，在兼存⿱雨執墊隘阸之異文，然考漢書段會宗傳集註引服虔曰：「墊音墊阸之墊。」作墊不作⿱雨執，乃知⿱雨執下所引本爲讀若，非引傳證字也。說文讀若之音與服虔同，信知許君之作說文，卽一字一音，皆有所本也。又說文車部：「轘，車裂人也。从車、睘聲。春秋傳曰：轘諸栗門。胡慣切」所引爲左氏宣公十一年傳文。杜預注曰：「轘，車裂也。」又左桓十八年傳：「轘高渠彌」下注曰：車裂曰轘。」是杜義同於許。復考周禮秋官條狼氏：「誓馭曰車轘。」鄭玄注云：「車轘謂車裂。」轘爲古之刑名，鄭與許訓合。

韋昭有春秋國語注，彼注文與說文訓解相應者，有梡、曬、稔、儆、娠等字，韋注自序稱兼採鄭衆、賈逵、虞翻、唐固諸家之注，而實以賈注爲夥。故取韋注與許說相合者，亦足以考先儒訓詁之源流。

案三國志吳書韋曜傳曜本名昭史爲晉諱改之，言昭常領左國史，嘗撰官職訓、辯釋名及吳書。而春秋外傳國語注二十二卷，則見載於隋書經籍志。韋昭自序云：「因賈君之精實，採唐虞之信善。」故馬國翰謂凡韋昭解引三君者，賈逵及唐固虞翻也見玉函山房輯佚書補遺案語，而宋庠國語補音宋宋庠補葺唐人舊本序云：「先儒自鄭衆、賈逵、王肅、虞翻、唐固、韋昭之徒，並治其章句，申之以注釋，今唯韋氏所解傳於世。韋氏以鄭賈虞唐爲主，而增損之，故其注備而有體，可謂一家之名學。」四庫全書雜史類收是宋時國語注僅存韋注本，而自漢以來舊注之善當者，韋君實博采之，要亦以賈逵爲主。四庫全書總目提要云：「昭自序稱兼采鄭衆、賈逵、虞翻、唐固之注，今考所引鄭說虞說，寥寥數條，惟賈唐二家，援據駁正爲多。…國語注存於今者，惟昭爲最古，黃震日鈔嘗稱其簡潔，而先儒舊訓，亦往往散見其中。」史部七紀史提要之說最近翔實，韋注取賈注最多，即未明言賈注者，與說文相應者亦夥，故可取證先儒訓詁之源流。馬宗霍氏曰：「昭稱三君注，逵之解詁雖在其中，而所存無幾，今得許君所引觀之，知韋注之同於許說者，即同於賈，韋所不同者，由許說亦可以窺賈詁之遺也。」說文引春秋傳考敍例馬說明審，今取韋注與許說相應者，可證其說實出賈逵者也。凡韋注與許訓同者計有俘擐麓踣諗楹覘桷暱稔儆娠等十二字，俘擐有賈君遺注可證，麓字有服君遺注可證，踣諗楹覘四字有後鄭注文可參證，俱已別白翔盡于前文矣，無俟復述，今考桷暱稔楹娠等字，說文木部：「桷，榱也。椽方曰桷。从木、角聲。春秋傳曰：刻桓宮之桷。古岳切」所引爲左氏莊公二十四年經文。韋昭國語魯語「莊公丹桓宮之楹而刻其桷」下注云：「唐云：桷、榱頭也。昭謂桷一名榱，今北土亦云然。」韋引唐固說及自謂，皆與許說合，然唐固之說，當亦本諸先儒，考易漸卦「或得其桷。」釋文引馬融、陸績注云：「桷、榱也。」亦與許君同。復考詩閟宮：「松桷有舄。」毛傳云：「桷、榱也。」而爾雅釋宮亦云：「桷謂之榱。」知許韋之解，並承諸古文家之舊訓也。又說文日部：「暱，日近也。从日匿聲。春秋傳曰：私降暱燕。昵，暱或从尼。尼質切」所引爲左氏昭公二十五年傳文，今傳文暱作昵，爲暱之重文，重文則不分正借字。杜預注云：「昵、近也。」又左氏閔公元年傳「諸夏親暱」，杜亦注云：「暱、近也。」杜注實襲乎韋，彼國語齊語：「野處而不暱」，晉語「大其私暱」，韋昭並注云：「暱、近也。」許以暱字从日，故云日近，日近者日日相近也見段注，韋注實與許同。然詩小雅菀柳「無自暱焉」，毛傳云：「暱、近也。」爾雅釋詁亦云：「暱、近也。」知許韋之解，並承諸古文家之舊訓也。又說文禾部：「稔，穀孰也。从禾、念聲。春秋傳曰：鮮不五稔。而甚切」所引爲左氏昭公元年傳文。杜預注五稔爲五年，又於僖二年傳「五稔」及昭公十八年傳「昆吾稔之日也」下注曰：「稔、熟也。」年字从禾，一訓年，一訓熟，皆取穀孰之義，許就字爲解曰穀孰，非有異也。復考國語吳語「不稔於歲」韋昭注曰：「稔、熟也。」又晉語：「鮮不五稔」，鄭語：「不三稔矣」，韋並注曰：「稔、年也。」知杜取韋注，而韋與許同也。又說文人部：「儆，戒也。从人、敬聲。春秋傳曰：儆宮。居影切」所引爲左氏襄公九年傳文，考國語魯語「夜儆百工」下韋昭注云：「儆、戒也。」是韋與許同。復考易震驚百里，鄭注云：「驚之言儆戒也。」孔子家語五儀篇「所以儆人臣也。」王肅注云：「儆、戒也。」書大禹謨：「儆戒無虞」，僞孔傳云：「儆，戒也。」儆戒之訓，爲諸家所同也。又說文女部：「娠，女妊身動也。从女、辰聲。春秋傳曰：后緡方娠。一曰：官婢女隸謂之娠。失人切」所引爲左氏哀公元年傳文，杜預注云：「娠、懷身也。」復考國語晉語：「昔者大任娠文王」，韋昭注云：「娠、有身也。」辰聲之字多有動義，爾雅釋詁云：「娠、動也。」故許君謂女妊身動，約言之則曰懷身有身，義本同也。

杜預春秋經傳集解，實匯先儒之美于一編，然預於序文空舉劉賈許潁諸氏，而集中則不著其名，淆昔賢于己說，固己迹近乾沒矣，今考杜注與說文引傳字義相應者，所在多有，杜容或襲之於許，實則多擷之於賈，故取許杜訓同者，亦足以考先儒家法之流衍。

案晉書杜預傳：「杜預字元凱，京兆杜陵人。…既立功，從容無事，乃躭思經籍，爲春秋左氏經傳集解，又參考衆家譜第，謂之釋例，又作盟會圖，春秋長曆，備成一家之學，比老乃成。」又集解後序云：「大康元年三月，吳寇始平，余自江陵還襄陽，解甲休兵，乃申抒舊意，脩成春秋釋例及經傳集解。」是杜氏自言其顯微闡幽，多據舊意，而春秋序復云：「古今言左氏者多矣，今其遺文可見者十數家，大體轉相祖述，進不成爲錯綜經文，以盡其變，退不守丘明之傳，於丘明之傳有所不通，皆沒而不說，而更膚引公羊穀梁，適足自亂。預今所以爲異，專脩丘明之傳以釋經，經之條貫，必出於傳，傳之義例，揔歸諸凡，推變例以正褒貶，簡二傳而去異端，蓋丘明之志也。然劉子駿創通大義，賈景伯父子、許惠卿，皆先儒之美者也。末有潁子嚴者，雖淺近，亦復名家，故特舉劉賈許潁之違，以見同異，分經之年，與傳之年相附，比其義類，各隨而解之，名曰經傳集解。」杜氏自言其書體例甚詳，分經附傳，取便學者省覽，揔歸諸凡，以發春秋大義，此即杜氏所謂據乎舊例而又異于前脩者也。而於詁訓義理，杜氏多取自賈許，出乎揣臆者絕尠。惜預作集解，乾沒賈服之說，先儒遺訓，推稽無從，故皮錫瑞氏曰：「鄭注周禮，先引杜鄭，韋注國語，明徵賈唐，言必稱先，不敢掠美，杜乃空舉劉賈許穎，而集解中不著其名，此異於先儒者也。杜解不舉所出，劉與許穎之說盡亡，賈服二家，尙存崖略，杜舉四家而不及服，孔疏遂云服虔之徒，劣於此輩，其說非是。」（經學通論春秋第五）皮氏舉此爲杜氏之失，持論衡平，錢基博氏亦採皮說，謂杜氏溷昔賢于已說，使古注赴徵（見經學通志），然則杜注攘善之嫌，固成定論，而杜注中存賈服舊訓必多，今取以與說文引春秋傳各條訓義相印證，每多應合，知其訓詁之源流同也。杜注與說文訓同者，如逞餕俘嫣擐撖諸字，別有賈注可參證；如微妾旰樊湫紲諸字，別有服注可參驗；如踣諗篳栽楹櫬儕緵鷊繙沿聝姓轘諸字，別有後鄭注可證左；如桷暱稔娠諸字，別有韋注可互參，諸字並見前證，無事縷陳，復如說文艸部蘊，訓積也，引左氏昭公十年傳文蕰利生孽。今左傳蕰作蘊，蓋蕰之俗字，隱六年傳：「芟夷蘊崇之。」杜注云：「蘊、積也。」正與許同。蕰積之訓，見於方言十二，而文選謝靈運登江中孤嶼詩注引論語馬融注：「蘊、藏也。」藏與積義可通。是許杜皆承諸舊訓也。又口部嗀，訓歐皃。引左氏哀公二十五年傳文君將嗀之。彼杜預注云：「嗀，嘔吐也。」嘔即歐字。又走部趡，訓動也，引左氏桓公十七年傳文盟于趡，並云趡爲地名。彼杜預注云：「趡、魯地。」又辵部迋，訓往也，引左氏昭公二十一年傳文子無我迋。考襄廿八年傳：「使子展迋勞于東門。」杜注云：「迋、往也。」又行部衞，訓通道也。引左氏昭公元年傳文及衞以戈擊之。彼杜預注云：「衞，交道。」考慧琳一切經音義卷八衞下引說文作「交道四出也。」則許杜之訓全同。又齒部䶫，訓齒相値也，引左氏定公九年傳文皙䶫，今本作幘，假借字也，彼杜預注曰：「齒上下相値。」又玄部茲，訓黑也。引左氏哀公八年傳何故使吾水茲。今傳茲作滋，杜預注云：「滋，濁也。」黑濁義近。又歺部殲，訓微盡也。引左氏莊公十七年經文齊人殲于遂。杜預注云：「殲、盡也。」而僖廿六年傳「門官殲焉」，襄廿八年傳「其將聚而殲旃」，杜注亦云：「殲、盡也。」與許君合。殲盡之訓，見於詩黃鳥「殲我良人」毛傳，又見爾雅釋詁，是許杜皆承諸舊訓也。又豐部豔，訓好而長也。引左氏桓公元年傳文美而豔（文公十六年傳文同），杜預注曰：「色美曰豔。」許訓好而長者，謂色美爲好，體美爲長，蓋就字形从豐，故兼體美言之。考淮南子精神篇：「獻公豔驪姬之美」，高誘注云：「好色曰美，好體曰豔，豔其色而變之。」是漢人以豔字从豐，故釋爲形體好也，然云「豔其色」，則正好色好體統言不分之證，許君就字形言，云好而長，與杜注色美曰豔非有異也，且詩十月之交「豔妻煽方處」，毛傳正云「美色曰豔。」而方言二亦云「美色爲豔，是舊訓如此也。又皿部盥，訓澡手也。引左氏僖公二十三年傳文奉匜沃盥。杜預注云：「匜，沃盥器也。」雖未釋盥字，而孔疏申之曰：「盥謂洗手也，沃謂澆手也。」正引說文爲證，盥字爲澡手，義見於形，不容異解也。又血部衁，訓血也，引左氏僖公十五年傳文士刲羊亦無衁也。杜預注云：「周易歸妹上六爻辭也，衁、血也。」又木部枵，訓木根也，又云玄枵，虛也。引左氏襄公二十八年傳文歲在玄枵，杜預注云：「玄枵三宿，虛星在其中。」枵有虛義，故引申虛星爲玄枵。杜與許合，而左傳下文云：「玄枵，虛中也。」爾雅釋天云：「玄枵，虛也。」是許杜皆承諸舊訓也。又邑部郟，訓爲河南縣直城門官陌地也，引左氏宣公三年傳成王定鼎于郟鄏。杜預注云：「郟鄏今河南也。武王遷之，成王定之。」而史記楚世家集解及後漢書逸民傳引杜注，別有「河南縣西有郟鄏陌」八字，與許訓尤合。又邑部鄇，訓晉之溫地，引左氏成公十一年傳文爭鄇田。杜預注云：「鄇，溫別邑，今河內懷縣西南有鄇人亭。」杜與許合。又邑部郹，訓郹陽爲蔡邑也。引左氏昭公十九年傳文郹陽封人之女奔之。杜預注云：「郹陽，蔡邑。」又邑部鄾，訓鄧國地也，引左氏桓公九年傳文鄧南鄙鄾人攻之。杜預注云：「鄾在今鄧縣南沔水之北。」杜與許合。又邑部郠，訓琅邪莒邑，引左氏昭公十年傳文取郠。傳云伐莒取郠，杜預注云：「郠，莒邑。」杜與許合。又邑部鄅，訓妘姓之國，引左氏昭公十八年傳文鄅人藉稻。杜預注云：「鄅，妘姓國也。」又邑部邿，訓附庸國，在東平亢父邿亭，引左氏襄公十三年經文取邿。杜預注云：「邿，小國也，任城亢父縣有邿亭。」又邑部酄，訓魯下邑，引左氏定公十年經文齊人來歸酄，今傳文酄作讙，酄从邑爲正字，讙从言是假借字，考桓公三年經「齊侯送姜氏于讙」，杜預注云：「讙，魯地，濟北蛇丘縣西有下讙亭。」是杜與許訓相應。又邑部𨙸，訓臨淮徐地，引左氏昭公六年傳文徐𨙸楚。杜預注曰：「儀楚，徐大夫。」杜謂徐大夫名儀楚，許則謂大夫楚食邑於𨙸，故名𨙸楚，𨙸是食邑之地，故字从邑爲正，作儀爲假借字，杜許並以爲徐地也。又禾部稈，訓禾莖也。重文作秆，引左氏昭公二十七年傳文或投一秉稈，今本稈作秆，即許書之重文，重文則不分正借。杜預注云：「秆，藁也。」而說文藁訓稈也，是杜與許同義。又禾部年，訓穀孰也。引左氏宣公十六年經文大有年。杜預於桓公三年「有年」下注云：「五穀皆熟書有年。」許以字形从禾，故云穀孰，知許杜不異也。又凶部兇，訓擾恐也。引左氏僖公二十八年傳文曹人兇懼。杜預注云：「兇兇，恐懼聲。」杜許義近。又穴部窀，訓葬之厚夕，引左氏襄公十三年傳文窀穸從先君於地下。今傳文地下作禰廟，杜預注云：「窀，厚也。穸，夜也。厚夜猶長夜，長夜謂葬埋。」杜與許合。又疒部痁，訓有熱瘧，引左氏昭公二十年傳文齊侯疥遂痁。杜預注云：「痁，瘧疾。」又左氏哀公二年傳「痁作而伏」，杜注亦同。又巾部徽，訓幟也。从緯徽帛箸於背。引左氏昭公二十一年傳文揚徽者公徒，杜預注云：「徽，識也。」經典釋文云：「徽，說文作徽，云識也。」是徽即徽之假借，而說文本訓作識，說文無幟字，訓幟爲後人所改，杜訓識也者與許同。又衣部禬，訓帶所結也。引左氏昭公十一年傳文衣有禬，彼傳文云：「衣有禬，帶有結，視不過結襘之中。」杜預注云：「襘，領會，結，帶結也。」杜似與許異，馬宗霍曰：「許君訓襘爲帶所結者，非合襘結爲一，帶以約衿，結屬於帶，所結之處則謂之襘耳。杜注分釋，與許似異而實相成。」馬說可會許杜之恉。又衣部褰，訓絝也。引左氏昭公二十五年傳文徵褰與襦。杜預注云：「褰，袴也。」說文無袴字，顏師古注漢書司馬相如傳云：「絝，古袴字。」知杜許同義也。又火部爇，訓燒也。引左氏僖公二十八年傳文爇僖負羈。杜預注曰：「爇、燒也。」又左昭廿七年傳「遂令攻郤氏且爇之。」杜注亦曰：「爇、燒也。」而淮南子兵略篇「毋爇五穀」，許愼注曰：「爇、燒也。」（兵略篇爲許注，陶方琦及劉文典王叔岷諸氏均已考定）是杜同許注。復考一切經音義七引蒼頡篇曰：「爇，燒然也。」是杜訓皆本諸舊訓也。又火部燀，訓炊也。引左氏昭公二十年傳文燀之以薪。杜預注云：「燀，炊也。」又火部𪚰，訓灼龜不兆也。引左氏定公九年傳文龜𪚰不兆。（哀公二年亦有此文）杜預注云：「龜焦兆不成。」許君𪚰讀若焦，杜注義與之同。又心部愙，訓敬也。引左氏襄公二十五年傳文以陳備三愙。今傳文愙作恪，說文無恪字，一切經音義卷三曰：恪，古文作愙。是說文所引爲古文也。杜預注云：「示敬而已，故曰三恪。」又左昭七年傳「叔父涉恪」杜注曰：「恪，敬也。」杜與許同。復考詩那「執事有恪」毛傳云：「恪，敬也。」又爾雅釋詁：「恪，敬也。」是杜許皆本諸舊訓也。又心部憜，訓不敬也。引左氏僖公十一年傳文執玉憜。今左傳憜作惰，即許書所列爲重文者，重文則不分正借，漢書韋元成傳集注云：「憜，古惰字。」是唐時猶見作憜者。考左氏襄公三十一年傳「惰而多涕。」杜預注云：「惰，不敬也。」又水部瀋，訓汁也。引左氏哀公三年傳文猶拾瀋。杜預注云：「瀋，汁也。」又雨部震，訓劈歷，振物者。引左氏僖公十五年傳文震夷伯之廟。杜預注云：「震者雷電擊之。」孔疏申之云：「說文云：『震，劈歷振物者，電，陰陽激曜也。』然則震是劈歷，而言雷電擊之者，劈歷有聲有光，雷電之大者耳。」（左疏卷十四）孔疏正會杜許之指。復考詩十月之交「爗爗震電」毛傳云：「震、雷也。」是杜云雷電，即詩之震電，即許之劈歷也。又手部撥，訓推也。引左氏定公八年傳文撥衛侯之手。杜預注云：「撥，擠也。」孔疏申之曰：「說文云：推、排也。排、擠也。撥是推排之意，故爲擠也。」（左疏卷五十五）孔疏正會杜許之指。又手部摜，訓習也。引左氏昭公二十六年傳文摜瀆鬼神。今左傳摜作貫，貫爲錢貝之貫，許作摜爲本字。杜注云：「貫、習也。」訓義同於許。又手部掀，訓擧出也。引左氏成公十六年傳文掀公出於淖。杜預注云：「掀、擧也。」傳文已言出於淖，是杜云擧即擧出也。又手部捷，訓獵也，軍獲得也。引左氏莊公三十一年傳文齊人來獻戎捷。杜預注云：「捷，獲也。」杜云獲，許云軍獲，考淮南子泰族篇「非不捷也。」許愼注云：「軍之所獲爲捷。」又兵略篇：「百族之子捷捽招杼船。」許愼又注云：「捷，疾取也。」是許亦或訓軍獲，或但訓疾取也。杜但訓獲，說文獲訓獵所獲也，則許先訓捷爲獵者，亦即但訓獲耳。又女部姺，訓殷諸侯爲亂，疑姓也。引左氏昭公元年傳文商有姚邳。杜預注云：「二國商諸侯。」杜與許義合。又糸部縋，訓以繩有所縣也。引左氏襄公十九年傳文夜縋納師。考僖公三十年左傳「夜縋而出」，杜預注云：「縋，縣城而下。」許以字形从糸，故云「以繩」也。又糸部緐，訓馬髦飾也。引左氏哀公二十三年傳文可以稱旌緐乎。今左傳緐作繁，乃隸增也。杜預注曰：「繁，馬飾繁纓也。」又成公二年傳「繁纓以朝」，杜注亦云：「繁纓，馬飾。」杜與許同。考賈子審微篇云：「繁纓者君子駕飾也。」是舊訓即以繁為馬飾也。又糸部縊，訓經也。引左氏桓公十六年傳文夷姜縊。杜預注云：「失寵而自經死。」又桓公十三年傳「莫敖縊于荒谷」，杜又注曰：「縊，自經也。」又力部勍，訓彊也。引左氏僖公二十二年傳文勍敵之人。杜預注云：「勍、強也。」彊即強之本字，杜與許訓同。又力部勦，訓勞也，引左氏昭公九年傳文安用勦民。杜預注云：「勦，勞也。」而宣十六年傳：「無及於鄭而勦民。」杜又注云：「勦，勞也。」又車部轈，訓兵高車加巢以望敵也。引左氏成公十六年傳文楚子登轈車。今左傳轈作巢，即轈之省借字，杜預注曰：「巢車，車上為櫓。」孔疏云：「櫓，澤中守草樓也。是巢與櫓俱是樓之別名。」（左疏卷二十八）據孔疏知杜解與許訓同恉。又𨸏部附，訓附婁小土山也。引左氏襄公二十四年傳文附婁無松柏。杜預注云：「部婁，小阜。」部附古同音，附从𨸏為小土山之正字，部从邑為天水狄部，故許用正字也。小阜即小土山，附有小地義，故小城曰附庸（禮記王制鄭注），近郭曰附郭（呂覽貴直高注）。又𨸏部隝，訓鄭地阪，引左氏襄公七年傳文將會鄭伯于隝。杜預注曰：「鄎，鄭地。」義與許合。

凡許君之春秋學，其有家法可尋者，既已犂然辨晳於上，至有荒晦難稽者，則又可別爲釐分條緒，如許書引春秋之條，可證爲古左氏說者，當是先儒之眞詮如此，而許君依之者。

案如說文示部祳下，引春秋左氏定公十四年經文石尙來歸祳，訓解曰：社肉盛以祳，天子所以親遺同姓。考周禮大宗伯賈公彥疏引五經異義：「左氏說：脤、社祭之肉，盛之以蜃。」（周禮疏卷十八）是古左氏說詮解如此，許所依用者也，此條以別有服虔注文可參驗，已詳於前文矣。又如炙部繙下，引春秋左氏僖公二十四年傳文天子有事繙焉，以饋同姓諸侯。訓解曰：宗廟火孰肉。考周禮大宗伯賈公彥疏引五經異義：「左氏說：宗廟之肉名曰繙。」（同上）是古左氏舊訓如此，許君所依用者也，此條別有鄭玄注可旁稽，亦已詳於前文矣。至於說文心部愙，訓敬也，引左氏襄公二十五年傳文以陳備三愙。今傳文愙作恪，說文無恪字，一切經音義卷三曰：恪，古文作愙。是說文所引爲古文也。杜預注云：「示敬而已，故曰三恪。」又左昭七年傳「叔父涉恪」杜注曰「恪，敬也。」杜與許同（另見杜氏條）。然禮記郊特牲正義引五經異義，雖稱古春秋左氏說，以黃帝之後爲三愙，而所主者則用公羊說及今禮戴說，不與古左氏說同（參見前三愙條），而鄭玄駮五經異義即以「恪者敬也」駮許愼，是鄭君所用爲古左氏說，而許君說文亦本古左氏家說，故相應合也。又如說文示部社，訓地主也，引左氏昭公二十九年傳文共工之子句龍爲社神。彼傳文原爲「共工氏有子曰句龍，爲后土，后土爲社。」與地主之訓不協。考禮記郊特牲孔疏引五經異義，知地主爲社，乃今孝經之說，而古左氏說以社是上公，非地祇（參見社神條），此說文兼採今古文說之例，唯於春秋傳上，本宜有一曰句龍爲社神七字，以明此爲古左氏說也。又說文人部佃，訓中也。引左氏哀公十七年傳文乘中佃，一轅車。今傳文佃作甸，說文甸訓「天子五百里內田」，則作佃爲正字也。馬宗霍曰：「許引作中佃，當是所據左氏古文如此，考新出魏正始三體石經尙書君奭篇殘字『屛矦甸』，古文甸亦作佃，正其例也。」（說文引春秋傳考）馬說是也，許字作佃既爲左氏古文，其說亦當爲左氏舊訓，故嚴可均謂「此左氏舊說」也。

又如許書引春秋之條，其說解逕與左傳文義相合，又或與古毛詩說、古周禮說相應，此許君遵古文家之說者也，彼先師遺說雖湮淪弗詳，然取此古文家說，旁推互稽，亦足以隅反。

案如說文正部乏，引春秋左氏傳宣公十五年文曰反正爲乏。戈部武，引左氏宣公十二年傳文曰楚莊王曰夫武定功戢兵，故止戈爲武。是左傳本文卽說字形，解字義，許君卽以傳說代字說也。又如說文蟲部蠱，訓腹中蟲也，引左氏昭公元年傳文：「皿蟲爲蠱，晦淫之所生也。」此亦左傳明言「於文皿蟲爲蠱」許君取傳文解字形，依據傳文，固不待左氏光師之作訓纂矣。又說文亥部亥，訓荄也，十月微陽起接盛陰，从二，二，古文上字，一人男一人女也。从乙，象褱子咳咳之形。引左氏襄公三十年傳文曰：亥有二首六身，考傳又云「下二如身，是其日數也。」是傳文本即說字形，許君取之以備一說耳。又說文香部香，訓芳也。从黍从甘，引左氏僖公五年傳文黍稷馨香。就傳文已可證香字从黍之意。又說文石部磒，訓落也，从石員聲。引左氏僖公十六年傳文磒石于宋五。就傳文已可證磒字从石之意。又川部巛，訓害也。从一雝川，引左氏宣公十二年傳文川雝爲澤凶。就傳文已可證巛字从一雝川爲害之意矣。又誩部讟，訓痛怨也。引左氏宣公十二年傳君無怨讟（今君字作民）。考昭公八年傳亦云：「怨讟動於民。」怨讟聯詞，故許君取怨訓讟，與傳文合，許云痛怨者，方言十三云：「讟、痛也。」郭璞訓痛爲怨痛，許君蓋兼採方言之意。又犬部獒，訓犬如人心可使者。引左氏宣公二年傳文公嗾夫獒。孔疏引服虔注曰：「獒、犬名。」杜預注云：「獒、猛犬也。」獒字从犬，爲犬名可知，而敖聲字有大意，且傳又云：「棄人用犬，雖猛何爲。」故杜氏以爲猛犬。許以爲犬如人心可使者，以獒可嗾以殺人，故謂如人心可使耳。何休注公羊宣六年傳獒字謂其狗所指如意，則此公羊與左氏說同者也。又口部嗾，訓使犬聲，引左氏宣公二年傳文公嗾夫獒，獒爲犬名，故舉傳文已知嗾爲使犬聲也。又說文門部閟，訓閉門也。从門必聲。引左氏莊公三十二年傳文閟門而與之言（今作閟而以夫人言之）。傳言閟門，故訓爲閉門，閟即閉字，閉大徐本訓閉門，小徐本訓闔門，閉从門才，才象距門之形，是才不成文，閉乃合體象形字，閟則爲形聲字，閟閉聲義全同，當是重文。凡此皆訓與左傳文義相應者，雖無左氏先師注文可采證，知古左氏說亦當相傳如是。又如說文玉部璿，訓美玉也，引左氏僖公二十八年傳文璿弁玉纓。今傳文璿作瓊，孔疏即引詩毛傳：「瓊，玉之美者。」爲證，今復考史記天官書索隱引書舜典馬融注：「璿，美玉也。」是古毛詩說，古尚書說並得取證於古左氏說也。又說文址部𤼽，訓以足蹋夷艸。从址从殳，引左氏隱公六年傳文𤼽夷蘊崇之。今傳文𤼽作芟。考詩周頌載芟毛傳云：「除草曰芟。」毛傳與許訓義近，許訓以足蹋者，蓋字形从址故耳，傳文曰夷，故許依之，實則與毛傳同。又說文衣部襺，訓袍衣也。引左氏襄公二十一年傳盛夏重襺（今傳盛夏作方暑）。考詩無衣「與子同袍」毛傳云：「袍、襺也。」許訓與毛傳合。又說文火部燬，訓火也。引左氏僖公二十五年傳文衞侯燬。考詩汝墳「王室如燬」毛傳云：「燬，火也。」許訓與毛傳合。此外如祛下婉下所訓，同毛傳，亦同服虔注；鬲下聝下所訓，同毛傳，亦同鄭玄注；枏下暱下所訓，同毛傳，亦同韋昭注：殲下籀下豔下所訓，同毛傳，亦同杜預注，悉已備陳於前，無事複述。至於許君引春秋傳其說解與古周禮說相應者，若䟆、鐇、掫等字，亦并已取證於前文，故知古文家之說共理相實，即或求左氏先師之說不可得，取古毛詩說、古尚書、古周禮之說，亦可旁稽互推者也。

至於說文引春秋地名人名諸條，地名或與舊注相應，或竟未能詳施攷覈；人名或可取名與字相證，或亦無從推稽，則例諸蓋闕。

案說文引春秋地名，若檇下引檇李，與賈注相應；鄍下郟下引地名，與服注相應，鄝下鄎下鄍下鄸下郠下郰下邿下鄐下鄒下隔下引地名，並有杜注與之相應，皆識於前文矣，至如說文品部喦，訓多言也，引左氏僖公元年經文次于喦北，讀與聶同。今傳文作聶，杜預注云聶北，邢地。知許引爲地名，然許氏未言喦北地域所在，未能證左耳。又邑部邲，訓晉邑也，引左氏宣公十二年經文晉楚戰于邲。杜預注曰：「邲，鄭地。」杜與許不合，然許說亦無典據可證其不誤也。又邑部郳，訓齊地，引左氏襄公六年傳文齊高厚定郳田。杜預注但云國名，不言齊地，舊注亦無以取證，唯既爲齊高厚所定，就傳文可測其爲齊地耳。程師旨雲以郳在春秋有兩說，一即小邾，在今滕縣東六里，事在莊公五年，一即山東黃縣縣志所云縣南十里有歸城，土人曰灰城，齊遷萊于郳，即此（見春秋地名圖考）。又衣部袳，訓衣張也。引左氏桓公十五年經文公會齊侯于袳（今本奪齊侯二字），今傳文袳作袲，即隸變之異，許未言袳地域所在，杜預謂在沛國相縣西南，沈欽韓謂袲亭在鳳陽府宿州西，舊注亦尠可取證，程師謂杜說在江蘇蕭縣西南，沈說在安徽宿縣西南，二說皆是，蓋地相接也。至於說文引春秋人名，如牛部牼，訓牛厀下骨也。引春秋傳曰宋司馬牼字牛，王引之以爲仲尼弟子列傳之司馬耕即司馬牼，謂耕當讀爲牼（經義述聞春秋名字解詁下），若如王說，則名牼字牛，爲名字相應者。又齒部齹，訓齒差跌貌，引左氏昭公十六年傳鄭有子齹。今傳文傞齹作齹，杜預注云：「子齹，子皮之子嬰齊也。」陳瑑曰：「齹與齊名義俱合，知字當作齹。」（說文引經考證）按說文齹訓齒參差，卽傞齹之齒差跌貌，名爲齊而字子傞，蓋以相反爲義。盧植云：「古者名字相配」，王引之氏依之作名字解詁，多取名字相應者爲說，不惜改字以求通。俞樾則謂除名字義正相應者外，又有取相反爲義者，又有取所以爲教之意者，不當徒以訓詁求其義（見春秋名字解詁補義），若名齊字傞，正相反爲義之例也。又目部睔，訓目大也。引左氏襄公二年經有鄭伯睔。王引之經義述聞引春秋世族譜，謂「鄭公子睔字子印，睔讀爲綸，綸、印綬也。說文綸，糾青絲綬也。…蓋官吏之有印綬，由來已久，鄭公子綸字子印，則春秋時已有佩印綬者。」（春秋名字解詁下）若如王說，則綸字子印，作綸爲正字，作睔反爲假借字矣，案之許君全書通例，不得引經以說假借，疑漢書古今人表謂鄭成公綸，綸當作睔，綸字子印，睔不字子印，睔綸未必一人。漢書顏師古注云：「綸音工頑反，左傳作睔，音工頓反。」古人名字，雖多假借，然讀音有別，何必一人。故胡元玉云：「高郵王氏喜言聲近，名字解詁，破字尤多，雖合于古假借者不少，而專取同音之字爲說者，頗不免輕易本字之失，人之名字，非若詩書，文理不屬，難可尋繹，全棄本字，悉取同音，心所不安。」（駁春秋名字解詁敍）胡說是也，且古人有二名者，以之強分名字，定作正借，皆非所宜，睔訓目大，當別有其字，今闕疑待考可也。又目部眅，訓多白眼也。引左氏襄公二十二年傳鄭游眅字子明。許君舉此，自有以明證眅之意，明者照也，王筠曰：「

鄭鬷蔑字明，說文蔑，勞目無精也。檀弓鄭注：明，目精也。唐石經明字從目，說文從囧之字，玉篇皆從目。然則眀字從囧，卽是從目。」說文釋例 據此蔑可字明，眅亦可字明，林義光謂明从月囧，象月照窗牖形，則明本有不明之義，不必相反取義，蓋凡語根近「明」之字，多有模糊不明之義 參見梁啓超從發音上研究中國文字之源，考諸金文甲骨，明字有从囧从日之異體 參見容庚金文編及商承祚殷虛文字類編，疑其含義自昔或有別，王筠曰：「或者明爲日月之明，眀爲目睛之專字，本是兩字，許君合之。」說文釋例 王說可備一解，或明爲昌明，眀爲不眀，鬷蔑及眅之字明，當是从囧之明耶。又隹部雃，訓石鳥，一名雝鸈，一名精列。引左氏襄公九年傳秦有士雃。又隹部雂，訓鳥也，引左氏昭公二十一年傳有公子苦雂。並假物爲名，其字失考，無足取證。又日部曶，訓出气詞，一曰佩也。引左氏隱公三年傳鄭大子曶，今傳文曶作忽，忽者忘也，當非取名之義，作忽爲假借字，馬宗霍曰：「疑鄭大子名當從許引，而取佩曶之義。」說文引春秋傳考 然其字失載，未識名字取何義也。又喜部嚭，訓大也。引左氏哀公元年傳吳有大宰嚭。桂馥曰：「嚭字子餘，餘亦大意，說文奄，大有餘也。」說文義證 桂說是，此名字相輔成義者也。又衣部䘸，訓短衣也。引春秋傳曰有空䘸，吳夌雲陳瑑謂卽襄公三十一年傳之公子裯；嚴可均段玉裁謂卽昭公二十五年傳之季公鳥，遺說失據，未知詳審，闕疑可也。又石部碬，訓厲石也。引左氏襄公二十七年傳鄭公孫碬字子石，今傳文碬作段，詩大雅釋文引說文云：「碬，厲石。」是說文碬本作碫，段卽碫之省借。許君舉其字，所以明碫爲石名也。又豕部豷，訓豕息也。引左氏襄公四年傳文生敖及豷。今傳文敖作澆。敖豷之字未聞，未能確證名豷之義也。又心部悝，訓啁也。引左氏哀公十五年傳有孔悝，又訓一曰病也。孔悝之字未聞，悝訓爲啁，說文啁、嘐也，嘐者誇語也。誇大之語可以嘲人，故啁又爲嘲義，然則以悝爲名，其義難知矣，又耳部耴，訓耳垂也。从耳下垂，象形（按此乃象事之形，爲指事字），引左僖十五年傳秦公子輒者，其耳下垂，故以爲名（今傳文輒作縶，縶爲馬之重文，馬讀若輒，其音同）。許君舉其名，又釋其義以證字。又女部始，訓女字也。引左氏昭公七年傳文嬖人婤始。又訓一曰無聲。許於婤始二字皆訓女字，言一曰無聲者，或取靜女之意，難知其審焉。又女部婼，訓不順也。引左氏昭公七年傳文叔孫婼，婼之字無聞，未能證其命名之意。又戈部戭，訓長槍也。引左氏文公十八年傳有擣戭，今傳文擣作檮，此高陽氏才子八愷之一，亦未審其命名之意。又糸部縉，訓帛赤色也，引左氏文公十八年傳文縉雲氏，縉雲爲夏官，南方夏令，故有赤色義（參見服虔注條）。又糸部紇，訓絲下也。引左氏襄公二十三年經文臧孫紇。然襄公四年傳作「臧紇」，又作「臧武仲」，杜預注：「臧紇，武仲也。」而臧孫紇又稱臧孫。馬宗霍謂「蓋名紇字武仲」又曰：「紇訓絲下，而以武仲爲字者，疑紇讀爲仡，以聲近假借，說文人部云：『仡，勇壯也。』紇取勇壯之義，故字曰武仲矣。」（說文引春秋傳考）若如馬說，則許引紇名不得證絲下之義，而轉爲假借，始與武仲義合，此則與說文全書之例不合，王引之謂

「名字相沿不必皆其本字」（春秋名字解詁後序），然則許書何必引之哉？周法高氏作周秦名字解詁彙釋及補編，雖未列入本條，然於魯孔紇字叔梁條下亦以爲紇讀爲仡，爲聲近假借，仡爲勇壯，與彊梁之義相應，汲彼證此，則紇亦當讀爲仡，乃與武仲之義相應，此與馬氏之意相近。然與說文之例相扞格，疑此或後人添加也。唯古義不可周知，姑闕所疑，以俟達者可耳。

又考許書引春秋傳，其字或與今本不同，而二字列以爲重文者，則不分正字借字，許君引之以兼存經文之異本耳。

案許於經文中異字，一字異體，同音同義，而又俱非假借者，始采合之以爲重文，故許書於重文字下引經，皆不分正字借字，若說文辵部返下引商書祖甲返，而重文彶下曰：「春秋傳返从彳。」今春秋傳並已作返，然作返从辵，作彶从彳，俱非假借，故許君列以爲重文，以兼存經典之異字耳。又如說文黍部䵒，訓黏也，从黍，日聲，引左氏隱公元年傳文曰不義不䵒。重文作𪏰，或从刄。考周禮考工記弓人云：「凡昵之類不能方。」鄭司農注云：「故書昵或作樴。」杜子春注云：「樴讀爲不義不昵之昵，或爲𪏰。𪏰、黏也。」據此則杜子春所見左傳有作昵作𪏰之本，許君所見作䵒，𪏰䵒於黏義俱非假借，作昵則爲假借，蓋昵爲暱之重文，其本義與𪏰䵒有殊，故許不收昵暱爲䵒之重文。𪏰之訓黏，又見於方言二，彼云：「𪏰、黏也。齊魯青徐自關而東或曰𪏰。」知許君收𪏰爲黏之重文，訓以爲黏，卽本諸杜子春及楊雄說也。又魚部，訓海大魚也，从魚，畺聲，引左氏宣公十二年傳文曰取其鱷鯢。重文作鯨，或从京。今傳文作鯨，與重文合，漢書翟義傳「取其鱷鯢」句下顏師古注曰：「鱷，古鯨字。」是漢書所見「鱷鯢」字，與許所據古文合，然鱷鯨並从魚，畺聲京聲並有大意（參見王念孫釋大），二字俱非假借，許於鱷下引經，亦不以作鯨為假借，故一切經音義卷十九引許慎淮南子注云：「鯨，魚之王也。」杜預注云：「鯨鯢，大魚名。」是左傳有作鱷作鯨兩本，而許君兼存異文也。他如暱重文作昵，許引傳作暱而今本作昵；稈重文作秆，許引傳作稈而今本作秆；氣重文作餼，許引傳作氣而今本作餼；馽重文作縶，許引傳作馽而今本作縶；樊重文作⿱棥毛，許引傳作樊而今本作⿱棥毛；憜重文作惰，許引傳作憜而今本作惰；聝重文作馘，許引傳作聝而今本作馘；紲重文作緤，許引傳作紲，今本當作紲而避諱作絏，禮記少儀及鄭注皆作緤，斯皆不分正字借字，兼存異本，此又許書之通例也。樊紲二字見於服注條，暱字見於韋注條，氣馽聝三字見於鄭注條，稈憜二字見於杜注條，前證已詳，無俟緟複矣。

至於許書引春秋之文，與各師說不相應，緟之前述通例，又有不合者，今覆案其文，實乃後人瀆亂所致。

案如說文心部忨，訓貪也。从心、元聲。春秋傳曰：忨歲而㵣日。所引為左氏昭公元年傳文。考習部翫字，訓習猒也，从習、元聲，亦引左氏此文曰：「翫歲而愒日。」今傳文不作翫，作忨；不作㵞，作愒。馬宗霍謂「疑左氏有兩作本，故許君並存之。」馬氏又舉釋文翫下云：「說文又作忨」爲證，今考釋文云：「翫，說文云習厭也，又作忨，云貪也。」釋文據說文而云然，非陸氏見左氏有別本也。考許書於稱詩之條，每有一詩兩引而字有異作者，多爲引毛詩而並存三家之例，蓋毛與三家皆非假借字，故兩引之（參見詩學第三）。然許於春秋傳，稱公羊者，若呂[illegible]娟下明稱公羊，設有稱春秋傳而兼引公穀者，今公穀之書俱在，可參閱而得之（今全書實無一例），若左氏傳有別本，兩字俱非假借者，許君必葺之以爲重文（參見重文條），不得分隸兩部而分別引之也，焉有同傳一家之經，字體既異，兩字俱非假借，又非重文者哉？若同傳一家之經，字體既異，一爲本字，一爲假借，許君取本字，不取假借，若同傳一家之經，字體既異，二字皆可爲本字，許君則取之以爲重文，以兼存別本，若非同傳一家之經，詩有四家，字體既異，或則二家所說，各據其字，皆非假借，則許君有一詩兩引之例。又若非同傳一家之經，詩有四家，字體既異，則或毛爲本字，三家爲假借，則許固本乎毛；設或毛爲假借，三家爲本字，則許雖敍偁詩據毛氏，而以本字是從，故舉引三家，此許君全書之通例也。然翫下忨下同爲左氏傳，兩字俱非假借，分隸兩部，又非重文，若許君兩引經文，則以兩者俱爲本字矣，忨字从心，翫字从習，或可同爲一義，然愒字从心，㵞字从水，則不可同爲一義矣，許君引經之例，非僅所證之字當爲本字，即其餘各字，亦不得爲假借者，若愒爲本字，㵞不得爲本字矣，固知翫下忨下所引，必非同爲一經之文，杜預注云：「翫愒皆貪也。」說文忨訓爲貪，翫訓習猒，其義有別，杜以翫爲貪者，即以翫爲忨之假借耳。杜預牽合二字之義，校說文者遂謂忨下所引「忨歲而𣞔日」亦左氏傳之文，今復考國語晉語曰：「今忨日而𣞔歲」，韋昭注曰：「忨，偷也。𣞔，遲也。」乃知說文忨下所引本爲國語之文，偷貪雙聲而義通，校者改國語爲春秋傳，遂令後人誤以此爲一經兩引，繩之許書通例，乃覺瀆亂不驗，故知若翫忨出乎一經，翫忨同音同義，則當收爲重文，翫忨不同義，則當分別正借，今既證其不同一書，文亦不同，訓自有別，𣞔訓爲遲，𣞔爲渴竭之義，訓遲蓋非假借，故許君可得而引之，若假借爲愒，則許君不得而引之矣，許君條例精密若是，苟能究厥眞麤，去其媟黷，則全書通例洸然炳然，襮人耳目矣。今見許君引國語之條凡二十，然槎下忨下所引春秋傳皆當作春秋國語也。又邑部郡，周制，天子地方千里，分爲百縣，縣有四郡，故春秋傳曰：上大夫受郡是也。至秦初置三十六郡以監其縣。从邑、君聲。許所引春秋傳，蓋左氏哀公二年傳文，彼云：「克敵者上大夫受縣，下大夫受郡。」今說文作「上大夫受郡」，與傳文不同。考酈道元水經注河水篇引說文作「上大夫縣，下大夫郡」，知說文原與左傳合，後人囿於縣小郡大之見，以爲上大夫所受乃不及下大夫，故刪汰原文，不知周制縣大郡小，上大夫所受者當爲縣，非郡也。別考逸周書作雒篇曰：「千里百縣，縣有四郡。」（此杜預注所引，今本無）是周制縣大郡小，爲許說所本者也。又鶡冠子王鈇篇云：「五鄉爲縣，十縣爲郡。」鶡冠子謂郡大縣小，故唐柳宗元已疑其爲僞書，明代胡應麟（四部正譌），清代姚際恒（古今僞書考），今人張心澂（僞書通考）均確證其爲贋品，今以郡縣之制考之，知鷊冠子乙書必爲後人依託之作，子厚之裁鑒良不可誣，刪改說文者正與僞作鷊冠子者，所見相同耳。又心部憖，訓問也，謹敬也。从心，猌聲，一曰說也，一曰甘也。引左氏哀公十六年傳文曰昊天不憖（此爲約舉傳文），又曰兩君之士皆未憖。考說文引經在一曰甘也下，當證甘義，然說與傳文不合。考玉篇引說文甘也作且也。馬宗霍曰：「甘與且，形近易溷，故今本說文譌甘，當從玉篇引，且爲語辭，哀十六年杜預注云：『憖，且也。』即用許說。」（說文引春秋傳考）馬說近是，唯杜訓憖爲且，未必本之於許，考王肅注家語終記篇云：「憖、且也。」應劭注漢書五行志中之上云：「憖，且辭也。」詩十月之交：「不憖遺一老。」釋文引爾雅云：「憖，強也，且也。」而鄭玄箋詩云：「憖者心不欲，自彊之辭也。」鄭即合爾雅強且二義爲釋，知今本說文作甘也，實爲且也之誤。

別有許君引春秋之條，與今本不同，其師法雖失考，然許君所引必非假借字，則可定焉。

案許君引經，唯本字是從，若有與今本不同者，必許君所引爲本字，今本爲假借字。若今本亦非假借，則許君當輯以爲重文，不則今本之字爲後起，許君所未及見者。許書之通例固已大明矣，今就此通則，剖析疑似於上，不覺遽累多辭，唯繩之全書，尟有差忒，信知祛惑持正，或有當焉。許君引春秋之條，凡有家法可辨者，並已縷述如右，其有師法失考，而所引傳文又不同於今本者，今董理其文，知許君所引皆爲本字，如說文牛部犉，訓牻牛也，引左氏閔公二年傳文牻犉，今傳文作尨涼。牻爲白黑雜毛牛，犉爲牻牛，謂牛之雜色不中犧牲也，作尨涼爲假借字。又口部嘵，訓高气多言也，引左氏哀公廿四年傳文嘵言，今傳文作衛言，左傳釋文及正義並引服虔注云：「衛，僞不信言也。」僞不信言當以从口爲正字，說文衛訓衛也，服本爲假借字，故許君不作衛。又頁部䫉，訓低頭也。引左氏襄公二十六年傳文迎于門䫉之而已。今傳文䫉作頷，說文頷訓面黃，則作頷於傳文之義爲假借字，玉篇䫉下引杜預注亦作䫉，則作頷爲後人以假借字改者歟？又犬部猘，訓狂犬也。引左氏襄公十七年傳文猘犬入華臣氏之門。今傳文猘作瘈，說文無瘈字，或作瘈爲許所未及見，或許以爲俗字而不收，左氏哀公十二年傳「國狗之瘈，無不噬也。」杜彼注云：「瘈，狂也。」杜訓與許合，唯許書無瘈字，以許書之例衡之，瘈不得爲正字。又心部㥄，訓懼也，引左氏昭公十九年傳文駟氏㥄。今傳文作聳。說文有䇗字，从耳從省聲，當即聳字之省，訓生而聾曰䇗。則作聳與傳文之義爲假借字。一切經音義卷十五曰：「聳，古文竦、㥄、慫三形。」玉篇心部曰：「㥄同㥄」，則說文作㥄，爲古文可知矣。又心部惷，訓亂也。引左氏昭公二十四年傳文王室日惷惷焉。一曰厚也。今傳文惷作蠢，蠢之本義爲蟲動也，王室日亂，則宜以惷惷爲正字。又手部抎，訓有所失也。引左氏成公二年傳文抎子辱矣。今傳文作隕，說文隕訓從高下，則作隕與傳文之義不協，爲假借字。

許慎之經學

徵引書目表（論文篇目附）

周易

易緯八種	鄭玄注
周易王韓注	王弼・韓康伯注
京氏易傳	京房撰・陸績注
周易正義	孔穎達撰
周易集解	李鼎祚輯
周易口訣義	史徵撰
漢上易傳	朱震撰
周易注疏校勘記	阮元撰
周易集解纂疏	李道平撰
李氏易解賸義	李富孫輯

易漢學　惠棟撰
孫氏周易集解　孫星衍輯
周易荀氏九家義　張惠言撰
易義別錄　張惠言撰
周易虞氏義　張惠言撰
周易鄭氏義　張惠言撰
漢儒傳易源流　紀磊輯
京氏章句（京房）　馬國翰輯佚本
周易侯氏注（侯果）　馬國翰輯佚本
周易探玄（崔憬）　馬國翰輯佚本
先秦漢魏易例述評　屈萬里撰
漢石經周易殘字集證　屈萬里撰

以上經部易類

尚書

尚書孔傳	偽孔安國傳
尚書正義	孔穎達撰
尚書古文疏證	閻若璩撰
古文尚書撰異	段玉裁撰
今文尚書經說考	陳喬樅撰
尚書今古文注疏	孫星衍撰
尚書今古文集解	劉逢祿撰
尚書歐陽夏侯遺說考	陳喬樅撰
今文尚書考證	皮錫瑞撰
尚書後案	王鳴盛撰
尚書集注音疏	江聲撰
尚書補疏	焦循撰
尚書古注便讀	朱駿聲撰
尚書餘論	丁晏撰
尚書大傳輯校	陳壽祺撰

禹貢錐指　胡渭撰

九族考　俞樾撰

尙書源流考　劉師培撰

太史公古文尙書說　章太炎撰

夏書蠙珠許書係於玭篆說　吳宗讓撰

尙書釋義　屈萬里撰

漢石經尙書殘字集證　屈萬里撰

尙書述略　林師景伊撰

以上經部書類

毛詩　毛亨傳

毛詩箋　鄭玄箋

毛詩正義　孔穎達撰

毛詩草木鳥獸蟲魚疏　陸璣撰

詩集傳　朱熹撰

毛詩校勘記　阮元撰
毛詩補疏　焦循撰
詩補注　戴震撰
詩考正　戴震撰
毛詩後箋　胡承珙撰
毛詩禮徵　包世榮撰
毛詩紬義　李黼平撰
毛詩小箋　段玉裁撰
詩經小學　段玉裁撰
毛詩類釋　顧棟高撰
毛詩傳箋通釋　馬瑞辰撰
詩毛氏傳疏　陳奐撰
鄭氏箋考徵　陳奐撰
詩經四家異文考　陳喬樅撰
三家詩遺說考　陳喬樅撰

詩三家義集疏　王先謙撰
詩考異字箋餘　周邵蓮撰
威儀怭怭義辨　陳應桐撰

以上經部詩類

周禮
儀禮
禮記
周禮注　鄭玄注
儀禮注　鄭玄注
禮記注　鄭玄注
大戴禮注　盧辯注
周禮正義　賈公彥撰
儀禮疏　賈公彥撰
禮記正義　孔穎達撰

三禮圖	聶崇義撰
禮書	陳祥道撰
儀禮集說	敖繼公撰
儀禮鄭注句讀	張爾岐撰
儀禮喪服文足徵記	程瑤田撰
儀禮正義	胡培翬撰
武威漢簡本儀禮	陳某考徵
儀禮漢簡本考證	王關仕撰
周禮校勘記	阮元撰
周禮疑義舉要	江永撰
周禮述注	李光坡撰
周禮漢讀考	段玉裁撰
周禮正義	孫詒讓撰
周禮杜氏注（杜子春）	馬國翰輯佚本
周禮古注集疏	劉師培撰

攷工記圖
戴震撰
攷工創物小記
程瑤田撰
禮記偶箋
萬斯大撰
禮箋
金榜撰
禮記鄭讀考
陳喬樅撰
禮記異文箋
俞樾撰
禮記集解
孫希旦撰
大戴禮記補注
孔廣森撰
大戴禮記注補
汪照撰
大戴禮記解詁
王聘珍撰
五禮通考
秦蕙田撰
禮書通故
黃以周撰
求古錄禮說
金鶚撰
學禮管釋
夏炘撰
讀禮通考
徐乾學撰

讀禮叢鈔（經咫摭錄） 陳祖范撰

白虎通闕文 莊述祖輯

白虎通覆校本 盧文弨校

白虎通疏證 陳立撰

白虎通義定本 劉師培校

禮學新探 高師仲華撰

三禮鄭氏學發凡 李雲光撰

以上經部禮類

春秋

左氏傳

公羊傳

穀梁傳

春秋經傳集解 杜預撰

春秋公羊經傳解詁 何休撰

春秋穀梁傳集解　范寧撰
春秋左氏傳正義　孔穎達撰
公羊傳疏　徐彥撰
穀梁傳疏　楊士勛撰
春秋釋例　杜預撰
春秋經解　孫覺撰
春秋傳　胡安國撰
左氏傳補注　沈欽韓撰
左傳地名補注　沈欽韓撰
春秋左傳補注　惠棟撰
春秋左傳詁　洪亮吉撰
春秋左傳異文釋　李富孫撰
左傳賈服注輯述　李貽德撰
春秋左氏傳舊注疏證　劉文淇撰
左氏春秋考證　劉逢祿撰

春秋左氏章句（劉歆）　馬國翰輯佚本
春秋牒例章句（鄭衆）　馬國翰輯佚本
賈氏春秋左氏傳解詁（賈逵）　馬國翰輯佚本
春秋左氏傳解誼（服虔）　馬國翰輯佚本
春秋左傳答問　劉師培撰
讀左劄記　劉師培撰
左氏會箋　竹添光鴻撰
春秋名字解詁　王引之撰
駁春秋名字解詁　胡元玉撰
春秋名字解詁補義　俞樾撰
周秦名字解詁彙釋　周法高編
周秦名字解詁彙釋補編　周法高編
學春秋隨筆　萬斯大撰
公羊通義　孔廣森撰
公羊義疏　陳立撰

公羊禮說　凌曙撰
公羊禮疏　凌曙撰
穀梁大義述　柳興恩撰
穀梁補注　鍾文烝撰
穀梁禮證　侯康撰
穀梁春秋經傳古義疏　廖平撰
春秋左傳讀　章太炎撰
左傳禮說　張其淦撰
春秋地名圖考　程師旨雲撰
不見于春秋大事表之春秋方國敍論　陳槃撰
春秋大事表列國爵姓存滅表譔異後敍　陳槃撰
春秋辨例　戴君仁撰
春秋吉禮考辨　周何撰
穀梁范注發微　王熙元撰

以上經部春秋類

春秋繁露　董仲舒撰
春秋繁露注　凌曙撰

以上經部春秋類附錄

論語正義　劉寶楠撰
孝經鄭注　鄭玄注
重刊鄭注孝經序　錢侗撰

以上經部論語孝經類

一切經音義　慧琳輯
一切經音義　玄應輯
經典釋文　陸德明撰
經典釋文考證　盧文弨撰

漢魏遺書鈔（許慎五經異義）　王謨輯佚本
五經異義疏證　陳壽祺撰
駁五經異義（鄭玄）　王復輯佚本
鄭氏佚書（駁五經異義）　袁堯年補輯本
通德遺書所見錄（駁五經異義）　孔廣林輯證
黃氏逸書考（駁五經異義）　黃奭輯佚本
駁五經異義疏證　皮錫瑞撰
鄭志疏證　皮錫瑞撰
鄭記考證　皮錫瑞撰
古經解鉤沈　余蕭客輯
九經古義　惠棟撰
經義雜記　臧琳撰
左海經辨　陳壽祺撰
經學巵言　孔廣森撰
禮堂經說　陳喬樅撰

儆居經說	黃式三撰
王氏經說	王紹蘭撰
溫經日記	林昌彝撰
隸經文	江藩撰
經義述聞	王引之撰
經義考	朱彝尊撰
投經表	洪亮吉撰
通經表	洪亮吉撰
經學源流考	甘鵬雲撰
經學博采錄	桂文燦撰
經學歷史	皮錫瑞撰
經學通論	皮錫瑞撰
經學通志	錢基博撰
中國經學史	馬宗霍撰
經今古文學	周予同撰

漢碑引經考　皮錫瑞撰
熹平石經殘字集錄（三編）　羅振玉輯撰
中國學術思想大綱（經學）　林師景伊撰
漢代經學之復興　程師旨雲撰
兩漢經學今古文平議　錢穆撰
古籍導讀（經學）　屈萬里撰

以上群經音義、通論類

爾雅

爾雅注　郭璞撰
爾雅疏　邢昺撰
爾雅正義　邵晉涵撰
爾雅義疏　郝懿行撰
九穀考　程瑤田撰
物名溯源　劉師培撰

倉頡篇	孫星衍輯佚本
方言	揚雄撰
方言疏證	戴震撰
方言箋疏	錢繹撰
說文解字	許愼撰
說文解字繫傳	徐鍇撰
說文繫傳校錄	王筠撰
說文繫傳校勘記	苗夔撰
說文校議	嚴可均撰
說文校議議	嚴章福撰
說文解字校錄	鈕樹玉撰
說文解字斠詮	錢坫撰
說文校定本	朱士端撰
說文古本考	沈濤撰
唐寫本說文木部箋異	莫友芝撰

說文二徐箋異　田吳炤撰
汲古閣說文訂　段玉裁撰
說文解字注　段玉裁撰
說文解字注箋　徐灝撰
說文段注鈔案　錢桂森撰
段氏說文注訂　鈕樹玉撰
說文解字注匡謬　徐承慶撰
說文義證　桂馥撰
說文句讀　王筠撰
說文句讀補正　王筠撰
說文釋例　王筠撰
說文解字述誼　毛際盛撰
說文粹　朱孔彰撰
說文疑疑　孔廣居撰
說文拈字　王玉樹撰

說文解字通正	潘奕雋撰
說文字通	高翔麟撰
說文辨字正俗	李富孫撰
讀說文證疑	陳詩庭撰
惠氏讀說文記	惠棟撰
讀說文記	許槤撰
讀說文記	席世昌撰
讀書叢錄 論說文	洪頤煊撰
說文新附考	鈕樹玉撰
說文新附考	鄭珍撰
說文新補新附考證	錢大昭撰
說文通訓定聲	朱駿聲撰
說文舊音補注	胡玉縉撰
說文古語考補正	傅雲龍撰
說文經典異字釋	高翔麟撰

說文引經異字　吳雲蒸撰
說文引經異同序　程瑤田撰
說文引經考異　柳榮宗撰
說文解字群經正字　邵瑛撰
說文引經考證　陳瑑撰
說文引經證例　承培元撰
說文引經例辨　雷浚撰
說文解字引經考　馬宗霍撰
說文引通人說考　馬宗霍撰
說文引經通假字考　王忠林撰
說文引羣說故　鄭文焯撰
說文研究講稿　高師仲華講
說文解字詁林按語　丁福保按
說文重文管見　蕭道管撰
說文古籀補　吳大澂撰

說文古籀補補　丁佛言撰
古籀彙編　徐文鏡編
金文編　容庚撰
鐘鼎字原　汪立名撰
攈古錄金文　吳式芬撰
愙齋集古錄　吳大澂撰
積微居金文說　楊樹達撰
積微居小學金石論叢　楊樹達撰
金文叢考　郭某撰
形聲多兼會意考　黃永武撰
文源　林義光撰
文始　章太炎撰
鐵雲藏龜　劉鶚編
殷虛書契後編　羅振玉編
殷虛文字類編　商承祚撰

殷虛文字前編集釋　葉玉森撰
殷虛文字乙編　董作賓編
殷虛文字外編　董作賓編
殷契卜辭　容庚撰
殷契遺珠　金祖同撰
殷契粹編　郭某編
卜辭通纂考釋　郭某撰
鄴中片羽三集　黃濬撰
龜甲獸骨文字　林泰輔撰
甲骨續存　胡厚宣撰
戰後寧滬新獲甲骨集　胡厚宣撰
戰後南北所見甲骨錄　明義士舊藏
殷墟卜辭綜類　島邦男編
續殷契摭佚　李亞農撰
甲骨文字集釋　李孝定撰

釋名　劉熙撰

廣雅　張揖撰

廣雅疏證　王念孫撰

玉篇　顧野王撰

玉篇零卷　顧野王撰

切韵殘卷　陸法言撰

九經字樣　唐玄度撰

廣韻　陳彭年撰

類篇　司馬光撰

集韻　丁度撰

韻會　黃公紹撰

以上經部小學類

史記　司馬遷撰

史記集解　裴駰撰

史記正義　張守節撰
史記索隱　司馬貞撰
史記志疑　梁玉繩撰
史記會注考證　瀧川資言撰
漢書　班固撰
漢書注　顏師古撰
漢書補注　王先謙撰
後漢書　范曄撰
續漢書志　司馬彪撰
後漢書補注　惠棟撰
後漢書集解　王先謙撰
三國志　陳壽撰
三國志注　裴松之撰
三國志集解　盧弼撰
晉書　房喬撰

南齊書　蕭子顯撰
魏書　魏收撰
隋書　魏徵撰
北史　李延壽撰
新唐書　歐陽修撰
二十二史考異　錢大昕撰
以上史部正史類
漢紀　荀悅撰
通鑑外紀　劉恕撰
逸周書
逸周書集訓校釋　朱右曾撰
路史　羅泌撰
以上史部編年、別史類

晏子春秋　嚴可均撰
許君事蹟考　陶方琦撰
許君年表考　諸可寶撰
許君疑年錄　高師仲華撰
許愼生平行迹考　唐晏撰
兩漢三國學案　錢穆撰
劉向歆父子年譜

以上史部傳記類

華陽國志　常璩撰
荊楚歲時記　宗懍撰
水經注　酈道元撰

以上史部載記、地理類

通典　杜佑撰

文獻通考　馬端臨撰
孔子改制考　康有爲撰
殷禮徵文　王國維撰

以上史部政書類

郡齋讀書志　晁公武撰
直齋書錄解題　陳振孫撰
漢書藝文志考證　王應麟撰
四庫全書總目提要　紀昀撰
四部正譌　胡應麟撰
古今僞書考　姚際恆撰
僞書通考　張心澂撰
校讎學講稿　王叔岷講
金石萃編　王昶撰
商周彝器通考　容庚撰

石鼓爲秦刻石考　馬衡撰
石鼓通考　那心如撰
隷釋　洪适撰
隷續　洪适撰
甲骨文字之發現及其考釋　容庚撰

以上史部目錄金石類

國語　韋昭撰
國語注
歷代帝王世系圖　龔士炯撰
古史辨　顧某編撰
史通　劉知幾撰

以上史部雜史、史評類

荀子注　楊倞注

墨子　墨翟撰
墨子閒詁　孫詒讓撰
呂氏春秋　呂不韋撰
呂氏春秋集釋　凌曙撰
莊子　莊周撰

以上子部周秦諸子類

鹽鐵論　桓寬撰
新論　桓譚撰
孔子家語　王肅注
論衡　王充撰
論衡校釋　黃暉撰
論衡集解　劉盼遂撰
說苑　劉向撰
獨斷　蔡邕撰

朱子全書　朱熹撰
困學紀聞　王應麟撰
猗覺寮雜記　朱翌撰
日知錄　顧炎武撰
癸巳類稿　俞正燮撰
蛾術編　王鳴盛撰
過庭錄　宋翔鳳撰
秋槎雜記　劉履恂撰
經史質疑錄　張聰咸撰
東塾讀書記　陳澧撰
詁經精舍四集　黃家辰等撰
詁經精舍五集　傅晉泰等撰
詁經精舍六集　王仁溥等撰
詁經精舍課藝七集　王正春等撰
沅湘通藝錄　江標編

舒藝室隨筆	張文虎撰
左海文集	陳壽祺撰
籀園日札	成瓘撰
魯巖所學集	張宗泰撰
學計一得	鄒伯奇撰
蠡勺編	凌揚藻撰
易餘籥錄	焦循撰
高郵王氏遺書	王念孫撰
蔣侑石遺書	蔣曰豫撰
雪堂叢刻	羅振玉編
觀堂集林	王國維撰
觀堂別集	王國維撰
左盦集	劉師培撰
章氏叢書續編	章太炎撰
黃侃論學雜著	黃季剛撰

燕石札記　呂思勉撰

以上子部儒學類

開元占經　瞿曇悉達撰

淮南鴻烈解　許愼高誘注

淮南許注異同詁　陶方琦撰

淮南鴻烈集解　劉文典撰

跋日本古鈔卷子本淮南鴻烈　王叔岷撰

淮南子校釋　于大成撰

顏氏家訓　顏之推撰

以上子部術數、雜家類

山海經箋疏　郝懿行撰

世說新語　劉義慶撰

道藏（靈圖類）

以上子部小說、釋道類

北堂書鈔　虞世南撰

藝文類聚　歐陽詢撰

初學記　徐堅撰

太平御覽　李昉等撰

玉海　王應麟撰

山堂考索　章如愚撰

以上子部類書類

小安樂窩文集　張海珊撰

小萬卷齋文稿　朱珔撰

樊榭山房文集　厲鶚撰

紫石泉山房文集　吳定撰

未灰齋文集　徐鼒撰

淡園文集　馬徵慶撰
夢陔堂文集　黃承吉撰
求是堂文集　胡承珙撰
嘉樹山房集　張士元撰
正誼堂文集　張伯行撰
朱文端公文集　朱軾撰
平津館文稿　孫星衍撰
望溪先生文集　方苞撰
七經樓文集　蔣湘南撰
孟鄰堂文鈔　楊椿撰
陶山文錄　唐仲冕撰
文友文選　董以寧撰
上湖分類文編　汪師韓撰
清芬樓遺藁　任啓運撰
崇德堂藁　王植撰

東原集　戴震撰
研經室集　阮元撰
潛研堂集　錢大昕撰
東塾集　陳澧撰
果堂集　沈彤撰
默盦集　王舟瑤撰
述學（內篇）　汪中撰

以上集部別集類

昭明文選　蕭統編
文選注　李善注
六臣注文選　呂延濟等注
湖海文傳　王述庵輯

以上集部總集類

中華語文叢書
許慎之經學（全二冊）

作　　者／黃永武 著
主　　編／劉郁君
美術編輯／鍾　玟

出 版 者／中華書局
發 行 人／張敏君
副總經理／陳又齊
行銷經理／王新君
地　　址／11494 台北市內湖區舊宗路二段181巷8號5樓
客服專線／02-8797-8396　　　傳　　真／02-8797-8909
網　　址／www.chunghwabook.com.tw
匯款帳號／華南商業銀行　西湖分行
179-10-002693-1　中華書局股份有限公司

法律顧問／安侯法律事務所
製版印刷／維中科技有限公司　海瑞印刷品有限公司
出版日期／2019年3月再版
版本備註／據1972年9月初版復刻重製
定　　價／NTD 1,200（套）

國家圖書館出版品預行編目（CIP）資料

許慎之經學 / 黃永武撰. -- 再版. -- 臺北市
: 中華書局, 2019.03
冊 ;　公分. -- (中華語文叢書)
ISBN 978-957-8595-70-5(全套 : 平裝)

1.經學

090　　108000157

NO.H2031
ISBN 978-957-8595-70-5（平裝）

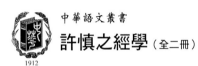